RUSSIAN
LEARNER'S DICTIONARY

RUSSIAN-ENGLISH / ENGLISH-RUSSIAN
Revised and updated

LIVING LANGUAGE®

RUSSIAN
LEARNER'S
DICTIONARY
RUSSIAN-ENGLISH / ENGLISH-RUSSIAN
Revised and updated

Revised by Nadya L. Peterson, Ph.D.

University of Pennsylvania

Assistant Professor of Russian

Based on the original by Aron Pressman

This work was previously published under the title *Living Language Common Usage Dictionary—Russian* by Aron Pressman, based on the dictionary developed by Ralph Weiman.

Living Language is a member of the Random House Information Group

Published in the United States by Living Language, an imprint of Random House, Inc.

www.livinglanguage.com

ISBN: 978-1-4000-2450-6

This book is available at special discounts for bulk purchases for sales promotions or premiums. Special editions, including personalized covers, excerpts of existing books, and corporate imprints, can be created in large quantities for special needs. For more information, write to Special Markets/Premium Sales, 1745 Broadway, MD 6-2, New York, New York 10019 or e-mail specialmarkets@randomhouse.com.

PRINTED IN THE UNITED STATES OF AMERICA

10 9 8 7 6 5 4 3

CONTENTS

INTRODUCTION

The *Living Language® Russian Dictionary* lists more than 15,000 of the most frequently used Russian words, gives their most important meanings, and illustrates their uses. It also includes a Russian pronunciation chart and a set of common expressions useful in everyday situations. This revised edition contains updated phrases and expressions, as well as many new entries related to business, technology, and the media. The following is a short description of the basic features of this dictionary.

1. More than one thousand of the most essential Russian words are indicated by the use of an * to their left.

2. Numerous definitions are illustrated with phrases, sentences, and idiomatic expressions. If there is no close English equivalent for a Russian word, or the English equivalent has several meanings, the context of the illustrative sentences helps to clarify the meanings.

3. Because of these useful phrases, the *Living Language® Russian Dictionary* serves as a phrase book and conversation guide. The dictionary is helpful both to beginners who are building their vocabulary and to advanced students who want to perfect their command of colloquial Russian.

4. The Russian expressions (particularly the idiomatic and colloquial ones) have been translated to their English equivalents. However, literal translations have been added to help the beginner. This dual feature also makes this dictionary useful for translation work.

RUSSIAN PRONUNCIATION CHART

Vowels

The location of a vowel within a word will determine its pronunciation. There is only one stressed syllable in any given Russian word, and the pronunciation of a vowel will change depending on its position within a word in relation to the stressed syllable.

Russian Letters	Approximate Sound in English	Phonetic Symbol	Example
A a (in the syllable before the stressed syllable, or in the stressed syllable)	(c<u>a</u>lm)	ah	**банк** (b<u>ah</u>nk) **такси** (t<u>ah</u>k-SEE) **познако́мить** (poh-zn<u>ah</u>-KAW-meet′)
A a (in any syllable following the stressed syllable)	(b<u>u</u>t)	uh	**ко́шка** (KAWSH-k<u>uh</u>)
A a (after a soft consonant)	(m<u>ee</u>t)	ee	**чаеви́е** (ch<u>ee</u>-yee-VY-yeh)
Э э (stressed)	(s<u>e</u>t)	eh	**э́то** (<u>EH</u>-tuh)
Э э (unstressed)	(set)	eh (shortened)	**экску́рсия** (<u>ehk</u>-SKOOR-see-yuh)
Ы ы*	(s<u>y</u>mpathy)	y	**сын** (s<u>y</u>n)
O o (stressed)	(l<u>a</u>w)	aw	**ко́шка** (KAWSH-k<u>uh</u>)
O o (in the first syllable of a word or the syllable before the stressed syllable)	(c<u>a</u>lm)	ah	**оди́н** (<u>ah</u>-DEEN) **голова́** (guh-lah-VAH)

* No equivalent in English. <u>Y</u> pronounced somewhere between the short **i** sound of s<u>ym</u>- and the long **ee** sound of -thy in sympathy.

ix

Russian Letters	Approximate Sound in English	Phonetic Symbol	Example
О о (in any syllable after the stressed syllable)	(b<u>u</u>t)	uh	**мя́со** (MYAH-s<u>uh</u>)
У у	(c<u>oo</u>)	oo	**у́мка** (<u>OO</u>M-kuh)
Я я (stressed)	(<u>yo</u>nder)	yah	**я́сно** (<u>YAH</u>-snuh)
Я я (unstressed)	(b<u>ee</u>)	ee	**ме́сяц** (MYEH-s<u>ee</u>ts)
Е е (stressed)	(<u>ye</u>t)	yeh	**ме́сто** (M<u>YEH</u>-stuh)
Е е (before stressed syllable)	(b<u>ee</u>)	ee	**метро́** (m<u>ee</u>-TRAW)
Е е (after stressed syllable	(b<u>u</u>t)	uh	**мне́ние** (MNYEH-nee-<u>uh</u>)
И и	(b<u>ee</u>)	ee	**Ни́на** (<u>NEE</u>-nuh)
И и	(sympath<u>y</u>)	y	**саци́ви** (sah-TS<u>Y</u>-v<u>y</u>)
Ё ё	(<u>yaw</u>n)	yaw	**ёлка** (<u>YAWL</u>-kuh)
Ю ю	(<u>you</u>)	yoo	**ю́бка** (<u>YOOP</u>-kuh)

Consonants

Some consonants in Russian make more than one sound. This occurs most often when the consonant is located at the end of a word or syllable. The following list of consonants shows all the variations in pronunciation.

Russian Letters	Approximate Sound in English	Phonetic Symbol	Example
Б б	b (bear)	b	бо́чка (BAWCH-kuh)
	p (part)	p	зуб (zoop)
В в	v (very)	v	вокза́л (vahg-ZAHL)
	f (full)	f	авто́бус (ahf-TAW-boos)
Г г	g (go)	g	га́лстук (GAHL-stook)
	k (bake)	k	дог (dawk)
Д д	d (dare)	d	до́ктор (DAWK-tuhr)
	t (toll)	t	код (kawt)
Ж ж	zh (leisure)	zh	ко́жа (KAW-zheh)
	sh (show)	sh	ло́жка (LAWSH-kuh)
З з	z (zebra)	z	за́втра (ZAHF-truh)
	s (sign)	s	раз (rahs)
Й й	always silent*	—	хоро́ший (khah-RAW-shee)
Ш ш	sh (show)	sh	шум (SHOOM)
Щ щ	shch	shch	я́щик (YAH-shchyk)
Ъ ъ	silent hard sign (separates vowels and consonants, providing a syllable break	—	объясня́ть (ahb-yee-SNYAT′)
Ь ь	silent soft sign (softens preceding consonant)		пла́тье (PLAHT′-yeh)

* See following section, vowels combined with й

Vowels combined with й

Although **й** does not make a sound on its own, it does affect the pronunciation of vowels, when placed directly after them.

Russian Letters	Approximate Sound in English	Phonetic Symbol	Example
ой	oy (t<u>oy</u>)	oy	**мо́й** (M<u>OY</u>)
ай	ie (t<u>ie</u>)	ahy	**ма́й** (M<u>AHY</u>)
ей	yay (<u>yea</u>)	yay	**друзе́й** (droo-ZYAY)

Intonation

Russian intonation is quite different from English intonation. Here, we will briefly discuss the most common Russian intonational constructions. The first is IC-1, which is characteristic of the declarative sentence. In an IC-1 sentence, the words preceding the point of emphasis in the sentence are pronounced on a level, medium tone, smoothly and without pauses. Those words located after the point of emphasis are pronounced on a lower pitch.

Я хочу́ есть.	(yah khah-CHOO yehst′)	I want to eat.

The second intonational construction is IC-2, used in interrogative sentences that contain a question word. The stressed word in the sentence is pronounced with a slightly rising tone and strong emphasis. Those words that precede it are pronounced on a lower pitch, with a slight fall on the last syllable.

Кто́ говори́т?	(KTAW gah-vah-REET?)	Who is speaking?

IC-3 is used in interrogative sentences that do not contain a question word. As in IC-1, those words which precede the point of emphasis of the sentence are pronounced on a level, medium tone. The stressed part of the sentence is pronounced in a sharply higher tone, and the rest of the sentence is pronounced on a low pitch with a slight fall at the last syllable, as in IC-1 and IC-2.

Вы́ бы́ли в Санкт-Петербу́рге?	(vy BY-lee f Sawnkt Peeteerboorgi?)	Have you been to St. Petersburg?

EXPLANATORY NOTES

Literal translations are in parentheses. Colloquial is abbreviated to coll.

Gender is indicated by m. for masculine, f. for feminine, n. for neuter.

Case is indicated by nom. for nominative, acc. for accusative, dat. for dative, gen. for genitive, inst. for instrumental, and prep. for prepositional case.

Imperfective verb forms are not identified as such. If a verb is shown in its perfective form, however, this is indicated as: (perf.). In aspectual pairs, the first form is the imperfective form.

Other abbreviations are:

adj.	adjective		pl.	plural
adv.	adverb		prep.	preposition
conj.	conjunction		pron.	pronoun
dim.	diminutive		refl.	reflexive verb
imp.	imperfective verb		sg.	singular
ind.	indeclinable		tr.	transitive verb
interj.	interjection		v.	verb
intr.	intransitive verb		v.i.	verb intransitive
num.	numeral		v.t.	verb transitive
perf.	perfective verb			

RUSSIAN
LEARNER'S DICTIONARY

RUSSIAN-ENGLISH / ENGLISH-RUSSIAN
Revised and updated

RUSSIAN–ENGLISH

А

*а but, and, or (first letter of alphabet)
Вот ру́чка, а вот бума́га. Here is a pen, and here is paper.
Не он, а его́ сестра́. Not he, but his sister.
Поторопи́сь, а то опозда́ешь. Hurry, or you'll be late.
абажу́р lampshade
абитурие́нт high school graduate applying to a university
абрико́с apricot
абсолю́тный absolute
абстра́ктный abstract
абсу́рд absurdity
довести́ (perf.) **до абсу́рда** to carry to the point of absurdity
абсу́рдный absurd
абсце́сс abscess
ава́нс advance
плати́ть ава́нсом to pay in advance
получа́ть ава́нс в счёт зарпла́ты to receive an advance on salary
авантю́ра adventure, gamble
а́вгуст August
в а́вгусте in August
авиа́тор aviator, pilot
авиа́ция aviation, aircraft
*аво́сь perhaps, maybe
наде́яться на аво́сь to take a chance
на аво́сь on the off chance
автобиогра́фия autobiography
*авто́бус bus
автокра́тия autocracy
*автома́т automatic machine
телефо́н-автома́т pay telephone
автомати́ческий automatic
*автомоби́ль (m.) automobile, car
*автоно́мия autonomy
*а́втор author
*авторите́т authority
по́льзоваться авторите́том to use one's authority
а́вторские royalties (to an author)
а́вторское пра́во copyright
*авторучка fountain pen
автосе́рвис auto mechanic shop

аге́нт agent, factor
аге́нтство agency
агита́тор instigator
агита́ция agitation, propaganda
аго́ния agony
агресси́вный aggressive
агре́ссия aggression
агрикульту́ра agriculture
агробиоло́гия agricultural biology.
ад hell
адвока́т lawyer
адвокату́ра legal profession, the bar
занима́ться адвокату́рой to be a practicing attorney
*администра́тор administrator; manager
администра́ция administration, management
*а́дрес address
адресова́ть (imp., perf.) to address, direct
аза́ртно recklessly
аза́ртно игра́ть to gamble
*а́збука alphabet
азо́т nitrogen
за́кись азо́та nitrous oxide
о́кись азо́та nitric oxide
акаде́мия academy
акваре́ль (f.) watercolor
акварели́ст water-color painter
акко́рд chord
аккордео́н accordion
аккура́тность (f.) accuracy, carefulness, punctuality
аккура́тный careful, neat, punctual
акт act
выпускно́й акт graduation ceremony
обвини́тельный акт indictment
актёр actor
активизи́ровать (imp., perf.) to make more active, stir up
*акти́вно actively
актри́са actress
актуа́льность (f.) topicality
аку́ла shark
акуше́р, акуше́рка obstetrician (m., f.), midwife
акце́нт accent
акционе́р stockholder
а́кция share

а́кции па́дают shares go down (in value)

а́лгебра algebra

алкого́ль (m.) alcohol

  алкого́льный напи́ток alcoholic beverage, strong drink

алкало́ид alkaloid

алле́я lane, path

алта́рь (m.) altar

алфави́т alphabet

  по алфави́ту in alphabetical order

альбо́м album

альтруи́зм altruism, unselfishness

алюми́ний aluminum

амби́ция ambition, self-love, pride

амбулато́рия clinic

Аме́рика America

америка́нец, америка́нка American (m., f.)

америка́нский American (adj.)

*ана́лиз analysis, test

  сде́лать (perf.) **ана́лиз кро́ви** to take a blood test

анало́гия analogy

анана́с pineapple

анато́мия anatomy

а́нгел angel

англи́йский English

  англи́йская була́вка safety pin

  по-английски in English

англича́нин (m.) Englishman

англича́нка (f.) Englishwoman

анекдо́т anecdote, joke

анке́та questionnaire, survey

  запо́лнить (perf.) **анке́ту** to fill in a form

анкети́рование polling, surveying, evaluation

анса́мбль musical group

антагони́ст antagonist

антагонисти́ческий antagonistic

антипа́тия antipathy, aversion

  пита́ть антипа́тию к чему́-нибу́дь to feel an aversion for something

  почу́вствовать (perf.) **антипа́тию к кому́-нибу́дь** to take a dislike to someone

антрополо́гия anthropology

анчо́ус anchovy

аншла́г the "sold out" notice

Пье́са идёт с аншла́гом. The house (play) is sold out every night.

апельси́н orange

аплоди́ровать to applaud, cheer

*аппара́т apparatus, instrument

  фотоаппара́т camera

*аппети́т appetite

  прия́тного аппети́та bon appetit

аппети́тный appetizing, tempting

апре́ль (m.) April

*апте́ка drugstore, pharmacy

аранжи́ровать to arrange

арбу́з watermelon

аргуме́нт argument (in conversation)

  ве́ский аргуме́нт significant or telling argument

аре́нда lease

  взять в аре́нду to take on a lease

*аре́ст arrest

  взять под аре́ст to arrest

*арифме́тика arithmetic

*а́рмия army

арома́т aroma, fragrance, perfume

арома́тный aromatic, scented

арти́ст, арти́стка artist, master, actor (m., f.)

артисти́ческий artistic

археоло́гия archeology

архите́ктор architect

аспира́нт postgraduate student

аспири́н aspirin

ассортиме́нт selection, assortment

ассоциа́ция association

  по ассоциа́ции by association of ideas

а́тлас atlas

атле́т athlete

атмосфе́ра atmosphere

а́томный atomic

  а́томная эне́ргия atomic energy

аттеста́т зре́лости high school diploma

аукцио́н auction

  продава́ть с аукцио́на to sell by auction

аутотре́нинг self-training

афи́ша poster, bill, placard

ах! oh!, ah!

а́хать (а́хнуть) to exclaim, gasp, sigh

он и а́хнуть не успе́л   before he knew where he was (he didn't even have time to gasp)

аэродро́м   airfield

Б

ба́бочка   butterfly

*ба́бушка   grandmother

бага́ж   baggage

ручно́й бага́ж   hand or small luggage

у́мственный бага́ж   store of knowledge

ба́за   base, basis

ба́за да́нных   data base

подводи́ть (подвести́) ба́зу под что́-нибудь   to give good grounds for something

сырьева́я ба́за   source of raw materials

экономи́ческая ба́за   economic basis

*база́р   market

устро́ить (perf.) база́р   to create an uproar

бази́роваться   to be based on, rest on, depend

бакале́йный   grocer

бакале́йная ла́вка   grocery store

бакала́вр   holder of Bachelor of Arts degree

сте́пень бакала́вра   Bachelor of Arts degree

баклажа́н   eggplant

бактериоло́гия   bacteriology

*бал   dancing party, ball

бала́нс   balance

бале́т   ballet

*балко́н   balcony

бало́ванный   spoiled (by indulgence)

*балова́ть   to spoil, indulge

*ба́ловень   pet (about a person), favorite

быть о́бщим ба́ловнем   to be everyone's favorite

бана́н   banana

*банк   bank

*ба́нка   jar

бараба́н   drum

бараба́нная перепо́нка   eardrum

бара́нина   mutton, lamb

бара́нина жа́реная   roast lamb

ба́рхат   velvet

барье́р   barrier

бассе́йн   basin

бассе́йн для пла́вания   swimming pool

бассе́йн реки́   river basin

*бастова́ть   to strike, to go on strike

*башма́к   shoe

быть под башмако́м у жены́   to be henpecked

ба́шня   (f.) tower

*бе́гать, бежа́ть   to run

бежа́ть бего́м (спеши́ть)   to hurry

Его́ глаза́ бе́гают.   He has roving eyes.

бе́гло   fluently, superficially

Он бе́гло говори́т по-ру́сски.   He speaks Russian fluently.

Я бе́гло просмотре́л кни́гу.   I looked the book over quickly.

бего́м   running, double-quick

Беги́ бего́м!   Hurry! (Come on the double!)

*беда́   misfortune, trouble

Быть беде́!   Look out for trouble!

В то́м-то и беда́.   That's just the trouble.

Не беда́.   It doesn't matter.

бедне́ть (обедне́ть)   to become poor

*бе́дность   (f.) poverty

Бе́дность не поро́к.   Poverty is not a vice.

бе́дность по́чвы   poverty of the soil

бе́дный   poor, unfortunate

бедня́га, бедня́жка   poor fellow, poor thing (m., f.)

бедро́   thigh

*бе́дствие   calamity, disaster

*без   without (prep. with gen.)

безбе́дно   comfortably

жить безбе́дно   to be fairly well off financially

безболе́зненный   painless

безви́нный   innocent, guiltless

безвку́сие   lack of taste
безвку́сный   tasteless
безво́лие   lack of will
безвре́дный   harmless, innocuous
безвре́менно   untimely
безвре́менье   hard times
*безгра́мотность   illiteracy
безгра́мотный   illiterate
безда́рный   untalented
безда́рность   (f.) mediocrity, lack of talent
безде́йствие   inactivity
безде́льничать   to idle, loaf
безду́шный   heartless, callous
безжи́зненный   lifeless, insipid
*беззабо́тный   carefree, lighthearted
беззако́нный   lawless, unlawful
беззасте́нчивый   shameless, impudent
беззащи́тный   defenseless, unprotected
беззву́чный   soundless, silent
*безнадёжность   (f.) hopelessness
безнадзо́рность   (f.) neglect
*безнра́вственность   (f.) immorality
безнра́вственный   immoral, dissolute
*безобра́зие   outrage, disgrace
   Там творя́тся безобра́зия. Disgraceful things are going on there.
   Что за безобра́зие! It's scandalous!
*безопа́сность   (f.) safety, security
безотве́тственность   (f.) irresponsibility
*безрабо́тица   unemployment
безразли́чие   indifference
безразли́чно   indifferently
   Мне соверше́нно безразли́чно. It's all the same to me.
безу́мец   madman
безу́мие   folly, insanity
   люби́ть до безу́мия   to be madly in love
безу́мно   madly, terribly
   быть безу́мно уста́лым   to be terribly tired
   люби́ть безу́мно   to love madly
*безусло́вно   undoubtedly, absolutely

безуспе́шно   unsuccessfully
безыску́сственный   unaffected, simple
бейсболи́ст   baseball player
бейсбо́льный   baseball (adj.)
беко́н   bacon
бе́лка   squirrel
беллетри́ст   fiction writer
беллетри́стика   fiction
белоку́рый   blond, fair-haired
   белоку́рая же́нщина   blonde (woman)
*бе́лый   white
бельё   linen
   ни́жнее бельё   underwear
   посте́льное бельё   bedclothes
бензи́н   benzine, gasoline
бе́рег   shore, coast, bank
берёза   birch tree
бере́менная   pregnant
бере́чь (сбере́чь)   to guard, save, take care of
   бере́чь своё вре́мя   to make the most of one's time
   бере́чь своё здоро́вье   to take care of one's health
   бере́чь та́йну   to keep a secret
бес   demon, devil
бесе́да   conversation, talk
бесе́довать   to converse, talk
бесконе́чно   infinitely, endlessly
бесконе́чность   (f.) endlessness, eternity
беспа́мятность   (f.) forgetfulness
беспа́мятство   unconsciousness, frenzy
*беспла́тно   free of charge, gratis
бесподо́бный   matchless, incomparable
*беспоко́ить   to worry, to disturb
беспоко́иться   to be anxious, to worry about
   Не беспоко́йтесь. Don't trouble yourself. Don't worry.
беспоко́йный   troubled, uneasy
бесполе́зность   (f.) uselessness
*беспо́мощность   helplessness
*беспоря́док   disorder, confusion
беспричи́но   without cause, without reason
беспу́тный   dissipated, dissolute

бессерде́чность (f.) heartlessness, callousness

бесси́льный feeble, weak, helpless

бессме́ртный immortal

бессмы́сленно senselessly, foolishly

бессо́вестный dishonest, unscrupulous

бессты́дный shameless

беста́ктный tactless

бестсе́ллер best-seller

бесце́льный aimless

бесце́нный priceless, invaluable, beloved

бесче́стить (обесче́стить) to disgrace, dishonor

бесчу́вственный unfeeling, insensible

  бесчу́вственный челове́к unfeeling person

  находи́ться в бесчу́вственном состоя́нии to be unconscious

бе́шенство fury, rage

  довести́ (perf.) **до бе́шенства** to drive wild

библиоте́ка library

Би́блия Bible

бизнесме́н businessman

бикарбона́т bicarbonate

биле́т ticket

биллио́н billion

бино́кль binoculars

бинт bandage

бинтова́ть (забинтова́ть) to bandage

*****биогра́фия** biography

био́лог biologist

биоло́гия biology

биосвя́зь ESP

биохи́мик biochemist

биохи́мия biochemistry

биполя́рность (f.) bipolarity

би́ржа stock exchange, stock market

бирю́к lone wolf, morose fellow

  смотре́ть бирюко́м to look sullen

бис encore

бисульфа́т bisulphate

*****бить (поби́ть)** to beat, hit, struggle against

  бить в цель to hit the mark

  бить в ладо́ши to clap hands

  бить ключо́м to be in full swing

бить на эффе́кт to strike for effect

бить трево́гу to sound the alarm

би́ться to fight with, hit, strike, beat

  би́ться над зада́чей to struggle with a problem

  как он ни би́лся no matter how he tried

  Се́рдце си́льно бьётся. The heart is beating hard.

*****бифште́кс** steak

  бифште́кс натура́льный regular steak

  бифште́кс ру́бленый chopped steak

бла́го blessing, good

  Жела́ю вам всех благ. I wish you every happiness.

*****благодари́ть (поблагодари́ть)** to thank

благода́рность (f.) gratitude, thanks

благода́рный grateful

благодаря́ thanks to (with dat.)

  благодаря́ тому́, что thanks to the fact that

благоду́шие good humor, placidity

благонра́вие good behavior

*****благополу́чно** all right, well

  Всё ко́нчилось благополу́чно. Everything ended happily.

благослове́ние blessings

благотвори́тель (m.) philanthropist, benefactor

блаже́нство bliss, felicity

  на верху́ блаже́нства in perfect bliss

бледне́ть (побледне́ть) to grow pale

  бледне́ть от стра́ха to blanch with terror

*****бле́дность** (f.) pallor, colorlessness

блеск luster, brilliance

*****блесну́ть** (perf.) flash, make a brilliant display

  Блесну́ла мо́лния. Lightning flashed.

  У меня́ блесну́ла мысль. An idea flashed across my mind.

Он лю́бит блесну́ть свои́м умо́м. He likes to show off his wit.

*блесте́ть shine, glitter, sparkle

глаза́ блестя́т eyes sparkle

Он ниче́м не бле́щет. He does not shine in anything.

блестя́ще brilliantly

Дела́ иду́т блестя́ще. Things are going excellently.

*близ near (prep. with gen.)

бли́зиться to draw near, to approach

бли́зкий near, close, similar (to)

бли́зкий ро́дственник close relative

бли́зкий по ду́ху челове́к kindred spirit

*бли́зко (от) near

близнецы́ twins

*близору́кий nearsighted

бли́нчики pancakes

*блонди́н, блонди́нка blond or fair-haired person (m., f.)

*блу́зка blouse

блю́до dish, course

его́ люби́мое блю́до his favorite dish

обе́д из трёх блюд three-course dinner

*Бог God

не дай Бог God forbid

ра́ди бо́га for God's sake

богате́ть (разбогате́ть) to grow rich

бога́тство wealth

есте́ственные бога́тства natural resources

*бога́тый rich, wealthy

*бо́дрый cheerful, brisk

боже́ственный divine

*бо́йкий smart, sharp, ready

бо́йкий ум ready wit

*бок side

сбо́ку from the side

на боку́ sideways

*бо́лее more

боле́знь (f.) illness, disease

*боле́ть (заболе́ть) to ache, hurt

У меня́ боли́т голова́. I have a headache.

У него́ боля́т зу́бы. His teeth ache. He has a toothache.

боль (f.) pain, heartache

душе́вная боль mental suffering

*больни́ца hospital

*бо́льно painful

Ему́ бо́льно. He is in pain.

ему́ бо́льно, что it grieves him that

больно́й sick

больно́е воображе́ние morbid imagination

больно́й вопро́с sore subject

*бо́льше more

бо́льше всего́ most of all

бо́льше никогда́ never again

Он бо́льше не живёт там. He doesn't live there anymore.

болта́ть to chatter, babble

болта́ть глу́пости to talk nonsense

болту́н, болту́нья chatterbox (m., f.)

*большинство́ majority

большо́й big

Большо́е спаси́бо. Thanks a lot.

бормота́ть (пробормота́ть) to mutter, mumble

бо́рный boric

бо́рная кислота́ boric acid

*борода́ beard

*боро́ться to fight, contend, struggle

боро́ться с сами́м собо́й to struggle with oneself

*борьба́ struggle, fight, wrestling

*босико́м barefooted

*бося́к hobo

*боти́нок boot

боя́знь (f.) dread, fear

*боя́ться to fear

Бою́сь сказа́ть. I am afraid to say.

Бою́сь, что он не придёт. I am afraid he won't come.

Не бо́йся. Don't worry. Don't be afraid.

*брак marriage, wedlock; defective goods

*брат brother

двою́родный брат first cousin

*брать (взять) to take

брать взаймы́ to borrow

брать на себя́ сме́лость to take the liberty

брать себя́ в ру́ки   to pull oneself together
бра́ться (взя́ться)   to undertake, begin
бра́ться за чте́ние   to begin to read
Он взя́лся за э́ту рабо́ту.   He undertook the work.
бред   delirium
бриллиа́нт   diamond
бри́тва   razor
бри́тый   clean-shaven
*бри́ться (побри́ться)   to shave (oneself)
бровь   (f.) eyebrow
броди́ть   to wander, roam, rove (only by foot)
бром   bromide
бро́мистый ка́лий   potassium bromide
*броса́ть (бро́сить)   to throw, cast
броса́ть взгля́д   to cast a look
броса́ть ка́мни   to throw stones
броса́ть кури́ть   to give up smoking
броса́ть семью́   to desert one's family
броса́ться (бро́ситься)   to throw oneself, to dash
броса́ться на по́мощь   to rush to help
броса́ться на ше́ю кому́-нибу́дь   to throw one's arms around someone's neck
брошю́ра   pamphlet
*брю́ки   trousers
*брюне́т, брюне́тка   dark-haired person, brunet, brunette
*бу́дет   that will do, that's enough
Бу́дет тебе́ пла́кать!   Stop crying!
буди́льник   alarm clock
*буди́ть (разбуди́ть)   to awaken
*бу́дто   as if, as though, apparently
Говоря́т, бу́дто он уе́хал.   It seems (they say) that he has gone away.
У вас тако́й вид, бу́дто вы не по́няли.   You look as if you did not understand.
бу́дущее   (noun) the future
в бу́дущем   in the future
бу́дущий   future
на бу́дущей неде́ле   next week

*бу́ква   letter (of the alphabet)
буква́льно   literally, word for word
*бу́лка   roll (bread)
бульва́р   avenue, boulevard
*бума́га   document, paper
бума́жник   wallet
бума́жный   cotton, paper
бума́жная мате́рия   cotton material
бу́рный   stormy
*бу́ря   tempest, bad storm
*бутербро́д   sandwich
*буты́лка   bottle
*быва́ть   to be sometimes
быва́ет, что   it happens that
Ве́чером он быва́ет до́ма.   He is at home in the evenings.
Он когда́-то ча́сто быва́л у них.   At one time he visited them often.
*бы́вший   former
бы́вший президе́нт   former president
*бы́стро   rapidly
быстрота́   speed
бы́стрый   quick, rapid
бытовы́е отхо́ды   household refuse
*быть   to be
бюдже́т   budget

В

*в   to, into—direction (with acc.) in, at—location (with prep.)
в 1944 году́   in 1944
в слу́чае, е́сли   if, in case
в три часа́   at three o'clock
в четве́рг   on Thursday
в январе́   in January
Я иду́ в го́род.   I am going to the city.
Я живу́ в го́роде.   I live in the city.
*ваго́н   railway car
ва́жничать   to put on airs
ва́жно   importantly
Ва́жно, что он пойдёт.   It is important that he go.
*ва́жный   important, pompous
ва́за   vase, bowl

*вака́нсия vacancy
вальс waltz
*ва́нна bath
 приня́ть ва́нну to take a bath
ва́нная bathroom
ва́режки mittens
варёный boiled, cooked
*варе́нье jam, preserves
вариа́ция variation
*вари́ть (свари́ть) boil, cook
вари́ться (свари́ться) to be
 cooking
*ваш, ва́ша, ва́ше, ва́ши your, yours
*вбира́ть to absorb
введе́ние introduction, preface
вводи́ть (ввести́) to introduce
 ввести́ зако́н в де́йствие to
 implement a law
 вводи́ть кого́-нибудь в
 заблужде́ние to lead someone
 astray
 вводи́ть мо́ду to introduce a
 fashion
*вдво́е double, twice
 вдво́е бо́льше twice as much
 вдво́е ме́ньше half as much
 Мы вдвоём пошли́. The two of
 us went.
вдова́ widow
вдове́ц widower
*вдоль along (prep. with gen.)
вдохнове́ние inspiration
*вдруг suddenly
вду́мчивость (f.) thoughtfulness
ведро́ (с му́сором) trash can
веду́щий leading, chief
 веду́щий (телепереда́чи) TV-
 show host, anchor
ведь but, indeed, of course
*ве́жливость (f.) politeness,
 courtesy
ве́жливый polite, courteous
*везде́ everywhere
*век century, epoch
 Век живи́, век учи́сь. Live and
 learn.
ве́ксель (m.) promissory note, bill
 of exchange
*вели́кий great, big
*великоду́шно generously,
 magnanimously
*великоле́пно splendidly, fine

*велосипе́д bicycle
*ве́на vein
вентиля́тор ventilator, fan
*венча́ть (повенча́ть) to marry (in
 church)
*ве́ра faith, belief
*верёвка rope, cord, string
ве́рить (пове́рить) to believe, trust
*ве́рно right, correctly
 ве́рно говори́ть to speak
 correctly
 ве́рно петь to sing on key
 соверше́нно ве́рно quite right
*верну́ть(ся)—see возвраща́ть(ся)
ве́рный correct, right, faithful
 ве́рный друг true friend
вероя́тность (f.) probability
 по всей вероя́тности in all
 probability
вертика́льно vertically
*верх top, head
 е́здить верхо́м to ride horseback
 одержа́ть (perf.) верх to gain the
 upper hand
верши́на top, summit
*вес weight, influence
 изли́шек ве́са overweight
 име́ть большо́й вес to be very
 influential
 приба́вить (perf.) в ве́се to put
 on weight
 уде́льный вес specific weight or
 gravity
весели́ться to enjoy oneself
*весёлый cheerful, gay
*весна́ spring
 весно́й in the spring
*вести́, води́ть (повести́) to lead,
 conduct
 вести́ войну́ to carry on a war
 вести́ дом to manage a household
 вести́ собра́ние to conduct a
 meeting
 Куда́ ведёт э́та доро́га? Where
 does this road lead?
 Он о́чень пло́хо ведёт себя́. He
 behaves badly.
*весь, вся, всё, все all, the whole
 во весь го́лос at the top of one's
 lungs
 всего́ хоро́шего all of the best
 всё же all the same

всё-таки nevertheless
весьма́ very, extremely
*__ве́тер__ wind, breeze
ве́тхий decrepit, dilapidated
  ве́тхое пла́тье threadbare clothes
*__ве́чер__ evening, evening party
  ве́чером in the evening
*__вечери́нка__ evening party
*__ве́чный__ eternal, everlasting
*__ве́шалка__ clothes stand, hanger
*__ве́шать (пове́сить)__ to hang up
  ве́шать го́лову to hang one's head, be dejected
*__вещь__ (f.) thing
  Вот э́то вещь! That's something like it!
  Это хоро́шая вещь. That's a good thing.
взад и вперёд to and fro
взаи́мно mutually
  взаи́мная по́мощь mutual aid
взаперти́ locked up
  жить взаперти́ to live in seclusion
взволно́ванно with emotion, with agitation
*__взгляд__ look, stare, glance
  бро́сить взгляд to cast a glance
  на мой взгляд in my opinion
  на пе́рвый взгляд on first sight
*__вздор__ nonsense
вздох deep breath, sigh
*__вздыха́ть (вздохну́ть)__ to breathe, heave a sigh, yearn for
*__взро́слый__ grown-up, adult
взрыв explosion, outburst
  взрыв сме́ха outburst of laughter
*__взять__—see **брать**
*__вид__ appearance, view
  вид из окна́ view from the window
  име́йте в виду́ keep in mind, take notice (imperative)
  У вас уста́лый вид. You look tired.
видеомагнитофо́н VCR
*__ви́деть (уви́деть)__ to see
ви́димо apparently
*__ви́дно__ visible, clear
  всем бы́ло ви́дно, что it was clear to everyone that
визи́т call, visit

прийти́ (perf.) **с визи́том к кому́-нибу́дь** to pay someone a visit
*__ви́лка__ fork
  электри́ческая ви́лка electric plug
вина́ fault, guilt
  Ва́ша вина́. It's your fault.
  свали́ть (perf.) **вину́ на кого́-ли́бо** to put the blame on someone
ви́ндсерфинг wind-surfing
*__вино́__ wine
*__винова́тый__ guilty
  Я винова́т. It's my fault.
виногра́д grapes
*__висе́ть__ to hang, be suspended
  Пальто́ виси́т в шкафу́. The coat is hanging in the closet.
витри́на display window
*__ви́шня__ cherry
вкла́дывать (вложи́ть) to put in, insert
  вкла́дывать в конве́рт to enclose in an envelope
  вкла́дывать всю ду́шу во что́-ли́бо to put one's whole soul into something
*__включа́ть (включи́ть)__ to include, insert
  включа́ть ра́дио to switch on the radio
*__вкус__ taste
  быть го́рьким на вкус to taste bitter
  одева́ться со вку́сом to dress tastefully
  челове́к со вку́сом a man of taste
  Это не по моему́ вку́су. That's not to my taste.
вку́сный tasty
владе́ть to own, possess, control
  владе́ть аудито́рией to hold one's audience
  владе́ть свое́й те́мой to be master of one's subject
  владе́ть собо́й to control oneself
*__власть__ (f.) power, authority, rule
*__влия́ние__ influence, authority
влия́ть (повлия́ть) to influence
влюблённый in love
  влюблённая па́ра loving couple

*влюбля́ться (влюби́ться)   to fall in love
вме́сте   together
*вме́сто   instead of (prep. with gen.)
вме́шиваться (вмеша́ться)   to implicate, interfere
  вме́шиваться в чужи́е дела́   to meddle with other people's business
*внача́ле   at first, in the beginning
*вне   outside (prep. with genitive)
  вне зако́на   illegal
  вне себя́ от ра́дости   beside oneself with joy
  вне сомне́ния   without a doubt
вне́шний   outward, outer
  вне́шний вид   outer appearance
  вне́шняя поли́тика   foreign policy
вниз   down, downward
  спуска́ться вниз   to go down, descend
*внизу́   below
  Он внизу́.   He is down below.
*внима́ние   attention
  обрати́ть внима́ние   to pay attention
внима́тельно   carefully, attentively
*внук   grandson
вну́тренний   inner, internal
  вну́тренние боле́зни   internal diseases
  вну́тренние причи́ны   intrinsic causes
*внутри́   inside, within (prep. with gen.)
*во вре́мя   during (prep. with gen.)
во́время   on time
*во́все   quite
  во́все не   not at all
*вода́   water
  как с гу́ся вода́   like water off a duck's back
*води́ть, вести́ (повести́)   to lead, conduct
*во́дка   vodka
водоворо́т   whirlpool
водоро́д   hydrogen
возбужда́ть (возбуди́ть)   to excite, arouse
  возбужда́ть аппети́т   to stimulate the appetite

возбужда́ть наде́жды   to raise hopes
возбуждённый   excited
*возвраща́ть (верну́ть)   to return, give back
возвраща́ться (верну́ться)   to return, come back
*во́здух   air
возду́шный   airy
  возду́шные за́мки   castles in the air
  возду́шный ша́рик   balloon
*вози́ть, везти́   to carry, transport (by conveyance)
*возмо́жно   possible, it may be likely
  возмо́жно скоре́е   as soon as possible
  ско́лько возмо́жно   as much as possible
возмо́жность   (f.) possibility, opportunity
  материа́льные возмо́жности   means (financial)
во́зраст   age
  одного́ во́зраста   of the same age
*война́   war
  «Война́ и мир»   "War and Peace"
*войти́—see входи́ть
*вокза́л   railway station
*вокру́г   round, around (prep. with gen.)
  верте́ться вокру́г да о́коло   to beat around the bush
*волна́   wave
волне́ние   agitation, emotion
  быть в волне́нии   to be agitated
  На о́зере волне́ние.   The lake is rough.
*во́лосы   hair
*во́льность   (f.) liberty, freedom
  позволя́ть себе́ во́льности   to take liberties
  поэти́ческая во́льность   poetic license
вольфра́м   tungsten
*во́ля   will
  име́ть си́лу во́ли   to have will power
  Он на во́ле.   He is free (from captivity).
  по до́брой во́ле   voluntarily

*воображать (вообразить)   to imagine, fancy
воображение   imagination
вообразить—see воображать
*вообще   in general, altogether
  вообще говоря   generally speaking
  Он вообще такой.   He is always like that.
*вопрос   question
  вопрос жизни и смерти   matter of life or death
  Вопрос не в этом.   That is not the question.
  остаться (perf.) под вопросом   to remain undecided
  спорный вопрос   moot point
*ворота   gates
*воротник   collar
восемнадцать   eighteen
восемнадцатый   eighteenth
восемь   eight
восклицать (воскликнуть)   to exclaim
воскресение   resurrection
*воскресенье   Sunday
воспитание   upbringing, training
воспитывать (воспитать)   to bring up, educate, train
воспользоваться   (perf.) to take advantage of, profit by
  воспользоваться случаем   to take advantage of the opportunity
воспоминание   recollection, reminiscence
  Осталось одно воспоминание.   All that is left is memory.
воспрещать(ся) (воспретить)   to prohibit
  вход воспрещается   no admittance
  курить воспрещается   no smoking
восток   east
восторг   delight, enthusiasm
  быть в восторге   to be in raptures
*восхитительный   delightful, exquisite
восьмидесятый   eightieth
восьмой   eighth
*вот   here is, here are
  Вот как!   Is that so!

вот почему   that's why
Вот пример.   Here is an example.
впервые   for the first time, first
*вперёд   forward, in the future
  платить вперёд   to pay in advance
  Часы идут вперёд.   The clock is fast.
впереди   in front, before
  У него ещё целая жизнь впереди.   His whole life is before him.
*впечатление   impression, effect
вполголоса   in an undertone, under one's breath
вполне   quite, fully
  вполне достаточно   quite enough
  вполне заслужить   fully deserve
  вполне успокоенный   fully reassured
впускать (впустить)   to let in, admit
*враг   enemy, foe
*врач   physician, doctor
*вредно   harmful, injurious
  Ему вредно курить   It's bad for him to smoke.
*время   time
  вовремя   on time
  во все времена   at all times
  время года   season
  Время покажет.   Time will tell.
  всё время   all the time
  в скором времени   soon
  за последнее время   lately
всевозможный   all kinds of, every possible sort
  всевозможные средства   every possible means
всегда   always
всерьёз   seriously, in earnest
всё-таки   all the same, nevertheless
вскакивать (вскочить)   to jump onto, leap up
  вскочить на ноги   to jump to one's feet
вскипать (вскипеть)   to boil up
*вслух   aloud
*вспоминать (вспомнить)   to recollect, recall
вспомнить—see вспоминать
вспотеть—see потеть
вставать (встать)   to get up, rise

Встал вопро́с. The question arose.

встать гру́дью за что́-нибудь to stand up staunchly for something

встать на но́ги to become independent

встать—see **встава́ть**

*__встре́ча__ meeting, reception

при встре́че с ке́м-нибудь on meeting someone

оказа́ть раду́шную встре́чу to give a hearty welcome to

встре́тить(ся)—see **встреча́ть(ся)**

встреча́ться (встре́титься) to meet

встреча́ть госте́й to welcome one's guests

встреча́ть ла́сковое отноше́ние to meet with kindness

встреча́ться с затрудне́ниями to meet with difficulties

*__вступа́ть (вступи́ть)__ to enter, join

вступа́ть в до́лжность to assume office

вступа́ть в спор to enter into an argument

вступа́ть в си́лу to come into effect

вступи́ть—see **вступа́ть**

*__вся́кий__ any, every

во вся́кое вре́мя at any time

во вся́ком слу́чае at any rate

Вся́кое быва́ет. Anything is possible.

вся́кий раз each time

на вся́кий слу́чай just in case

вта́йне in secret

вта́лкивать (втолкну́ть) to push, shove (into something)

втолкну́ть—see **вта́лкивать**

*__вто́рник__ Tuesday

во вто́рник on Tuesday

по вто́рникам every Tuesday, on Tuesdays

*__второ́й__ second

*__вход__ entrance

пла́та за вход admission fee

*__входи́ть (войти́)__ to enter, go or come in (on foot)

войти́ в исто́рию to go down in history

входи́ть в долги́ to get into debt

входи́ть в привы́чку to become a habit

входи́ть в соглаше́ние to enter into an agreement

*__вчера́__ yesterday

иска́ть вчера́шнего дня to run a wild-goose chase

въезд entrance, entry

въезжа́ть (въе́хать) to drive in, enter (by vehicle)

въе́хать—see **въезжа́ть**

*__вы__ you (plural, or polite form)

*__выбира́ть (вы́брать)__ to choose, select

вы́брать—see **выбира́ть**

вы́бор choice, selection

У него́ нет вы́бора. He has no choice.

*__выбра́сывать (вы́бросить)__ to throw out, reject

вы́бросить из головы́ to put out of one's head

вы́бросить това́р на ры́нок to throw goods on the market

вы́годно advantageously, it is profitable

выдава́ть (вы́дать) to distribute give out

выделе́ние isolation (chem.)

вы́делить(ся)—see **выделя́ть(ся)**

выделя́ть(ся) (вы́делить(ся)) to single out, to isolate

вы́держать—see **выде́рживать**

выде́рживать (вы́держать) to sustain, endure

вы́держать экза́мен to pass an examination

вы́держать хара́ктер to stand firm

Он не вы́держал и запла́кал. He broke down and cried.

Он не мог э́того бо́льше вы́держать. He could not stand it any longer.

вы́держка self-control, endurance

вы́думанный made-up, invented

выду́мывать (вы́думать) to invent, fabricate

вы́звать—see **вызыва́ть**

вызыва́ть (вы́звать) to call, send for, challenge

вы́звать на дуэ́ль   to challenge to a duel

вызыва́ть из ко́мнаты   to call out of the room

вы́звать любопы́тство   to provoke curiosity

вы́играть—see **выи́грывать**

выи́грывать (вы́играть)   to win

вы́играть де́ло   to win one's case

От э́того он то́лько вы́играет. He will only benefit from that.

вы́йти—see **выходи́ть**

вы́кройка   sewing pattern

вылива́ть (вы́лить)   to pour out, empty

вы́лить see **вылива́ть**

вынима́ть (вы́нуть)   to pull out, draw out

вы́нуть—see **вынима́ть**

вы́нудить—see **вынужда́ть**

вынужда́ть (вы́нудить)   to compel, make

вынужда́ть призна́ние   to force admission or recognition

выпа́ривание   evaporation, steaming

вы́парить—see **па́рить**

вы́пить—see **пить**

выполне́ние   fulfillment, realization

вы́полнить—see **выполня́ть**

*****выполня́ть (вы́полнить)**   to carry out, fulfill

выполня́ть жела́ния   to fulfill wishes

выполня́ть свои́ обя́занности   to carry out one's duties

вы́пуск   graduating class

выпускни́к   senior (in high school), graduate

выраба́тывать (вы́работать)   to manufacture, work out

вы́работать—see **выраба́тывать**

*****выража́ть(ся) (вы́разить(ся))**   to express (oneself), voice

выража́ть слова́ми   to put into words

Мне тру́дно выража́ться по-ру́сски.   It is difficult to express myself in Russian.

мя́гко выража́ясь   to put it mildly

выраже́ние   expression

идиомати́ческое выраже́ние idiomatic expression

Он знал по выраже́нию её лица́. He knew by her look.

вы́разить(ся)—see **выража́ть(ся)**

выраста́ть (вы́расти)   to grow up, increase

выраста́ть на 20%   to increase by 20%

вы́расти—see **выраста́ть**

выска́кивать (вы́скочить)   to jump out, leap out

вы́скочить—see **выска́кивать**

высо́кий   (adj.) high, tall

высо́кий челове́к   tall fellow

высо́кие це́ли   lofty aims

*****высоко́**   (adv.) high

высота́   height

вы́ставка   exposition, display

вы́стирать—see **стира́ть**

вы́стрел   shot

высу́шивать (вы́сушить)   to dry

вы́сушить—see **высу́шивать**

*****вы́сший**   highest

вы́тереть—see **вытира́ть**

вытира́ть (вы́тереть)   to wipe dry

выу́чивать (вы́учить)   to learn, teach

вы́учить наизу́сть   to learn by heart

вы́учить—see **выу́чивать**

*****вы́ход**   exit, way out, coming out

вы́ход на у́лицу   exit to street

по́сле вы́хода кни́ги   after the book had appeared

У него́ не́ было друго́го вы́хода. He had no other way out.

выходи́ть (вы́йти)   to go out (on foot)

вы́йти из мо́ды   to go out of fashion

вы́йти в отста́вку   to resign, retire

вы́йти за́муж   to get married (of women)

выходи́ть и́з дому   to go out of the house

Из э́того ничего́ не вы́йдет. Nothing will come of it.

Кни́га уже́ вы́шла.   The book was already published.

Окно́ выхо́дит в сад.   The window faces the garden.

выходно́й день day off
вычита́ние subtraction
вяза́ть (связа́ть) to knit, crochet, bind up
вя́ло limply, sluggishly

Г

гада́лка fortune-teller
га́дость (f.) filth, muck
  сде́лать (perf.) **га́дость кому́-либо** to play a dirty trick on someone, double-cross
газ gas, gauze, gossamer
газе́та newspaper
газоли́н gasoline
гала́нтный gallant
газо́н lawn, grass
га́йка nut (screw)
галере́я gallery
галло́н gallon
гало́ша overshoes, rubbers (pl.)
га́лстук necktie
гара́ж garage
гаранти́ровать to guarantee
гара́нтия guarantee, security
гардеро́б wardrobe
гармо́ния harmony
гармони́ст accordion player
гарни́р garnish, vegetables served with main course
гастроно́м grocery store
*__где́__ where–location
  где́-то somewhere
  где́-нибудь anywhere
гениа́льность (f.) genius, greatness
*__ге́ний__ (noun, m.) genius
геогра́фия geography
геоме́трия geometry
*__геро́й__ (noun, m.) hero
ги́бкий flexible, pliant
ги́бнуть (поги́бнуть) to perish
гига́нтский gigantic
  дви́гаться гига́нтскими шага́ми to progress at a great rate
гипно́з hypnosis
*__гита́ра__ guitar
*__глава́__ head, chief; chapter
  глава́ прави́тельства head of the government

стоя́ть во главе́ to be at the head of
*__гла́вный__ main, chief
*__глаго́л__ verb
*__гла́дить (погла́дить)__ to iron, press, caress
гла́дкий smooth, even, sleek
  гла́дкая доро́га smooth road
  гла́дкий материа́л solid-color material
*__глаз__ eye
*__глота́ть__ to swallow, gulp
  глота́ть слёзы to choke down one's tears
глото́к one swallow, mouthful
*__глубо́кий__ deep
  занима́ться до глубо́кой но́чи to work until late at night
  глубо́кая печа́ль deep sorrow
  глубо́кая таре́лка soup plate
глубоко́ deeply, profoundly
*__глу́пость__ (f.) foolishness
глу́пый foolish, stupid
*__глухо́й__ deaf
  глухо́й лес dense forest
  глуха́я ночь still night
  Он глух к мои́м про́сьбам. He is deaf to my entreaties.
  Он соверше́нно глух. He is completely deaf.
*__гляде́ть (погляде́ть)__ to look at, gaze at
гнев anger, ire
гнездо́ nest
гнуть (согну́ть) to bend, drive
  гнуть спи́ну перед кем́-либо to kowtow to someone
  Я ви́жу, куда́ он гнёт. I see what he is driving at.
*__говори́ть (сказа́ть)__ to say, tell
  говори́ть по-ру́сски to speak Russian
  говоря́т they say
  Он говори́т, что он бо́лен. He says he is ill.
  Он сказа́л, что он бо́лен. He said he is ill.
*__год__ year
годи́ться to be fit for, serve
  ни на что́ не годи́тся not fit for anything

Он не годи́тся в учителя́. He is not suited to be a teacher.

годовщи́на anniversary

*голова́ head, mind

Мне пришла́ в го́лову мысль. A thought occurred to me.

потеря́ть (perf.) **го́лову** to lose one's head

челове́к с головой a man with sense

*го́лод hunger

умира́ть с го́лоду to starve to death

голо́дный hungry

*го́лос voice

в оди́н го́лос unanimously

пра́во го́лоса the right to vote

го́лый naked, bald

го́лые но́ги bare legs

спать на го́лом полу́ to sleep on the bare floor

гоня́ть to drive, chase

*гора́ mountain

ходи́ть по гора́м to climb mountains

*гора́здо much, by far

гора́здо лу́чше much better

го́рдый proud

*го́ре grief, misfortune

*горе́ть (сгоре́ть) to burn, shine

горе́ть в жару́ to burn with fever

горе́ть жела́нием to burn with desire

дом гори́т. The house is burning.

горизонта́льно horizontally

*го́рло throat

во всё го́рло at the top of one's lungs

*го́род town, city

за́ город out of town (direction)

за го́родом out of town (location)

гороско́п horoscope

горо́шек peas

горчи́ца mustard

*го́рький bitter

*горя́чий hot, passionate (objects or emotions)

горя́чее жела́ние ardent wish

горя́чий ко́фе hot coffee

горя́чее сочу́вствие heartfelt sympathy

го́спиталь (m.) hospital

господи́н Mr., sir

госпожа́ Mrs., lady

гости́ная living room

гости́ница hotel

*гость (m.) guest

У нас сего́дня го́сти. We have company today.

ходи́ть в го́сти to visit

госуда́рство state

*гото́вить (пригото́вить) to prepare, make ready, cook

гото́вить кни́гу к печа́ти to prepare a book for the press

гото́вить уро́к to do a lesson

Она́ хорошо́ гото́вит. She is a good cook.

гото́виться (пригото́виться) to prepare oneself

гото́вый ready, prepared

гото́вое пла́тье ready-made clothes

Обе́д гото́в. Dinner is ready.

Он гото́в на всё. He is ready to do anything.

гра́дус degree

у́гол в 60 гра́дусов angle of 60 degrees

Сего́дня 10 гра́дусов тепла́. The temperature is 10 degrees above zero today.

граждани́н, гражда́нка citizen (m., f.)

грамма́тика grammar

гра́мотность (f.) literacy

грани́ца boundary, border

вы́йти из грани́ц to overstep the limits

за грани́цу abroad

грацио́зный gracefully

гребешо́к comb

*греть (согре́ть) to warm up, heat

греть суп to warm up the soup

*грех sin

гре́шный sinful

гриб mushroom

*гроза́ thunderstorm, tempest

гро́зный terrible, threatening

грома́дный enormous

гро́мкий loud

*гро́мко loudly

гру́бый rough, coarse

гру́бая мате́рия coarse material

грýбая оши́бка   flagrant error
грýбый вкус   bad taste
грýбое слóво   rude word
*грудь   (f.) breast, chest, bosom
грýппа   group
*грусти́ть   to be sad, melancholy
грýстный   sad, melancholy
    У негó грýстное настроéние.   He
    is in low spirits.
грýша   pear
гря́зный   dirty, muddy
*грязь   (f.) dirt, filth
*губá   lip
*гуля́ть (погуля́ть)   to walk, take a
    stroll
гуманита́рный   humanitarian
*густóй   thick, dense
    густы́е брóви   bushy eyebrows
    густóй лес   dense forest
    густы́е сли́вки   heavy cream
    густóй тумáн   heavy fog

Д

*да   yes
да   and, but
    да ещё   and what is more
    он да я   he and I
    Он охóтно сдéлал бы э́то, да у
    негó нет врéмени.   He would
    gladly do it, but he has no time.
давáй, давáйте   let us (with inf.)
*давáть (дать)   to give, allow
    давáть своё соглáсие   to give
    one's consent
    дать концéрт   to give a concert
    дать мéсто   to make room for
    Емý не дáли говори́ть.   They
    didn't let him speak.
давлéние   pressure
    высóкое давлéние   high pressure
    окáзывать давлéние   to put
    pressure on
    под давлéнием   under pressure
*давнó   long ago, for a long time
    давны́м-давнó   long ago
    Ужé давнó порá уходи́ть.   It is
    high time to go.
*дáже   even
далёкий   distant, remote

далёкое прóшлое   remote past
    Они́ далёкие друг дрýгу лю́ди.
    They have little in common.
*далекó   far
    далекó за пóлночь   long after
    midnight
    Он далекó не дурáк.   He is far
    from being a fool.
*дальнозóркий   farsighted
*дáльше   farther
*дáма   lady
дáнные   data
дар   gift
дари́ть (подари́ть)   to give a
    present
*дáром   gratis, in vain
    Вéсь дéнь дáром пропáл.   The
    whole day has been wasted.
    Он э́того и дáром не возьмёт.
    He wouldn't even have it as a gift.
*дать — see давáть
*дáча   country house, summer
    cottage
    éхать на дáчу   to go to the
    country
    на дáче   in the country
два, две   two
    кáждые два дня   every other day
двáдцать   twenty
двадцáтый   twentieth
двенáдцать   twelve
двенáдцатый   twelfth
*двéрь   (f.) door
    поли́тика откры́тых дверéй
    open-door policy
    при закры́тых дверя́х   in private,
    closed hearing
двéсти   two hundred
дви́гатель   (m.) motor
*дви́гат(ся) (дви́нуть(ся))   to
    move, set in motion
*движéние   motion, movement,
    traffic
    мнóго движéния на дорóге   a lot
    of traffic on the road
    Он вéчно в движéнии.   He is
    always on the move.
    рабóчее движéние   working class
    movement
дви́нуть(ся) — see дви́гать(ся)
двóе   two (collective)
    Их двóе.   There are two of them.

двойно́й   double, twofold

двою́родный брат, двою́родная сестра́   first cousin (m., f.)

двуспа́льная крова́ть   double bed

*де́вочка   little girl

*де́вушка   young girl (unmarried)

девяно́сто   ninety

девяно́стый   ninetieth

девятна́дцать   nineteen

девятна́дцатый   nineteenth

де́вять   nine

девятьсо́т   nine hundred

девя́тый   ninth

*де́душка   (m.) grandfather

  де́душка моро́з   Santa Claus (Grandfather Frost)

дежу́рить   to be on duty

*де́йствие   action, act, effect

  Де́йствие происхо́дит в Москве́. The action takes place in Moscow.

  ока́зывать де́йствие   to have an effect on

  приводи́ть в де́йствие   to put into action

  пье́са в трёх де́йствиях   play in three acts

*действи́тельно   really, actually

де́йствовать (поде́йствовать)   to act, operate, function

  де́йствовать на не́рвы   to get on one's nerves

  Как де́йствовать да́льше? What is to be done next?

  Лека́рство уже́ де́йствует. The medicine is already taking effect.

дека́брь   (m.) December

декольте́   low-necked (dress)

де́лать (сде́лать)   to do, make

  де́лать вид, что   to pretend

  де́лать визи́т   to pay a visit

  де́лать докла́д   to make a report

  де́лать кого́-либо счастли́вым   to make someone happy

  де́лать рабо́ту   to do work

  де́лать шля́пы   to make hats

  не́чего де́лать   nothing to do

де́латься (сде́латься)   to become, grow

  Там де́лаются стра́нные ве́щи. Strange things happen there.

  Что с ним сде́лалось? What has happened to him?

деле́ние   division

делика́тность   (f.) gentleness, fact

*дели́ть (раздели́ть)   to divide

  дели́ть попола́м   to divide in half

  раздели́ть два́дцать на пятц   to divide twenty by five

дели́ться (раздели́ться)   to divide (into), share

  дели́ться впечатле́ниями   to share impressions, compare notes

  Она́ всём де́лится со мной. She shares everything with me.

  Река́ де́лится на два рукава́. The river divides into two arms.

*де́ло   matter, business

  В том-то и де́ло. That's the point.

  В чем де́ло? What's the matter?

  говори́ть по де́лу   to speak about business

  де́ло в том, что   the fact is, that

  де́ло ми́ра   cause of peace

  Как дела́? How are things?

  на са́мом де́ле   as a matter of fact

  У меня́ мно́го дел. I have many things to do.

  Это моё де́ло. That is my affair.

*день   (m.) day

  в два часа́ дня   at two o'clock in the afternoon

  в оди́н прекра́сный день   one fine day

  день рожде́ния   birthday

  днём   in the daytime

  со дня на́ день   from day to day

  че́рез де́нь   every other day

*де́ньги   (pl.) money

дере́венский   village, country (adj.)

*дере́вня   village, country

  в дере́вне   in the country

*де́рево   tree

деревя́нный   wooden

*держа́ть   to hold, keep

  держа́ть в ку́рсе собы́тий   to inform about a current situation

  держа́ть в та́йне   to keep a secret

  держа́ть кого́-нибудь за́ руку   to hold someone by the hand

  держа́ть пари́   to make a bet

  держа́ть сло́во   to keep one's word

  держа́ть экза́мен   to take an exam

держа́ться   to hold on, stick to

держа́ться на нога́х   to keep on one's feet

держа́ться того́ взгля́да   to hold to the opinion

Держи́сь! Hold steady!

Пу́говица де́ржится на ни́точке. The button is hanging by a thread.

де́рзкий impudent, insolent, daring, fresh

де́рзость (f.) impudence, insolence

десе́рт dessert

деся́тка ten-ruble bill

де́сять ten

деся́тый tenth

деталь (f.) detail

дета́льно in detail

детекти́в mystery (film, book); detective

де́ти children

де́тский child's, children's

де́тский городо́к   playground

детский сад   kindergarten

де́тство childhood

впада́ть в де́тство   to be in one's second childhood

с де́тства   from childhood

дефе́кт defect, blemish

дёшево cheaply

дёшево отде́латься   to get off cheap

Это дёшево сто́ит. It is worth little.

дешёвый inexpensive

джентльме́н gentleman

диа́гноз diagnosis

диагона́льно diagonally

диале́кт dialect

дива́н divan, sofa

дие́та diet

соблюда́ть дие́ту   to be on a diet

ди́кий wild, savage

дикто́вка dictation

писа́ть под дикто́вку   to take dictation

ди́ктор announcer

дисково́д для ги́бких ди́сков floppy disk drive

дире́ктор director, manager

дирижёр conductor of an orchestra

дирижи́ровать to conduct an orchestra

дисбала́нс imbalance

диску́ссия discussion, debate

дисципли́на discipline

длина́ length

дли́нный long (distance)

для for, intended for (prep. with gen.)

дно bottom

до as far as, until, up to, before (with genitive)

до сих пор   until this time

до свида́ния   goodbye

от... до...   from...to...

доба́вить—see **добавля́ть**

добавле́ние addition, supplement

добавля́ть (доба́вить) to add to, supplement

добро́ good

де́лать кому́-либо добро́   to be good to someone

Он жела́ет вам добра́. He wishes you well.

доброво́лец volunteer

доброво́льно voluntarily, by one's own will

доброде́тель (f.) virtue

доброду́шный good-natured

доброта́ kindness, goodness

до́брый good, kind

бу́дьте добры́   would you be so kind

всего́ до́брого   all the best

до́брый ве́чер   good evening

до́брый день   good afternoon

до́брое у́тро   good morning

дове́рие faith, confidence, trust

дове́рить—see **доверя́ть**

дове́рчивость (f.) trustfulness

доверя́ть (дове́рить) to entrust, commit

дово́льно enough, rather

Дово́льно! Enough! That will do.

Он дово́льно хорошо́ говори́т. He speaks rather well.

дово́льный satisfied, pleased with

догада́ться—see **дога́дываться**

дога́дываться (догада́ться) to guess, surmise

догна́ть—see **догоня́ть**

договори́ться (perf.) to come to an understanding

догово́р agreement, contract, treaty

догоня́ть (догна́ть) to catch up, gain on

*доезжа́ть (дое́хать) to get as far as, reach (by vehicle)

Он не дое́хал до го́рода. He didn't reach the city.

дое́хать—see доезжа́ть

*дождеви́к raincoat

*дождь (m.) rain

Дождь идёт. It is raining.

до́за dose

доказа́тельство proof, evidence

доказа́ть—see дока́зывать

*дока́зывать (доказа́ть) to prove, show

счита́ть дока́занным to take for granted

Это дока́зывает его́ вину́. This proves his guilt.

*докла́д lecture, paper, report

де́лать докла́д to make a report, give a talk

до́ктор doctor

документа́льный documentary (film)

*долг debt

брать в долг to borrow

входи́ть в долги́ to get into debt

долг че́сти debt of honor

плати́ть долг to pay a debt

*до́лго for a long time

*до́лжен, должна́, должно́, должны́ to owe, have to, be obliged to, must

должно́ быть probably

Ско́лько мы вам должны́? How much do we owe you?

Я должна́ написа́ть пи́сьма. I must write letters.

до́ллар dollar

*дом house, home

до́ма at home

Дом моде́лей house of couture

домо́й homeward (direction toward)

и́з дому out of the house

дополни́тельный additional, supplementary

*доро́га road, way

в доро́ге on a trip

да́льняя доро́га long journey

желе́зная доро́га railroad

Нам с ва́ми по доро́ге. We go the same way.

по доро́ге туда́ on the way there

до́рого expensively

*дорого́й dear, expensive

дорого́й мой my dear

Она́ ему́ дорога́. She is dear to him.

доса́да vexation, annoyance

с доса́ды out of vexation

доска́ board, blackboard

от доски́ до доски́ from cover to cover

*достава́ть (доста́ть) to get, obtain, reach

доста́точно enough

доста́ть—see достава́ть

достига́ть (дости́гнуть) to reach, attain (with genitive)

достига́ть бе́рега to reach land

достига́ть свое́й це́ли to attain one's objectives

дости́гнуть—see достига́ть

*достиже́ние achievement

досто́инство dignity, value

моне́та ма́лого досто́инства a coin of small denomination

чу́вство со́бственного досто́инства self-respect

досто́йный deserving, worthy

досу́г leisure

на досу́ге at leisure

до́сыта to one's heart's content

нае́сться (perf.) до́сыта to eat one's fill

*дохо́д profit, return

*дочь (f.) daughter

драгоце́нность (f.) jewel, treasure

драгоце́нный precious

*дра́ма drama

*дра́ться (imp.) to fight

дрема́ть to dose, drowse

дрова́ (pl.) firewood

*дрожа́ть (imp.) to quiver, shake

дрожа́ть за кого́-либо to tremble for someone's safety

дрожа́ть от ра́дости to thrill with joy

дрожа́ть от хо́лода to shiver with cold

*друг friend

друг дру́га   each other
друг дру́гу   to each other
друг о дру́ге   about each other
*друго́й   other, another, different
  други́ми слова́ми   in other words
  и тот и друго́й   both
  оди́н за други́м   one after another
  Он мне каза́лся други́м.   He seemed different to me.
  с друго́й стороны́   on the other hand
*дру́жба   friendship
дру́жеский   friendly
  по-дру́жески   in a friendly way
*ду́мать (поду́мать)   to think, believe
дура́к   fool
ду́рно   badly
дурно́й   evil, ill
*дуть   (imp.) to blow
  Ве́тер ду́ет.   It's windy.
  Здесь ду́ет.   There's a draft here.
*дух   spirit, courage
  быть не в ду́хе   to be out of spirits
  злой дух   evil spirit
  не в моём ду́хе   not to my taste
  па́дать ду́хом   to lose courage
духи́   perfume, scent
духо́вка   oven
духо́вный   spiritual
  духо́вная жизнь   spiritual life
душ   shower
*душа́   soul
  в глубине́ души́   at heart
  всей душо́й   with all one's heart and soul
  говори́ть с душо́й   to speak with feeling
  ско́лько душе́ уго́дно   to one's heart's content
ду́шно   stuffy
дуэ́т   duet
*дым   smoke
  Нет ды́ма без огня́.   Where there's smoke there's fire.
ды́ня   melon
дыра́, ды́рка   hole
дыха́ние   breathing
*дыша́ть   (imp.) to breathe
*дю́жина   dozen
*дя́дя   (m.) uncle

Е Ё

европе́йский   European
*его́, её, его́   his, hers, its
*еда́   food
  во вре́мя еды́   while eating
*едва́   hardly, just
  Он едва́ на́чал говори́ть.   He had just begun to speak.
  Он едва́ не упа́л.   He nearly fell.
  Он едва́ по́днял э́то.   He could hardly lift it.
единообра́зие   uniformity
еди́нственно   only
  еди́нственно возмо́жный спо́соб   the only possible way
*еди́нственный   only, sole
ежего́дно   annually
ежедне́вно   daily
*е́здить, е́хать   (imp.) to go (ride, travel)
ёлка   fir tree, Christmas tree
  ёлочный база́р   Christmas tree market
ерунда́   nonsense!
*е́сли   if
*есте́ственный   natural
*есть (съесть)   to eat
  Я хочу́ есть.   I want to eat.
*есть   to be (present tense), is, are
е́хать—see **е́здить**
*ещё   more, still, yet
  Ещё бы!   And how!
  ещё по стака́нчику   another glass each
  ещё раз   once again
  Он ещё не ел.   He hasn't eaten yet.
  Он пока́ ещё оста́нется здесь.   He'll stay here for the time being.
  Хоти́те ещё ко́фе?   Would you like more coffee?
  Что ещё?   What else?

Ж

жа́дный   greedy
жа́жда   thirst, craving
  возбужда́ть жа́жду   to make thirsty

жа́жда зна́ний   thirst for knowledge
*жале́ть (пожале́ть)   to regret, be sorry
жа́лкий   pitiful, wretched
жа́лоба   complaint
жа́лованье   salary
*жа́ловаться (пожа́ловаться)   to complain
жа́лость   (f.) pity
*жаль   It is a pity.
   Ему́ жаль куска́ хле́ба.   He grudges a bit of bread.
   Как жаль!   What a shame!
   Очень жаль.   It's a great pity.
жар   heat, fever
   говори́ть с жа́ром   to speak with fervor
   У него́ жар.   He has a fever.
жара́   heat
жа́реный   fried
жа́рить(ся)   to fry
жа́ркий   hot, ardent
   жа́ркий кли́мат   hot climate
   жа́ркий спор   heated discussion
*жа́рко   hot (of weather or room temperature)
жарко́е   roast meat, pot roast
*ждать (подожда́ть)   to wait
   Вре́мя не ждёт.   There's no time to be lost.
   Она́ его́ ждёт.   She is waiting for him.
жела́ние   desire, wish
*жела́ть (пожела́ть)   to wish, covet
железа́   gland
*желе́зный   ferrous
   желе́зная доро́га   railroad
   желе́зная дисципли́на   iron discipline
желе́зо   iron
желто́к   egg yolk
жёлтый   yellow
желу́док   stomach
же́мчуг   pearl
*жена́   wife
жена́тый   married (of men)
*жени́ться (пожени́ться)   to marry (of men)
же́нский   feminine, womanish
*же́нщина   woman
же́ртва   sacrifice, victim

жест   gesture
жесто́кий   cruel, brutal
жесто́кость   (f.) cruelty
жечь (сжечь)   to burn (down, up)
жи́во   vividly, with animation
*живо́й   live, animated, vivacious
   жив и здоро́в   safe and sound
   живо́й ум   lively wit
   живо́й язы́к   living language
   живы́е кра́ски   vivid colors
   живы́е цветы́   natural flowers
жи́вопись   (f.) painting
живо́тное   (noun) animal
жи́дкий   liquid, fluid (adj.)
жи́дкость   (f.) liquid, fluid
жи́зненность   (f.) vitality
*жизнь   (f.) life
   борьба́ за жизнь   struggle for existence
   вопро́с жи́зни и сме́рти   matter of life or death
   о́браз жи́зни   way of life
   проводи́ть что́-либо в жизнь   to put something into practice
*жили́ще   dwelling, living quarters
жир   fat, grease
*жи́рный   fat, greasy, rich
   жи́рная земля́   rich soil
   жи́рное пятно́   grease spot
жи́тель   inhabitant, resident
*жить   to live
жре́бий   fate, destiny, lot
   Жре́бий пал на него́.   The lot fell to him.
   тяну́ть жре́бий   to draw lots
жу́лик   rogue, swindler
журна́л   periodical, magazine
журнали́ст   journalist

З

*за   for, behind, beyond—direction (with acc.) behind, beyond, after; for—location (with instrumental)
   бежа́ть за ке́м-либо   to run after someone
   боро́ться за свобо́ду   to fight for freedom
   быть за мир   to be for peace
   день за днём   day after day

За ва́ше здоро́вье To your health (toast)

за обе́дом during dinner

за после́днее вре́мя recently

Ко́шка была́ за шка́фом. The cat was behind the bureau.

купи́ть за де́сять рубле́й to buy for ten rubles

Она́ пошла́ за у́гол. She went around the corner.

Она́ сиди́т за столо́м. She is sitting at the table.

Он сча́стлив за неё. He is happy for her sake.

Он уе́хал за́ город. He went out of town.

Они́ живу́т за́ городом. They live out of town.

посла́ть (perf.) **за до́ктором** to send for the doctor

сади́ться за стол to sit down at the table

заба́ва amusement

заба́вный amusing, funny

забасто́вка strike

*заблуди́ться to get lost, lose oneself

заблужда́ться to err, be mistaken

*заболе́ть (perf.) to fall ill

забо́та anxiety, trouble

*забыва́ть (забы́ть) to forget

забы́ть—see **забыва́ть**

заве́довать to manage, to head

Он заве́дует шко́лой. He heads the school.

зави́довать (позави́довать) to envy

Я не зави́дую вам. I don't envy you.

зави́сеть to depend (on)

Э́то зави́сит от обстоя́тельств. It depends on circumstances.

зави́снмость (f.) dependence

зави́стливый envious

за́висть (f.) envy

завлека́ть (завле́чь) to entice, seduce

завле́чь—see **завлека́ть**

*заво́д plant, works, factory

*за́втра tomorrow

*за́втрак breakfast

на за́втрак for breakfast

за́втракать (поза́втракать) to have breakfast

*завяза́ть—see **завя́зывать**

завя́зывать (завяза́ть) to tie up, knot.

*зага́дка riddle

зага́р suntan, sunburn

за́говор plot, conspiracy

заговори́ть (perf.) to start to talk

загора́ть to sunbathe

загоре́ть (perf.) to get a tan

*заграни́ца foreign countries

загрязне́ние окружа́ющей среды́ pollution of the environment

*задава́ть (зада́ть) to give, set

задава́ть вопро́с to ask a question

задава́ть тон to set the fashion

зада́ть—see **задава́ть**

зада́ние task, mission

*зада́ча problem

задержа́ть—see **заде́рживать**

заде́рживать (задержа́ть) to detain, delay

Его́ задержа́ли. He was delayed.

задержа́ть дыха́ние to hold one's breath

задержа́ть упла́ту to hold back payment

*за́дний back, hind

задо́лго long in advance

заду́мчивость (f.) pensiveness

заду́маться (perf.) to become thoughtful

заже́чь—see **зажига́ть**

зажива́ть (зажи́ть) to heal

*зажига́ть (зажже́чь) to light, set fire to

зажига́лка cigarette lighter

зажи́ть—see **зажива́ть**

заинтересова́ться (perf.) to become interested in

зайти́—see **заходи́ть**

*зака́з order

*зака́зывать (заказа́ть) to order something to be made or done

заказа́ть—see **зака́зывать**

*зака́т sunset

закипа́ть (закипе́ть) to begin to boil

закипе́ть—see **закипа́ть**

заключа́ть (заключи́ть) to conclude, infer

заключа́ть догово́р to conclude a treaty

заключа́ть речь to finish a speech

из ва́ших слов я заключа́ю from what you say I can conclude

Из чего́ вы заключа́ете? What makes you think that?

заключа́ться to consist of

тру́дность заключа́ется в том, что the difficulty lies in the fact that

заключе́ние conclusion, inference

заключи́ть—see заключа́ть

*зако́н ruling, law

вне зако́на unlawful

Её сло́во для него́ зако́н. Her word is law with him.

по зако́ну according to law

зако́нный legal, legitimate

закружи́ть (perf.) to turn, send whirling

закружи́ть кому́-либо го́лову to turn someone's head

закружи́ться—see кружи́ться

*закрыва́ть (закры́ть) to shut, close

закры́ть лицо́ рука́ми to cover one's face with one's hands

закры́ть на ключ to lock

закры́ть собра́ние to close the meeting

закры́ть шко́лу to close down the school

закры́ть—see закрыва́ть

закры́тый closed

заку́пка purchase

де́лать заку́пки to buy supplies

закури́ть to light up a cigarette or pipe

заку́сывать (закуси́ть) to have a bite to eat

закуси́ть—see заку́сывать

зал hall, reception room

зама́нчивый tempting, alluring

*заме́на replacement, substitution

замени́ть—see заменя́ть

*заменя́ть (замени́ть) to substitute

замени́ть мета́лл де́ревом to substitute wood for metal

Не́кому его́ замени́ть. There is no one to take his place.

*замерза́ть (замёрзнуть) to freeze

Река́ замёрзла. The river has frozen up.

замёрзнуть—see замерза́ть

*замести́тель (m.) substitute

замести́ть—see замеща́ть

заме́тить—see замеча́ть

*заме́тно noticeably, it is noticeable

Заме́тно, как он постаре́л. It is noticeable how he has aged.

Он заме́тно постаре́л. He looks much older.

*замеча́ние remark, observation, reproof

сде́лать замеча́ние to reprove

*замеча́тельно remarkable, out of the ordinary

замеча́тельный remarkable

замеча́ть (заме́тить) to notice, observe

замеща́ть (замести́ть) to act as substitute for

замо́к lock

запере́ть на замо́к to lock up

*замолча́ть (perf.) to become silent

замо́лкнуть (perf.) to become silent

заморо́женный frozen

заморо́женные проду́кты frozen foods

*за́муж married (of women)

быть за́мужем за ке́м-либо to be married to someone

вы́ти (perf.) за́муж за кого́-либо to get married to someone

за́мужем to be married

за́навес curtain

*занима́ть (заня́ть) to occupy, take up, borrow

Его́ занима́ет вопро́с. He is preoccupied with the question.

занима́ть до́лжность to fill a position

занима́ть кварти́ру to occupy an apartment

занима́ть мно́го ме́ста to take up a lot of room

занима́ть пе́рвое ме́сто to take first place

*занима́ться (заня́ться) to be occupied with, to study
  занима́ться спо́ртом to go in for sports
  занима́ться хозя́йством to be occupied with one's household duties
  Она́ занима́ется. She is studying.
*заня́тие occupation, employment
заня́тый busy
заня́ть(ся)—see занима́ть(ся)
заостри́ть—see заостря́ть
заостря́ть (заостри́ть) to sharpen, emphasize
  заостри́ть каранда́ш to sharpen a pencil
  заостря́ть противоре́чия to emphasize the contradictions
за́пад west
за́падный western
*запа́с fund, supply
  большо́й запа́с слов large vocabulary
  быть в запа́се to be in the military reserve
  проверя́ть запа́с to take stock
*за́пах smell, odor
запере́ть—see запира́ть
*запира́ть (запере́ть) to lock
*запи́ска note
  запи́ски notes, memoirs
запи́сывать(ся) (записа́ть(ся)) to write down, record; to sign up
  записа́ться в кружо́к to join a club
  записа́ться к врачу́ to make an appointment with the doctor
  запи́сивать на плёнку/пласти́нку to record
  запи́сывать ле́кцию to take notes on a lecture
записа́ть(ся)—see запи́сывать(ся)
запла́кать (perf. of пла́кать) to burst into tears, begin to cry
заплати́ть—see плати́ть
заполня́ть (запо́лнить) to fill in, occupy
  заполня́ть анке́ту to fill in a questionnaire
  заполня́ть вре́мя to occupy time

запо́лнить—see заполня́ть
запомина́ть (запо́мнить) to memorize
запо́мнить—see запомина́ть
запрети́ть—see запреща́ть
*запреща́ть (запрети́ть) to forbid, prohibit
  запреща́ется it is forbidden
запута́ть—see пута́ть
*зараба́тывать (зарабо́тать) to earn
  зараба́тывать мно́го де́нег to earn a lot of money
зарабо́тать—see зараба́тывать
*зара́нее beforehand
заре́зать to stab to death
зарубе́жный foreign
заря́ daybreak, dawn
заслу́живать (заслужи́ть) to deserve, merit
  заслужи́ть чьё-либо дове́рие to earn someone's confidence
заслужи́ть—see заслу́живать
засмея́ться (perf.) to burst out laughing
засну́ть—see засыпа́ть
заста́вить—see заставля́ть
*заставля́ть (заста́вить) to force, compel
  Он заста́вил его́ замолча́ть. He silenced him.
  Он заста́вил нас ждать. He made us wait.
засте́нчивость (f.) shyness, bashfulness
засте́нчивый shy, bashful
засчита́ть—see засчи́тывать
засчи́тывать (засчита́ть) to take into consideration
*засыпа́ть (засну́ть) to fall asleep
*зате́м thereupon, subsequently
затеря́нный lost
*зато́ on the other hand
*затрудне́ние difficulty, embarrassment
  вы́йти (perf.) из затрудне́ния to get out of difficulty
  де́нежное затрудне́ние financial difficulty
заходи́ть (зайти́) to call on, drop in, stop in on the way

захоте́ть to begin wanting something, suddenly want to, get a desire to

захоте́ться—see **хоте́ться**

*__зачéм__ why, wherefore, what for

зачёркивать (зачеркну́ть) to cross out

заштóпать—see **штóпать**

защити́ть—see **защища́ть**

*__защища́ть (защити́ть)__ to defend, protect

защища́ть диссерта́цию to defend one's thesis

*__звать__ (imp.) to call

Как вас зову́т? What is your name?

звать на помóщь to cry for help

*__звезда́__ star

звезда́ пéрвой величины́ star of the first magnitude

звезда́ экра́на film star

па́дающие звёзды falling stars

звёздочка asterisk, little star

*__зверь__ (m.) wild animal, beast

звон peal, ringing

звон в уша́х ringing in the ears

*__звони́ть (позвони́ть)__ to ring

Вы не туда́ звони́те. You've got the wrong number.

звони́ть по телефóну to telephone

звóнкий ringing, clear

*__звонóк__ ring

Я жду ва́шего звонка́. I am waiting for your phone call.

*__звук__ sound

гла́сный звук vowel

не издава́ть ни зву́ка to never utter a sound

пустóй звук merely a name

согла́сный звук consonant

зву́чно loudly, sonorously

зда́ние building

здесь here

здéшний of this place, local

Он не здéшний. He is a stranger here.

здорóваться (поздорóваться) to greet, to say, "Hello"

здорóво well done! magnificently

Мы здорóво порабóтали. We have done good work.

здорóвый healthy, strong

здорóвый кли́мат healthful climate

здорóвая пи́ща wholesome food

Он здорóвый ма́льчик. He's a healthy youngster.

*__здорóвье__ health

пить за здорóвье когó-либо to drink to someone's health

*__здра́вствуйте__ hello, how do you do

зева́ть (зевну́ть) to yawn

зевну́ть—see **зева́ть**

зелёный green

зéлень (f.) greens, vegetables

*__земля́__ earth, land, soil

*__зéркало__ mirror

*__зернó__ grain, seed, kernel

*__зима́__ winter

зимóй in the winter

Скóлько лет, скóлько зим! I haven't seen you in ages!

зли́ться to be in a bad temper, to be angry

злó evil, harm

злой wicked, vicious, angry

змея́ snake, serpent

знак sign, symbol

вопроси́тельный знак question mark

дать знак to give a signal

дéнежный знак bank note

знак ра́венства sign of equality

*__знакóмиться (познакóмиться)__ to become acquainted with

знакóмый (noun or adj.) acquaintance or familiar

Он мой знакóмый. He is an acquaintance of mine.

У негó знакóмое лицó. He has a familiar face.

знамени́тый famous

зна́ние knowledge

знатóк expert

*__знать__ to know

дава́ть себя́ знать to make itself felt

дать (perf.) **знать комý-либо** to let someone know

знать в лицó to know by sight

наскóлько я зна́ю as far as I know

не знать поко́я   to know no rest
значе́ние   significance, meaning
  име́ть ва́жное значе́ние   to have particular importance
значи́тельно   considerably, significantly
зна́чить   to mean, signify
  Что э́то зна́чит?   What does that mean?
зо́лото   gold
золото́й   golden, gilded
зо́нтик   umbrella
зре́ние   sight
  по́ле зре́ния   field of vision
  сла́бое зре́ние   weak eyesight
  то́чка зре́ния   point of view
*зуб   tooth
зубно́й   dental
  зубно́ врач   dentist

И Й

*и   and, also
  и...и...   both...and...
  и так да́лее   and so forth
иго́лка   needle
  сиде́ть как на иго́лках   to be on pins and needles
иглотерапи́я   acupuncture
*игра́   game, acting performance
  аза́ртная игра́   game of chance
  за игро́й   at play
  игра́ приро́ды   freak of nature
*игра́ть (сыгра́ть)   to play, perform
  игра́ть в ка́рты, в мяч   to play cards, play ball
  игра́ть на роя́ле, на скри́пке   to play the piano, the violin
  игра́ть роль   to play a part
  Э́то не игра́ет ро́ли.   It is of no importance.
*игру́шка   toy
идеалисти́ческий   idealistic
идеа́льный   perfect, ideal
иде́йный   lofty, high-principled
*иде́я   idea, conception
  гениа́льная иде́я   brilliant idea
  иде́я рома́на   theme of a novel
  навя́зчивая иде́я   fixed idea
*идти́, ходи́ть   to go, walk

Вот он идёт.   Here he comes.
Де́ло хорошо́ идёт.   Business is going well.
Дождь идёт.   It is raining.
идти́ как по ма́слу   to go swimmingly
идти́ пешко́м   to go by foot
Иду́т перегово́ры.   Negotiations are going on.
Лес идёт до реки́.   The forest goes as far as the river.
О чём идёт речь?   What are you talking about?
По́езд идёт в пять.   The train leaves at five o'clock.
Фильм идёт.   A movie is playing.
Э́тот цвет вам идёт.   That color becomes you.
*из   from, out of (with gen.)
из-за   because of, from behind
из-под   from under
из стра́ха   out of fear
лу́чший из всех   best of all
оди́н из его́ друзе́й   one of his friends
пить из стака́на   to drink from a glass
приезжа́ть из Москвы́   to arrive from Moscow
сде́лано из де́рева   made of wood
изба́вить—see избавля́ть
избавля́ть (изба́вить)   to save, deliver from
  изба́ви Бог!   God forbid!
  избавля́ть от сме́рти   to save from death
  Изба́вьте меня́ от ва́ших замеча́ний.   Spare me your remarks.
избало́ванный   spoiled (child)
избега́ть (избе́гнуть)   to avoid, shun
избе́гнуть—see избега́ть
избра́ние   election
и́збранный   selected
изве́стие   news, information
изве́стно   it is known
  ему́ изве́стно   he is aware
  наско́лько мне изве́стно   as far as I know
изве́стность   (f.) reputation, fame
изве́стный   well-known, famous
извине́ние   apology

извини́ть(ся) — see **извиня́ть(ся)**
***извиня́ть(ся) (извини́ть(ся))** to forgive, pardon (apologize)
   Она́ извини́лась. She apologized.
издава́ть (изда́ть) to publish
и́здали from far away
изда́ние publication, edition
изда́ть — see **издава́ть**
издёрганный harried, worried, rundown
изжо́га heartburn
***из-за** from behind, because of
   встать из-за стола́ to get up from the table
   из-за до́ма from behind the house
   Из-за ле́ни она́ не ко́нчила рабо́ту. Out of laziness she didn't finish her work.
излече́ние recovery, cure
изле́чивать (излечи́ть) to cure
излечи́ть — see **изле́чивать**
изли́шек surplus, excess
изли́шество overindulgence
изло́манный broken
измене́ние change, alteration
измени́ть — see **изменя́ть**
изменя́ть (измени́ть) to change, alter, betray
изнаси́ловать — see **наси́ловать**
изобража́ть (изобрази́ть) to depict, portray, imitate
изобрази́ть — see **изобража́ть**
изоли́рованный isolated
и́зредка now and then, seldom
изуми́тельный amazing, wonderful
изумле́ние amazement, consternation
изуча́ть (изучи́ть) to study, learn
изучи́ть — see **изуча́ть**
изю́м raisins
изя́щный refined, elegant, graceful
ико́на icon, sacred image
икра́ roe, caviar
икс-лучи́ X-rays
***и́ли** or
   и́ли ... и́ли ... either ... or ...
иллю́зия illusion
иллюстра́тор illustrator
имби́рь (m.) ginger
име́ние estate
и́менно namely, exactly, just

Вот и́менно! Exactly!
Вот и́менно э́то он и говори́л. That's exactly what he was saying.
и́менно потому́ just because
***име́ть** to have, bear (in mind)
име́йте в виду́, что keep in mind that
име́ть большо́е значе́ние to matter very much
име́ть бу́дущность to have a future
име́ть возмо́жность to be a possibility
име́ть де́ло с ке́м-либо to deal with someone
име́ть успе́х to be a success
и́мидж image
иму́щество property, belongings
***и́мя** name
   и́мя прилага́тельное adjective
   и́мя существи́тельное noun
   челове́к с и́менем a well-known man
***и́наче** differently, otherwise
инде́йка turkey
индивидуали́ст individualist
индивидуа́льность (f.) individuality
инжене́р engineer
инжи́р fig
инициати́ва initiative
***иногда́** sometimes
ино́й different, other
   ины́ми слова́ми in other words
   не кто ино́й, как no other than
   тот и́ли ино́й one or another
инопланетя́нин alien (n.)
иностра́нец foreigner
институ́т institute
инстру́ктор instructor
инструме́нт instrument
интеллиге́нтный cultured, educated
интервью́ interview
интере́с interest
интере́сный interesting, attractive
   Она́ о́чень интере́сная же́нщина. She is a very attractive woman.
интересова́ться(заинтересова́ться) to be interested in
инти́мность (f.) intimacy
иро́ния irony

*иска́ть to seek, search
исключа́ть (исключи́ть) to exclude, eliminate
исключе́ние exception
исключи́тельно exceptionally
исключи́ть—see **исключа́ть**
ископа́емое fossil, mineral
и́скра spark
и́скренний sincere, frank, unaffected
искуси́тель (m.) tempter
искуси́ть—see **искуша́ть**
иску́сственный artificial
иску́сство art, skill
искуша́ть (искуси́ть) to tempt, seduce
искуше́ние temptation
испа́нец, испа́нка Spaniard (m., f.)
испа́нский Spanish
испари́ться (perf.) to evaporate
испе́чь—see **печь**
и́споведь (f.) confession
исполне́ние fulfillment, execution
исполни́тель performer
испо́лнить—see **исполня́ть**
исполня́ть (испо́лнить) to carry out, fulfill, to perform
испо́ртить(ся)—see **по́ртить(ся)**
испо́рченный spoiled, rotten
испра́вить(ся)—see **исправля́ть(ся)**
исправля́ть(ся) (испра́вить(ся)) to correct, repair, improve
*испу́г fright, scare
испуга́ть(ся)—see **пуга́ть(ся)**
иссле́дование investigation, research
иссле́довать (imp., perf.) to investigate, explore
и́стина truth
и́стинно truly
истори́ческий historical
*исто́рия history, story, tale
истра́тить—see **тра́тить**
исчеза́ть (исче́знуть) to disappear, vanish
исче́знуть—see **исчеза́ть**
италья́нец, италья́нка Italian (m., f.)
италья́нский Italian (adj.)
и т. п. (и тому́ подо́бное) and the like, etc.

*их their, theirs, them (gen. and acc. of **они́**)
ию́ль (m.) July
ию́нь (m.) June

К

к to, toward, for (with dat.)
 заходи́ть к кому́-либо to call on someone
 к ва́шим услу́гам at your service
 к сожале́нию unfortunately
 к сча́стью fortunately
 к тому́ же moreover
 Он добр к ней. He is kind to her.
 он нашёл к свое́й ра́дости, что he found to his joy that
 Э́то ни к чему́. It's of no use.
кабине́т study, consulting room
каблу́к heel
 быть у кого́-либо под каблуко́м to be under someone's thumb
кавале́р partner, admirer
кавы́чки quotation marks
*ка́ждый every, each
*каза́ться (показа́ться) to seem, appear
 Ка́жется, бу́дет дождь. It looks like rain.
 каза́лось бы one would think
 ка́жется, что it seems that
 мне ка́жется it seems to me
 Он ка́жется у́мным. He seems to be intelligent.
*как how, what, as, like
 Бу́дьте как до́ма. Make yourself at home.
 Вот как! Is that so!
 как бу́дто бы as if
 как бы не так nothing of the sort
 Как вас зову́т? What is your name?
 как ви́дно as can be seen
 как до́лго how long
 Как он э́то сде́лал? How did he do it?
 как то́лько as soon as
 с тех пор, как since
 широ́кий как мо́ре wide as the sea

Это как раз то, что мне ну́жно.
That's exactly what I need.
как-нибу́дь   somehow, anyhow
како́й   what, what a, what kind of
Кака́я краси́вая де́вушка!   What
a pretty girl!
Како́й он у́мный!   How clever he
is!
како́й-то   a certain
Каку́ю кни́гу вы чита́ете?   What
book are you reading?
какофо́ния   cacophony, noise
*****ка́к-то**   somehow
Он ка́к-то устро́ился.   He
arranged it somehow.
календа́рь   (m.) calendar
ка́менный   stony, hard
ка́мень   (m.) stone, rock
драгоце́нный ка́мень   precious
stone
моги́льный ка́мень   tombstone
се́рдце как ка́мень   heart of stone
У него́ ка́мень лежи́т на се́рдце.
A weight lies heavy on his heart.
ка́мерный   chamber
ка́мерная му́зыка   chamber
music
ками́н   fireplace, chimney
кандида́т   candidate
кани́кулы   (only pl.) vacation,
school holiday
кану́н   eve
кану́н но́вого го́да   New Year's
Eve
канцеля́рия   office
капита́л   capital
капита́н   captain
*****ка́пля**   drop
похо́жи как две ка́пли воды́   like
two peas in a pod
после́дняя ка́пля   the last straw
капри́з   whim, caprice
капри́зничать   to be naughty,
cranky
*****капу́ста**   cabbage
цветна́я капу́ста   cauliflower
*****каранда́ш**   pencil
карма́н   pocket
карнава́л   carnival
ка́рта   card, map, chart
коло́да карт   pack of playing
cards

карти́на   picture
карто́фель   (m.) potatoes
карто́фельное пюре́   mashed
potatoes
ка́рточка   card, photograph
ка́рточка вин   wine list
креди́тная ка́рточка   credit card
карье́ра   career
каса́ться (косну́ться)   to touch,
concern
что каса́ется меня́   as far as I am
concerned
Это его́ не каса́ется.   That is not
his business.
ка́сса   box office, cashier's office,
window
кассе́ты   cassettes (tapes)
кастрю́ля   pot, pan, saucepan
катало́г   catalogue
ката́ться (поката́ться)   to ride,
drive (for pleasure)
ката́ться на конька́х   to skate
категори́ческн   categorically
катего́рия   category
кача́ние   rocking, swinging
кача́ть (качну́ть)   to rock, swing
Ве́тер кача́ет дере́вья.   The wind
shakes the trees.
Он кача́л голово́й.   He shook his
head.
ка́чество   quality, virtue
в ка́честве наблюда́теля   in the
capacity of an observer
высо́кого ка́чества   of high
quality
качну́ть—see **кача́ть**
*****ка́ша**   cereal, porridge, jumble
гре́чневая ка́ша   buckwheat
cereal
завари́ть (perf.) **ка́шу**   to stir up
trouble
У него́ каша во рту́.   He
mumbles.
ка́шель   (m.) cough
*****ка́шлять**   to cough
квадра́т   square
квалифика́ция   qualification
квалифици́рованный   qualified,
skilled
кварта́л   block, quarter of the year
*****кварти́ра**   apartment
ке́ды   (pl.) canvas high-tops

кейс attaché case
кекс cake
ке́пка cap
кероси́н kerosene
киломе́тр kilometer
кино́ movies
кио́ск kiosk, stand
  кни́жный кио́ск book stand
кипе́ние boiling
  то́чка кипе́ния boiling point
кипе́ть (imp.) to boil, seethe
  кипе́ть зло́бой to boil with hatred
  Рабо́та кипи́т. Work is in full swing.
кипято́к boiling water
кисе́ль (m.) jellylike pudding, dessert
кислоро́д oxygen
кислота́ acid, sourness
  кисло́тные дожди́ acid rain
ки́слый sour
кита́ец, китая́нка Chinese (m., f.)
кита́йский Chinese (adj.)
кичли́вый conceited
кла́дбище cemetery
кла́няться (поклони́ться) to bow, greet
класс class
классифика́ция classification
класси́ческий classical
*__кла́сть (положи́ть)__ to lay, put (in a horizontal position)
  класть на ме́сто to put something in its place
  класть са́хар в чай to put sugar in one's tea
  класть фунда́мент to lay a foundation
  положи́ть коне́ц чему́-либо to put an end to something
  положи́ть себе́ на таре́лку to help oneself to food
клевета́ slander
кле́ить to glue, paste
кле́йкий sticky
кли́мат climate
кли́чка nickname
клуб club
клубни́ка strawberry
клю́ква cranberry
ключ key, clue

*__кни́га__ book
ковёр rug
*__когда́__ when
  когда́-нибудь sometime
  когда́-то once, formerly
ко́е-ка́к haphazardly
ко́жа skin
коке́тка coquette
коке́тничать (imp.) to flirt, pose, show off
ко́лба retort (chemical)
*__колбаса́__ sausage
коле́но knee
колесо́ wheel
коли́чество quantity, number, amount
колле́га colleague
колле́дж college
ко́локол bell
колосса́льный colossal
*__колхо́з__ collective farm
колхо́зник collective farmer
колыбе́ль (f.) cradle
кольцо́ ring
  кольцо́ ды́ма ring of smoke
  обруча́льное кольцо́ wedding ring
колю́чий prickly, thorny
кома́нда team
кома́ндовать to give orders, command
комбина́т industrial complex
комбина́ция combination
коме́дия comedy (play)
коми́ссия committee, commission
кома́р mosquito
коммерса́нт business person
комме́рция commerce, trade
комме́рческий commercial
*__ко́мната__ room
комо́д chest of drawers
компане́йский sociable
компа́ния company
  весёлая компа́ния lively crowd
компенса́ция compensation
комплиме́нт compliment
компози́тор composer
компо́т compote
компроми́сс compromise
компью́тер computer
конве́рт envelope

*конéц end
  в концé дня at the close of the
    day
  в концé концóв in the end
  приходи́ть к концу́ to come to an
    end
  Пришёл конéц. It was the end.
    The end came.
  своди́ть концы́ с конца́ми to
    make both ends meet
*конéчно of course, certainly
конкрéтный concrete, specific
конкурéнт rival, competitor
конкурéнция competition
консервати́вный conservative
конспéкт summary, synopsis
конститу́ция constitution
констру́кти́вный constructive
кóнсул consul
кóнсульство consulate
консульта́нт consultant
континéнт continent
контóра office
контра́кт contract, agreement
контра́ст contrast
контрóль (m.) control
  под контрóлем under the
    control
конфéта candy
конфирма́ция confirmation
    (church)
конфли́кт conflict
конфу́зиться (сконфу́зиться) to
    become embarrassed
концентра́т concentrated product
  пищевы́е концентра́ты food
    concentrates
концéрт concert
концерта́нт concert performer
*конча́ть (кóнчить) to end, finish
  конча́ть рабóту to finish one's
    work
  конча́ть университéт to finish
    college, to graduate
  плóхо кóнчить to come to a bad
    end
  конча́ться (кóнчиться) to end,
    finish
  кóнчиться ничéм to come to
    nothing
  на э́том всё и кóнчилось and
    that was the end of it

Шкóла конча́ется в середи́не
    ма́я. School is over in the
    middle of May.
кóнчено enough, finished
  Всё кóнчено. All is over.
кóнчик tip
кóнчить(ся) — see конча́ть(ся)
конь (m.) horse, steed
  Дарёному коню́ в зу́бы не
    смóтрят. Never look a gift
    horse in the mouth.
коньки́ (pl.) skates
конья́к cognac
кооперати́в cooperative (n.)
коопера́тор cooperator, member
    of a cooperative
*копéйка kopeck
  до послéдней копéйки to the last
    penny
  копéйка в копéйку exactly
копи́рка carbon paper
копи́ровать (скопи́ровать) to
    copy, imitate
кóпия duplicate, copy
  снима́ть кóпию чегó-либо to
    make a copy of something
кора́ crust, bark
корáбль (m.) ship, vessel
кореннóй жи́тель native
*кóрень (m.) root
  в кóрне fundamentally
  вырыва́ть с кóрнем to tear up by
    the roots
  квадра́тный кóрень square root
  краснéть до корнéй волóс to
    blush to the roots of one's hair
  пусти́ть кóрни to take root
  смотрéть в кóрень чегó-либо to
    get at the root of something
корзи́на basket
корзи́на для бума́ги wastepaper
    basket
коридóр corridor
кори́чневый brown
корми́ть (накорми́ть) to feed
  Здесь хорошó кóрмят. The food
    is good here.
  корми́ть обеща́ниями to feed
    with promises
корóбка box
корóва cow
корóнка crown

ста́вить коро́нку на зуб to put a crown on a tooth
коро́ткий short
  в коро́ткий срок in a short time
  коро́ткая волна́ short wave
  коро́ткий путь short cut
ко́ротко briefly
коро́че shorter
  коро́че говоря́ in short
ко́рпус body
  дипломати́ческий ко́рпус diplomatic corps
  пода́ться всем ко́рпусом вперёд lean forward
корре́ктор proofreader
корреспонде́нт correspondent, reporter
корыстолю́бие self-interest, greed
коры́то trough
коря́вый rough, uneven
коса́ braid; scythe
  заплета́ть ко́су to braid one's hair
косме́тика cosmetics
  космети́ческий кабине́т beauty parlor
косну́ться—see **каса́ться**
косо́й slanting, oblique, cross-eyed
костёр bonfire, campfire
кость (f.) bone
  игра́ть в ко́сти to play or throw dice
  промо́кнуть (perf.) **до косте́й** to get drenched to the skin
  слоно́вая кость ivory
костю́м suit
костя́к skeleton
кот tomcat
  котёнок kitten
котле́та cutlet
*****кото́рый** which, who
  в кото́ром часу́ at what time
  его́ мать, кото́рая живёт далеко́ his mother who lives far away
  кото́рый из них which of them
  Кото́рый час? What time is it?
  кни́га, кото́рая лежи́т на столе́ the book lying on the table
ко́фе coffee
кофе́йник coffeepot
ко́фта, кофто́чка woman's jacket
ко́шка cat

кошма́р nightmare
кра́жа theft, larceny
край (m.) border, edge
  на са́мом краю́ on the very brink
  по края́м along the edges
  по́лный до краёв filled to the brim
кра́йне (adv.) extremely
*****кра́йний** extreme, the last
  в кра́йнем слу́чае at the worst
  кра́йности extremes
  кра́йняя необходи́мость urgency
  по кра́йней ме́ре at least
краса́вец, краса́вица handsome man, handsome woman
краси́вый beautiful, handsome
кра́сить(ся) (покра́сить(ся)) to color, paint
кра́ситься to put on make-up
кра́ска paint, dye
  акваре́льная кра́ска water colors
  ма́сляная кра́ска oil paint
  писа́ть кра́сками to paint
красне́ть (покрасне́ть) to redden, blush
кра́сный red
красота́ beauty
красть (укра́сть) to steal
кра́ткий short, brief
крахма́л starch
кра́шеный painted, colored
креве́тка shrimp
крем cream
  крем для бритья́ shaving cream
Кремль Kremlin
*****кре́пкий** strong, firm
  кре́пкое здоро́вье robust health
  кре́пкая ткань strong cloth
  кре́пкий чай strong tea
кре́пко fast, strong
  Держи́тесь кре́пко! Hold tight!
  кре́пко заду́маться to fall into deep thought
  кре́пко спать to sleep soundly
кре́сло armchair
крест cross
крести́ть (окрести́ть) to baptize
криво́й crooked, curved
кри́зис crisis
крик cry, shout
  после́дний крик мо́ды last word in fashion

кри́кнуть—see крича́ть
криста́лл   crystal
кристаллиза́ция   crystallization
кри́тика   criticism
   ни́же вся́кой кри́тики   beneath criticism
крити́ческий   critical
*крича́ть (кри́кнуть)   to shout, scream
кров   shelter
крова́ть   (f.) bed
кровь   (f.) blood
*кро́ме   besides, except (with gen.)
   кро́ме того́   besides that
   кро́ме шу́ток   joking aside
кроссо́вки   running shoes, tennis shoes, sneakers
круг   circle
   в семе́йном кругу́   in the family circle
   круг знако́мых   circle of acquaintances
   пло́щадь кру́га   area of a circle
   прави́тельственные круги́   government circles
кру́глый   round
   в кру́глых ци́фрах   in round numbers
   кру́глый год   the whole year round
круго́м   (adj.) around, round
   Вы круго́м винова́ты.   You alone are to blame.
   Он круго́м до́лжен.   He owes money all around.
   поверну́ться круго́м   to turn around
кружи́ться (закружи́ться)   to spin, go round
   У него́ кру́жится голова́.   He feels dizzy.
кру́пный   large-scale, big
крути́ть   to twist, roll up
круто́й   steep
крыло́   wing
   подреза́ть кры́лья кому́-либо   to clip someone's wings
крыльцо́   porch
кры́тый   sheltered, covered
   кры́тый мост   covered bridge
кры́ша   roof
кста́ти   (adv.) by the way

Замеча́ние бы́ло сде́лано кста́ти. The remark was to the point.
Кста́ти, как его́ здоро́вье? By the way, how is he?
*кто   who
   кто́-нибудь   anyone
   кто́-то   someone
ку́бики   children's playing blocks
*куда́   where, in which direction, where to (answer should be in accusative case)
кудря́вый   curly
кузе́н, кузи́на   cousin (m., f.)
ку́кла   doll
   теа́тр ку́кол   puppet show
кукуру́за   corn
кула́к   fist
*культу́ра   culture
культу́рный   educated, cultured
купа́льный   bathing
купа́льник   bathing suit
*купа́ться (искупа́ться)   to bathe
   купа́ться в зо́лоте   to roll in money
купи́ть—see покупа́ть
куре́ние   smoking
кури́ть   to smoke
ку́рица   hen, chicken
куро́рт   health resort
курс   course
куса́ть   to bite off, sting
*кусо́чек, кусо́к   piece
ку́хня   kitchen
*ку́шать   to eat or take some food
   Пожа́луйста, ку́шайте пиро́г.   Please have some pie.
куше́тка   couch

Л

лаборато́рия   laboratory
лавр   laurel
   лавро́вый лист   bay leaf
   пожина́ть ла́вры   to reap laurels
   почи́ть (perf.) на ла́врах   to rest on one's laurels
ла́герь   (m.) camp
*ла́дно   very well, all right
лакони́ческий   laconic, short-spoken

ла́мпа lamp
ла́ндыш lily of the valley
ла́ска caress, endearment
ласка́тельный caressing, endearing
  ласка́тельное и́мя pet name
    (diminutive)
ласка́ть to caress, fondle, pet
  ласка́ть себя́ наде́ждой to flatter
    oneself with hope
ла́сковый affectionate, tender,
    sweet
ла́ять to bark
лгать to lie
лев lion
***ле́вый** left
  встать (perf.) с ле́вой ноги́ to get
    up on the wrong side of the bed
***лёгкий** light, easy
  лёгкая инду́стрия light industry
  лёгкая просту́да slight cold
  лёгкая рабо́та light work
  лёгкий слог easy style
легко́ lightly, easily
  Он легко́ отде́лался. He got off
    easy.
легкомы́сленно thoughtlessly,
    light-mindedly
легкомы́сленность (f.) lightness,
    thoughtlessness
ле́гче easier, lighter
лёд ice
  Лёд разби́т. The ice is broken.
ледени́ть to freeze, chill
***лежа́ть** to lie
  Го́род лежи́т на берегу́ мо́ря.
    The town is by the seashore.
  Он лежи́т в посте́ли. He lies in
    bed.
лека́рство medicine
ле́ктор lecturer
ле́кция lecture
лени́вый lazy
ле́нта ribbon
лентя́й, лентя́йка lazy person
    (m., f.)
лень (f.) laziness, idleness
лес forest, woods
ле́стница stairway, stairs, ladder
ле́стный flattering,
    complimentary
лесть (f.) flattery
лета́ years

Они́ одни́х лет. They are the
    same age.
Ско́лько вам лет? How old are
    you?
***лета́ть, лете́ть** to fly
  лете́ть на всех пара́х to rush at
    full speed
ле́тний summer (adj.)
***ле́то** summer
  ле́том in the summer
  на всё ле́то for the whole summer
летучий flying (adj.)
  лету́чая мышь bat
лётчик pilot
лече́ние medical treatment
  на лече́нии undergoing medical
    treatment
лечи́ть to treat medically
лечь—see **ложи́ться**
ли whether, if
  ли . . . ли . . . whether . . . or . . .
  сего́дня ли, за́втра ли whether
    today or tomorrow
  Он не по́мнит, ви́дел ли он его́.
    He doesn't remember whether he
    has seen him.
  Посмотри́, там ли де́ти. Go and
    see if the children are there.
ли́бо or
  ли́бо . . . ли́бо . . . either . . .
    or . . .
лигату́ра alloy
ли́лия lily
лило́вый lilac, violet (color)
лимо́н lemon
  лимо́нная кислота́ citric acid
лине́йка ruler
ли́ния line
  крива́я ли́ния curved line
  ли́ния поведе́ния line of policy
  ли́ния наиме́ньшего
    сопротивле́ния the path of least
    resistance
лири́ческий lyrical
лист leaf, sheet
  дрожа́ть как лист to tremble like
    a leaf
  загла́вный лист title page
литера́тор writer, man of letters
литерату́ра literature
***лить (нали́ть)** to pour, run (of
    liquid)

Дождь льёт как из ведра́. The rain is coming down in buckets.

лить слёзы to shed tears

лифт elevator

лифчик brassiere

лихора́дочный feverish

*****лицо́** face

в лице́ кого́-либо in the person of someone

де́йствующие ли́ца cast (of a play)

знать в лицо́ to know by sight

исче́знуть (perf.) **с лица́ земли́** to disappear from the face of the earth

Э́то ему́ к лицу́. This becomes him.

ли́чно personally

ли́чность (f.) personality

переходи́ть на ли́чности to become personal

ли́чный personal

лиша́ть (лиши́ть) to deprive, rob

лиша́ть кого́-либо насле́дства to disinherit someone

Он лишён чу́вства ме́ры. He lacks a sense of proportion. He doesn't know when to stop.

лише́ние deprivation

лиши́ть—see **лиша́ть**

ли́шний extra, superfluous, unnecessary

лоб forehead

*****лови́ть (пойма́ть)** to catch

лови́ть ка́ждое сло́во to devour every word

лови́ть моме́нт to seize an opportunity

лови́ть ры́бу to fish

ло́вкий adroit, deft

логи́ческий logical

ло́дка boat

ложи́ться (лечь) to lie down

ложи́ться спать to go to bed

На него́ ложится обя́занность. It is his duty.

ло́жка spoon

столо́вая ло́жка tablespoon

ча́йная ло́жка teaspoon

ложь (f.) lie, falsehood

ло́коть (m.) elbow

лома́ть (слома́ть) to break

ло́паться (ло́пнуть) to break, burst

чуть не ло́пнуть (perf.) **со сме́ху** to burst one's sides laughing

ло́пнуть—see **ло́паться**

лососи́на salmon

лотере́я lottery

ло́шадь (f.) horse

луг meadow

лу́жа puddle, pool

сесть (perf.) **в лу́жу** to get into a mess, to blunder

лужа́йка lawn

лук onion

луна́ moon

луч ray, beam

*****лу́чше** better

как нельзя́ лу́чше never better

лу́чше всего́ best of all

Лу́чше оста́ться здесь. It is better to stay here.

Мне лу́чше. I am better.

тем лу́чше so much the better

лу́чший better, best

всего́ лу́чшего all the best

к лу́чшему for the better

лы́жи skis

лы́сина bald spot

лы́сый bald, bald-headed

любе́зность (f.) courtesy, kindness

любе́зный polite, amiable, obliging

люби́мец pet, favorite

люби́мый favorite, loved one

люби́тель (m.) amateur, fancier

люби́тельский спекта́кль amateur performance

Он люби́тель цвето́в. He loves flowers.

люби́ть to like, to love

Он её лю́бит. He loves her.

Он лю́бит, когда́ она́ поёт. He likes her singing.

любова́ться to admire

любо́вный loving, amorous

*****любо́вь** (f.) love

любозна́тельный inquisitive, curious

любо́й every, any

любо́е вре́мя at any time

любопы́тство curiosity

любопы́тный curious

лю́бящий loving, affectionate

*лю́ди (nom. pl. of челове́к)
  people, men and women
  лю́ди у́мственного труда́ white-
  collar workers
  лю́ди физи́ческого труда́ blue-
  collar workers
лю́стра chandelier
лягу́шка frog

M

маг magician
*магази́н store, shop
  магази́н гото́вого пла́тья ready-
  made clothing store
  универса́льный магази́н
  department store
магни́т magnet
магнитофо́н tape recorder
ма́зать (imp.) to grease, lubricate,
  spread
  ма́зать хлеб ма́слом to butter the
  bread
мазу́т fuel oil
мазь (f.) ointment
*май (m.) May
ма́йка T-shirt, tank top
майоне́з mayonnaise
ма́кси long skirt
максима́льный maximum, highest
  possible
ма́ксимум maximum, upper limit
  вы́жать (perf.) ма́ксимум из to
  get the most out of
ма́ленький small, little
мали́на raspberries
*ма́ло little, few
  ма́ло изве́стный little-known
  ма́ло наро́ду few people
  ма́ло того́ moreover
  ма́ло того́, что it is not enough
  that
  Мы его́ ма́ло ви́дим. We see little
  of him.
малоду́шие faintheartedness
малоизве́стный little-known, not
  popular
малоле́тний juvenile, under-age
ма́ло-пома́лу gradually, little by
  little

ма́лый small
  Зна́ния его́ сли́шком малы́. His
  knowledge is scanty.
  ма́лый ро́стом short
  са́мое ма́лое the least
*ма́льчик boy, lad
ма́ма mama
манеке́нщица model
мане́ра manner, style
  У него́ хоро́шие мане́ры. He has
  good manners.
ма́рка stamp, mark; make, brand
ма́ркетинг marketing
мармела́д fruit jelly
март March
маршру́т route, itinerary
масли́на olive
*ма́сло butter, oil
  всё идёт, как по ма́слу. Things
  are going swimmingly.
  писа́ть ма́слом to paint in oils
ма́сса mass, a large amount
  в ма́ссе as a whole
  ма́сса рабо́ты a lot of work
ма́стер master
  быть ма́стером своего́ де́ла to
  be an expert at one's job
ма́стерски (adv.) skillfully
матема́тик mathematician
матема́тика mathematics
материа́л material, stuff, fabric
  строи́тельные материа́лы
  building materials
  Это хоро́ший материа́л для
  кинокарти́ны. That would be
  good material for a film.
материали́зм materialism
мате́рия cloth, fabric; matter
матра́с mattress
матро́с sailor
мать (f.) mother
маха́ть (махну́ть) to wave, flap
  махну́ть руко́й to give up as
  hopeless
  Он махну́л мне руко́й. He waved
  his hand to me.
махну́ть—see маха́ть
маши́на car; machine, engine
машина́льно absentmindedly,
  mechanically
машини́стка typist (woman)
маши́нка typewriter

машинопи́сный typewritten
машиностро́ение mechanical engineering
мгла haze
мгнове́ние instant, moment
ме́бель (f.) furniture
меблиро́ванный furnished
мёд honey
медве́дь (m.) bear
медици́на medicine (field of)
ме́дленно slowly
ме́длить to linger, hesitate, be slow
ме́дный copper (adj.)
медо́вый honeyed
  медо́вый ме́сяц honeymoon
  медо́вые ре́чи honeyed words
медсестра́ nurse
медь (f.) copper
***ме́жду** between, among (with inst.)
  ме́жду двумя́ и тремя́ between two and three o'clock
  ме́жду на́ми говоря́ just between us
  ме́жду о́кнами between the windows
  ме́жду про́чим by the way
  ме́жду тем meanwhile
  чита́ть ме́жду строк to read between the lines
междунаро́дный international
мезони́н attic
мел chalk
меланхоли́ческий melancholy (adj.)
меланхо́лия melancholy
ме́лкий small, petty, shallow
  ме́лкие де́ньги small change
  ме́лкий дождь drizzling rain
  ме́лкий челове́к petty person
мелоди́ческий melodious
мело́дия melody
ме́лочность (f.) meanness, pettiness
ме́лочь (f.) small things, small change, details
мель (f.) shoal, shallow
мелька́ть (мелькну́ть) to flash, gleam
  У него́ мелькну́ла мысль. An idea flashed across his mind.
мелькну́ть—see **мелька́ть**

ме́неджер manager
ме́нее less
  бо́лее и́ли ме́нее more or less
  Ему́ ме́нее сорока́ лет. He is not forty yet.
  ме́нее всего́ least of all
  тем не ме́нее nevertheless
***ме́ньше** smaller, less
  не бо́льше не ме́ньше как neither more nor less than
ме́ньший lesser, younger
  ме́ньшая часть lesser part
меньшинство́ minority
меню́ menu
меня́ть(ся) (поменя́ть(ся)) to change; to switch
  меня́ть де́ньги to change one's money
  меня́ть пла́тье to change one's clothes
  меня́ть своё мне́ние to change one's opinion
  меня́ться роля́ми to switch roles
ме́ра measure
  в значи́тельной ме́ре in a large measure
  ме́ры длины́ linear measure
  не знать ме́ры to be immoderate, to know no limits
  по кра́йней ме́ре at least
  реши́тельные ме́ры drastic measures
  соблюда́ть ме́ру to keep within limits
мерза́вец villain
мёрзлый frozen
мёрзнуть (замёрзнуть) to freeze
ме́рить (приме́рить, сме́рить) to measure
  приме́рить пла́тье to try on a dress
  сме́рить взгля́дом to measure with one's eyes, to give a dirty look
мероприя́тие arranged event
мёртвый dead, lifeless
  мёртвая тишина́ dead silence
  мёртвая то́чка standstill
  мёртвый язы́к dead language
  спать мёртвым сном to be sound asleep, to sleep like a rock

ме́стный local
  ме́стный жи́тель inhabitant
*****ме́сто** place, seat, locality
  знать своё ме́сто to know one's place
  иска́ть ме́ста to look for a job
  Нет ме́ста. There is no room.
  уступа́ть ме́сто кому́-либо to give up one's place to someone
  хоро́шее ме́сто для до́ма an excellent site for a house
местоиме́ние pronoun
*****ме́сяц** month, moon
мета́лл metal
металлу́рг metallurgist
металлурги́я metallurgy
метла́ broom
ме́тод method
мето́дика methods
методи́ческий systematic, methodical
метр meter
метро́ subway
механиза́ция mechanization
механизи́рованный mechanized
меха́ник engineer
меха́ника mechanics
механи́ческий mechanical
меч sword
меч-ры́ба swordfish
мечта́ daydream
мечта́тельный dreamy, pensive
мечта́ть to daydream
*****меша́ть** to hinder
  е́сли ничто́ не помеша́ет if nothing interferes
мешо́к bag, sack
  Костю́м сиди́т на нём мешко́м. His clothes are baggy.
  мешки́ под глаза́ми bags under one's eyes
миг instant, moment
  ми́гом in a flash
мига́ть (мигну́ть) to blink, wink
  мигну́ть кому́-либо to wink at someone
мигну́ть—see **мига́ть**
микроско́п microscope
микрофо́н microphone
милиционе́р policeman
мили́ция police station
миллиа́рд billion

миллио́н million
милосе́рдие mercy, clemency
ми́лость (f.) favor, grace
  быть в ми́лости у кого́-либо to be in someone's good graces
  из ми́лости out of charity
  ми́лости про́сим welcome
  Сде́лайте ми́лость. Do me a favor.
*****ми́лый** dear, lovely
ми́ля mile
ми́мо past, by (prep. with gen.)
мимолётный fleeting
ми́на mine
минда́ль (m.) almond
минера́л mineral
ми́нимум minimum
ми́ни-ЭВМ electronic minicomputer
минова́ть (imp., perf.) to escape, pass
  Ему́ э́того не минова́ть. He cannot escape it.
  Опа́сность минова́ла. The danger is past.
  Чему́ быть, того́ не минова́ть. What will be, will be.
*****мину́та** minute
  под влия́нием мину́ты on the spur of the moment
  Подожди́те мину́ту. Wait a minute.
  сию́ мину́ту this very minute
*****мир** peace, world
  литерату́рный мир literary world
  Мир победи́т войну́. Peace will triumph over war.
  со всего́ ми́ра from every corner of the globe
*****мири́ться (помири́ться)** to reconcile
  помири́ться с кем-ли́бо to be reconciled with someone
  примири́ться (perf.) **со свои́м положе́нием** to reconcile oneself to one's situation
ми́рный peaceful
мировоззре́ние world outlook
ми́ска basin, soup tureen
ми́стика mysticism
мла́дший younger, junior
мне́ние opinion

быть о себе́ сли́шком высо́кого мне́ния   to think too much of oneself

Я того́ мне́ния.   I am of that opinion.

мно́гие   many

во мно́гих отноше́ниях   in many respects

***мно́го**   much, many, a lot

мно́го рабо́ты   much work

о́чень мно́го   very much

прошло́ мно́го вре́мени   a long time passed

многозначи́тельно   significantly

многокра́тно   repeatedly

многообра́зие   variety, diversity

многосторо́нний   versatile, many-sided

многоуважа́емый   respected

многоуго́льник   polygon

мно́жество   great number

Их бы́ло мно́жество.   There were many of them.

моги́ла   grave

мо́да   fashion, vogue

быть оде́тым по мо́де   to be fashionably dressed

модерни́зм   modernism

мо́дный   fashionable, stylish

мо́жет быть   perhaps

Не мо́жет быть.   It is impossible.

***мо́жно**   one may, it is possible

е́сли мо́жно   if possible

Здесь мо́жно кури́ть.   One may smoke here.

как мо́жно скоре́е   as soon as possible

Мо́жно откры́ть окно́?   May I open the window?

мозг   brain

***мо́й, моя́, моё, мои́**   my

мо́кнуть (промо́кнуть)   to become wet

мо́кро   It is wet.

На у́лице мо́кро.   It is wet outside.

мо́крый   wet, moist

моле́кула   molecule

молекуля́рный вес   molecular weight

моли́тва   prayer

моли́ть   to pray, entreat

мо́лния   lightning

молодёжь   (f. collective) youth, young people

***молоде́ц**   fine fellow

вести́ себя́ молодцо́м   to behave oneself magnificently

Молоде́ц!   Well done!

молодо́й   young, youthful, new

мо́лодость   (f.) youth

не пе́рвой мо́лодости   not in one's first youth

молоко́   milk

мо́лот   hammer, mallet

мо́лча   (adv.) silently, without a word

молчали́вый   taciturn, silent

молча́ние   silence

молча́ть   to be silent

моль   (f.) moth

моме́нт   moment, instant

момента́льно   instantly

моне́та   coin

зво́нкая моне́та   hard cash

плати́ть кому́-либо то́й же моне́той   to pay someone in his own coin

приня́ть за чи́стую моне́ту   to take at its face value

моното́нность   (f.) monotony

мора́ль   (f.) moral

мора́льный   moral, ethical

мо́ре   sea

морко́вь   (f.) carrot

моро́женое   ice cream

моро́женый   frozen, chilled

моро́з   frost, freezing weather

морска́я сви́нка   guinea pig

морщи́на   wrinkle (facial)

москви́ч   inhabitant of Moscow

моско́вский   Moscow (adj.)

мост   bridge

мото́р   motor, engine

***мочь (смочь)**   to be able

мрак   gloom, darkness

мра́мор   marble

мра́чный   gloomy, somber

мсти́тельность   (f.) vindictiveness, vengefulness

***мстить (отомсти́ть)**   to avenge oneself

мудре́ц   sage, wise man

му́дрость   (f.) wisdom

му́дрый   wise, sage

муж husband
му́жество courage, fortitude
мужско́й (grammatical) masculine
 мужско́й портно́й men's tailor
*****мужчи́на** (m.) man
музе́й museum
му́зыка music
музыка́льный musical
музыка́нт musician
му́ка torment, torture
мука́ flour
мультипликацио́нный фильм
 cartoon, animated film
му́мия mummy
мураве́й ant
му́скул muscle
му́сор trash, rubbish, refuse
 мусоросжига́тельная печь
 incinerator
му́тный dull, cloudy, muddy
 лови́ть ры́бу в му́тной воде́ to
 fish in troubled waters
му́ха fly
 де́лать из му́хи слона́ to make
 mountains out of molehills
 Кака́я му́ха его́ укуси́ла? What's
 troubling him?
муче́ние torture, torment
му́чить (imp.) to torment, worry
 Э́то му́чит мою́ со́весть. It lies
 heavily on my conscience.
*****мы** we
мы́ло soap
мы́сленно mentally
мы́слить to think, reflect
мысль (f.) thought, idea
 Мысль пришла́ ему́ в го́лову. A
 thought occurred to him.
 предвзя́тая мысль preconceived
 ·idea
мы́слящий thinking, intellectual
мы́ть(ся) (помы́ть(ся), вы́мыть(ся))
 to wash; to wash (oneself)
мышь (f.) mouse
 лету́чая мышь bat
мя́гкий soft, gentle
 мя́гкий звук mellow sound
 мя́гкий кли́мат mild climate
 мя́гкое движе́ние gentle
 movement
 мя́гкое се́рдце soft heart
мя́гко softly, mildly

мя́гкость (f.) softness, gentleness
мягчи́ть (смягчи́ть) to soften
мя́со meat
мяч ball
 игра́ть в мяч to play ball

Н

*****на** on, onto—direction—(with
 acc.); for extent of time (with
 acc.); on in, at—location—(with
 prep.)
 говори́ть на иностра́нном языке́
 to speak in a foreign language
 е́хать на по́езде to ride on the
 train
 име́ть что́-либо на свое́й со́вести
 to have something on one's
 conscience
 Кни́га лежи́т на столе́. The book
 is lying on the table.
 на э́той неде́ле this week
 на се́вер to the north
 на се́вере in the north
 Он прие́хал на неде́лю. He came
 for a week.
 переводи́ть на друго́й язы́к to
 translate into a different language
 помно́жить пять на три to
 multiply five by three
 ре́зать на куски́ to cut into pieces
 сесть на по́езд to take the train
 уро́к на за́втра lesson for
 tomorrow
 Я положи́л кни́гу на стол. I put
 the book on the table.
на, на́те here, here you are, take it
 (familiar)
набира́ть (набра́ть) очки́ to earn
 points (also in sports)
набира́ться (набра́ться) to
 accumulate, acquire
 набра́ться но́вых сил to find new
 strength
 набра́ться ума́ to acquire wisdom
наблюда́тель (m.) observer
наблюда́ть to observe, keep one's
 eyes on, control
на́божность (f.) devotion, piety
набра́ться—see **набира́ться**

42

набро́сок sketch, outline

навек, наве́ки forever

*__наве́рно__ surely, most likely

наве́рх up, upward (motion toward)

наверху́ above, upstairs

на́волочка pillowcase

навсегда́ forever

навстре́чу to meet

  идти́ навстре́чу кому́-либо to go to meet someone

навы́ворот inside out

нагиба́ть (нагну́ть) to bend

на́глость (f.) impudence, insolence

нагляде́ться (perf.) to see enough

  не нагляде́ться на кого́-либо never to be tired of looking at someone

нагну́ть—see **нагиба́ть**

нагоня́ть (нагна́ть) це́ну to inflate the price, to boost the value

нагото́ве in readiness, at call

  держа́ть нагото́ве to keep in readiness

награ́да reward, prize

нагрева́ть (нагре́ть) to warm, heat

нагре́ть—see **нагрева́ть**

*__над__ above, over (with inst.)

  висе́ть над столо́м to hang over the table

  засыпа́ть над кни́гой to fall asleep over a book

  рабо́тать над те́мой to work at a subject

  смея́ться над ке́м-либо to laugh about someone

наде́жда hope

  в наде́жде in the hope of

  пита́ть наде́жды to cherish hopes

  подава́ть наде́жды to offer hope, to show promise

надёжность (f.) reliability

надёжный reliable, trustworthy

надели́ть—see **наделя́ть**

наделя́ть (надели́ть) to allot, provide

*__наде́яться__ to hope

  наде́яться на кого́-либо to rely on someone

  Я наде́юсь уви́деть вас сего́дня. I hope to see you today.

на́до it is necessary, one must

  мне на́до I need

на́добность (f.) necessity

  в слу́чае на́добности in case of need

  Нет никако́й на́добности. There is no need whatever.

надоеда́ть (надое́сть) to pester, bore

  Он мне до́ смерти надое́л. He bored me to death.

надое́сть—see **надоеда́ть**

надо́лго for a long time

надписа́ть—see **надпи́сывать**

надпи́сывать (надписа́ть) to inscribe

на́дпись (f.) inscription

надува́ть (наду́ть) to inflate, puff out

  наду́ть гу́бы to pout

наду́ть—see **надува́ть**

наеда́ться (нае́сться) to eat one's fill

нае́сться—see **наеда́ться**

нажа́ть—see **нажима́ть**

нажима́ть (нажа́ть) to press, put pressure on

нажива́ться (нажи́ться) to make a fortune

*__наза́д__ back, backward

  смотре́ть наза́д to look back

  тому́ наза́д ago

  мно́го лет тому́ наза́д many years ago

  шаг наза́д a step backward

назва́ние name (inanimate things)

назва́ть(ся)—see **называ́ть(ся)**

назнача́ть (назна́чить) to appoint, fix, set

  назнача́ть день to set a day

  назнача́ть це́ну to fix a price

назна́чить—see **назнача́ть**

называ́ть (назва́ть) to call, name

  Де́вочку нельзя́ назва́ть краса́вицей. The girl cannot be called a beauty.

  Его́ называ́ют Ва́ней. They call him Vanya.

  называ́ть ве́щи свои́ми имена́ми to call a spade a spade

называ́ться (назва́ться) to be called

наиболее most
наиболее удобный most
convenient
наизусть by heart
знать наизусть to know from
memory
найти(сь)—see **находить(ся)**
наказ order, instruction
наказание punishment
накануне on the eve of
наклонение inclination, mood
(gram.)
наклонность (f.) inclination,
leaning
иметь наклонность к чему-либо
to have an inclination for
something
наконец at last, finally
накормить—see **кормить**
накрахмаленный starched stiff
накрывать (накрыть) to cover
накрывать стол скатертью to
cover the table with a cloth
накрыть стол to set the table
накрыть—see **накрывать**
налево to the left
*__наливать (налить)__ to pour out, fill
налить чашку чая to pour out a
cup of tea
налить—see **наливать**
наличный available, on hand
наличные (деньги) cash on hand
налог tax
намёк hint
понять намёк to take a hint
сделать намёк to drop a hint
намекать (намекнуть) to hint at,
imply
намекнуть—see **намекать**
намерение intention, purpose
намеренный intentional,
deliberate
наметить—see **намечать**
намётка basting
намечать (наметить) to plan,
outline
намокать (намокнуть) to get wet
намокнуть—see **намокать**
нанимать (нанять) to rent, hire
нанять—see **нанимать**
наоборот on the contrary
напевать (напеть) to hum

напеть—see **напевать**
напечатать—see **печатать**
написание spelling
написать—see **писать**
напиток drink, beverage
наполнить—see **наполнять**
наполнять (наполнить) to fill
напоминание reminder
напоминать (напомнить) to
remind
напомним, что we would remind
you that
Он напоминает свою мать. He
resembles his mother.
напомнить—see **напоминать**
направить—see **направлять**
направление direction, trend
во всех направлениях in all
directions
литературное направление
literary school, movement
направлять (направить) to direct,
turn
Меня направили к вам. I was
directed to you.
направлять внимание to direct
attention
направлять свои шаги to direct
one's steps
направо to the right
напрасно in vain, to no purpose,
wrongly
вы напрасно так думаете you
are mistaken if you think that
Его напрасно обвинили. He was
wrongly accused.
**Напрасно ждать чего-либо от
него.** It is useless to expect
anything of him.
например for instance
напрокат for hire (only object, not
person)
взять напрокат to hire
*__напротив__ on the contrary
напрягать (напрячь) to strain
напряжение effort, tension;
voltage
высокое напряжение high
tension; high voltage
напряжённый strained, tense
напрячь—see **напрягать**
написано it is written

напу́ганный frightened, scared
напуга́ть (perf.) to frighten
напуга́ться to become frightened
напу́дриться—see **пу́дриться**
напуска́ть (напусти́ть) to fill
  напусти́ть воды́ в ва́нну to fill a
  bathtub
напусти́ть—see **напуска́ть**
нараспе́в in a singsong voice
нареза́ть (наре́зать) to slice, to cut
  into pieces
наре́зать—see **нареза́ть, ре́зать**
нарисова́ть—see **рисова́ть**
***наро́д** nation, people
  мно́го наро́ду crowd, many
  people
наро́дность (f.) nationality
наро́дный folk, national
наро́чно purposely
  как наро́чно as luck would have
  it
нару́жно outwardly
нару́жность (f.) appearance,
  exterior
наруша́ть (нару́шить) to break,
  disturb
  наруша́ть поко́й to disturb the
  peace
  наруша́ть сло́во to break one's
  promise
наруше́ние breach, violation
нару́шить—see **наруша́ть**
наря́д attire, smart clothes
наря́дно smartly (dressed)
наряду́ side by side, at the same
  time
  наряду́ с э́тим at the same time
насеко́мое insect
населе́ние population
наси́лие violence, coercion
наси́ловать (изнаси́ловать) to
  force, violate, rape
наси́льно by force, under
  compulsion
наскво́зь through, throughout
  ви́деть кого́-либо наскво́зь to
  see through someone
  наскво́зь промо́кнуть (perf.) to
  get wet through and through
наско́лько how much, as far as
  наско́лько мне изве́стно as far
  as I know

Наско́лько он ста́рше вас? How
  much older is he than you?
на́скоро hastily, carelessly
  де́лать что́-либо на́скоро to do
  something carelessly
наску́чить (perf.) to bore, annoy
  Мне наску́чило э́то. I am bored
  by this.
наслади́ться—see **наслажда́ться**
наслажда́ться (наслади́ться) to
  take pleasure in, enjoy
  наслажда́ться му́зыкой to enjoy
  the music
наслажде́ние delight, enjoyment
насле́дник heir, successor
насле́довать (унасле́довать) to
  inherit, succeed
насле́дственный hereditary
насле́дство inheritance, legacy
насмеха́ться to mock, deride
насме́шка mocking
на́сморк head cold
насоли́ть—see **соли́ть**
насо́с pump
наста́ивать (настоя́ть) to insist on,
  persist
  наста́ивать на своём to insist on
  having one's own way
на́стежь (adv.) wide
  О́кна бы́ли на́стежь откры́ты.
  The windows were wide open.
настига́ть (насти́гнуть) to overtake
насти́гнуть—see **настига́ть**
насто́йчивость (f.) persistence,
  insistence
насто́йчивый persistent, urgent
насто́лько so, this much
настоя́тельность (f.) urgency
настоя́ть—see **наста́ивать**
настоя́щее the present (noun)
настоя́щий present, real, genuine
  настоя́щее вре́мя present tense
  настоя́щий дру́г true friend
  настоя́щий мужчи́на real man
настрое́ние mood, frame of mind
  быть в настрое́нии to be in good
  spirits
  **У меня́ нет для э́того
  настрое́ния.** I am not in the
  mood for that.
наступа́ть (наступи́ть) to come (of
  time)

наступила весна. Spring came.
Наступило короткое молчание.
A brief silence ensued.
наступить—see **наступать**
наступление coming, approach,
offensive attack (military)
насчёт as regards, concerning
насчёт этого so far as that matter
is concerned
насыпать—see **насыпать**
насыпать (насыпать) to pour, fill
(dry products)
насытить—see **насыщать**
насыщать (насытить) to saturate,
satiate
насыщенность (f.) saturation
насыщенный saturated
натура nature
Он по натуре очень добрый
человек. He is a kind man by
nature.
платить натурой to pay in kind
рисовать с натуры to paint from
life
Это стало у него второй натурой.
It became second nature with him.
натуральный natural
в натуральную величину life-
size
натуральный шёлк genuine silk
наука science, study
заниматься наукой to be a
scientist
точные науки exact sciences
научить (perf.) to teach
научить кого-либо английскому
языку to teach someone
English
научиться (perf.) to learn
something
научно scientifically
научно-исследовательский (adj.)
scholarly
научный scientific
научный сотрудник research
assistant
нахальство impudence
находить (найти) to find, discover
Его находят умным. He is
considered clever.
находить утешение to find
comfort

Он никак не мог найти причину
этого. He never managed to
discover the cause of it.
находиться (найтись) to be found
or situated
Дом находится в парке The
house is in a park.
Он всегда найдётся. He is never
at a loss.
Работа для всех найдётся. We
will find work for everyone.
нахмуриться—see **хмуриться**
националистический
nationalistic
национальность (f.) nationality
нация nation
*****начало** beginning
в начале года in the beginning of
the year
для начала to start with
с начала from the beginning
начальный elementary, initial
начальные главы романа
opening chapters of the novel
начальная школа elementary
school
начать—see **начинать**
начинать (начать) to begin, start
начать пить to start drinking
начинать день прогулкой to
begin the day with a walk
Он начал работать He began
working.
начаться—see **начинаться**
начинаться (начаться) (intr.) to
begin, to start
начинающий beginner
начинка filling, stuffing
начитанный well-read
*****наш, наша, наше, наши** our
нашивать (нашить) to sew on
нашить—see **нашивать**
нашуметь (perf.) to make much
noise
*****не** not
не на кого положиться no one
to rely on
не только not only
не трудный, но и не простой not
difficult but not simple
Он не может читать. He cannot
read.

Э́то не ва́ша кни́га. It is not your book.

Э́то не так. That is not so.

Э́то не шу́тка. It is no joke.

не- negative prefix with adjectives, "un-"

неаккура́тный inaccurate, unpunctual, messy

небе́сный celestial, heavenly

неблагода́рность (f.) ingratitude

неблагоразу́мие imprudence

неблагоскло́нность (f.) unfavorable attitude

*__**не́бо**__ sky, heaven

быть на седьмо́м не́бе to be in seventh heaven

под откры́тым не́бом in the open air

небоскрёб skyscraper

небо́сь it is most likely, one must be
Он, небо́сь, уста́л. He must be tired.

*__**небре́жность**__ (f.) carelessness, negligence

небре́жный careless, slipshod

небри́тый unshaven

небыва́лый unprecedented, fantastic

небью́щийся unbreakable
небью́щееся стекло́ safety glass

нева́жно (interj.) never mind, it is unimportant

нева́жно (adv.) poorly, indifferently
Он себя́ нева́жно чу́вствует. He doesn't feel well.
Рабо́та сде́лана нева́жно. The work is poorly done.

неве́дение ignorance
находи́ться в неве́дении to be in ignorance

неве́домый unknown, mysterious

неве́жество ignorance

неве́жественный ignorant

неве́жливый impolite, rude

неве́рно incorrectly

невероя́тно incredibly, inconceivably

невероя́тность (f.) incredibility

невесо́мость (f.) weightlessness

неве́ста (f.) fiancée, bride

невзго́да (f.) adversity

невзра́чный homely, ill-favored

неви́димый invisible

неви́нность (f.) innocence, naiveté

неви́нный innocent, harmless

невку́сный not tasty

невнима́тельный inattentive, careless

невозвра́тность irrevocability

невозде́ржанность lack of self-control

невозмо́жно impossible, it is impossible

нево́льно involuntarily, unintentionally

невоспи́танный unmannerly

невреди́мый safe, unharmed

невы́годно disadvantageously, it is not advantageous

невы́годный disadvantageous, not advantageous
ста́вить в невы́годное положе́ние to place at a disadvantage

*__**негати́вный**__ negative

*__**не́где**__ nowhere, no place (plus infinitive)
Не́где сесть. There is nowhere to sit.

него́дность (f.) unfitness, worthlessness

негодова́ние indignation

негодя́й scoundrel, villain

негра́мотность (f.) illiteracy

неграцио́зный ungraceful

*__**неда́вно**__ recently, not long ago

*__**недалеко́**__ not far
Им недалеко́ идти́. They have a short way to go.
недалеко́ то вре́мя, когда́ the time is not far, when

недалёкость (f.) narrow-mindedness, dull-wittedness

неда́ром not without reason, not in vain
неда́ром говоря́т not without reason is it said

неделика́тный indelicate, rough

*__**неде́ля**__ week
ка́ждую неде́лю every week
че́рез неде́лю in a week

недёшево at a considerable price
Э́то ему́ недёшево доста́лось. It cost him dearly.

недове́рие distrust

недове́рчивый distrustful
недово́льный dissatisfied
недово́льство dissatisfaction, discontent
недоеда́ние malnutrition
недоко́нченный unfinished
недо́лго not long
  недо́лго ду́мая without a second thought
недооце́нивать (недооцени́ть) to underestimate, undervalue
недооцени́ть—see **недооце́нивать**
недоразуме́ние misunderstanding
недостава́ть (недоста́ть) to lack, be missing
  Ему́ недостаёт слов, что́бы вы́разить ... he cannot find words to express ...
  Нам о́чень недостава́ло вас. We missed you very much.
  Чего́ вам недостаёт? What do you lack?
недоста́ток shortage, defect
  за недоста́тком чего́-либо for want of something
  иметь серьёзные недоста́тки to have serious shortcomings
недоста́точно insufficiently
недоста́ть—see **недостава́ть**
недостижи́мый unattainable
недосто́йный unworthy
недоуме́ние bewilderment, perplexity
недохо́дный unprofitable
недружелю́бный unfriendly
неду́рно not bad! (interj.), rather well (adv.)
неесте́ственный unnatural, affected
нежена́тый unmarried (of a man)
не́жность (f.) tenderness
не́жный tender, delicate, loving
  не́жный во́зраст tender age
  не́жное здоро́вье delicate health
  не́жный сын loving son
незабыва́емый unforgettable
незави́симость (f.) independence
незави́симый independent
незако́нный illegal
закономе́рный irregular
незако́нченный incomplete, unfinished

незаме́тно imperceptible, not noticeable
незаму́жняя unmarried (of women)
незаслу́женный undeserved
нездоро́вый unwell, indisposed
незнако́мец stranger
незначи́тельный negligible, unimportant
незре́лый unripe, immature
неизве́стно It is not known.
неизве́стный unknown, obscure
неи́скренний insincere
неи́скренность (f.) insincerity
неискушённый inexperienced, unsophisticated
неквалифици́рованный unskilled
*не́который some
  до не́которой сте́пени to a certain extent
  не́которое вре́мя some time
  не́которые из них some of them
некраси́вый unattractive, ugly
некульту́рный uncivilized, uncultured
неле́пость (f.) absurdity
неле́пый ridiculous, incongruous
неле́тный (о пого́де) nonflying, unsuitable for flying (about weather)
нелицеме́рный sincere, frank
нело́вкий awkward, clumsy, inconvenient
  нело́вкое молча́ние awkward silence
  оказа́ться (perf.) в нело́вком положе́нии to find oneself in an awkward situation
*нельзя́ it is impossible, one cannot
  Здесь кури́ть нельзя́. Smoking is not permitted here.
  как нельзя́ лу́чше in the best way possible
  Там нельзя́ дыша́ть. It is impossible to breathe there.
нелюбе́зность (f.) coldness, discourtesy
нелюбе́зный ungracious, discourteous
нелюди́мый unsociable
неме́дленно immediately

не́мец, не́мка   German (m., f.)
неме́цкий   German (adj.)
немилосе́рдный   merciless,
  unmerciful
неминуе́мо   inevitably, unavoidably
*немно́го   a little, a few
немно́жко   a trifle, a bit
немо́й   mute, deathly still
  немо́е обожа́ние   mute
  adoration
  немо́й   mute person
ненави́деть   (imp.) to hate, detest
не́нависть   (f.) hatred
ненадёжный   unreliable,
  untrustworthy
ненадо́лго   for a short while
ненаме́ренно   unintentionally
необразо́ванный   uneducated
необходи́мо   it is necessary
  Необходи́мо ко́нчить рабо́ту.   It
  is necessary to finish the work.
необходи́мость   (f.) necessity
необходи́мый   necessary,
  indispensable
необыкнове́нный   unusual
неограни́ченный   unlimited
неодобри́тельный   disapproving
неодушевлённый   inanimate
неожи́данно   unexpectedly
неожи́данность   (f.) suddenness,
  unexpectedness
неопра́вданный   unjustified
неопределённый   indefinite,
  indeterminate
нео́пытный   inexperienced
неоргани́ческий   inorganic
  (chemistry)
неотврати́мость   (f.) inevitability
неотчётливый   vague, indistinct
неохо́та   reluctance
неохо́тно   unwillingly, reluctantly
неплодоро́дный   barren, infertile
неплохо́й   not bad, quite good
неподви́жно   motionlessly
неподви́жный   immovable,
  stationary
неподку́пный   incorruptible,
  someone who can't be bought
неподходя́щий   unsuitable,
  inappropriate
неполноце́нность   (f.) inferiority
непо́лный   incomplete, imperfect

непонима́ние   incomprehension,
  misunderstanding
непоря́дочный   dishonorable,
  ungentlemanly
непоси́льный   beyond one's
  strength
*непра́вда   untruth, falsehood
непра́вильно   irregularly,
  erroneously, incorrectly
*непреме́нно   certainly, without fail
непреодоли́мый   insurmountable,
  unconquerable
непреры́вно   uninterruptedly,
  continuously
непреры́вность   (f.) continuity
неприве́тливый   unfriendly,
  ungracious
непривлека́тельный   uninviting,
  unpleasant
неприли́чный   indecent, unseemly
  Како́е неприли́чное поведе́ние!
  What disgraceful behavior!
непринуждённо   without
  embarrassment, nonchalantly
  чу́вствовать себя́ непринуждённо
  to feel at ease
непринуждённый   natural, free and
  easy
  непринуждённая по́за   natural
  attitude, poise
неприя́тно   unpleasant, it is
  unpleasant
неприя́тность   (f.) trouble,
  annoyance
неприя́тный   unpleasant,
  disagreeable
непрости́тельный   unpardonable,
  inexcusable
непрямо́й   indirect, hypocritical
нера́венство   inequality
неразлу́чный   inseparable
неразу́мие   foolishness, unreason
неразу́мный   unreasonable, unwise
нерасчётливость   (f.) extravagance
нерасчётливый   extravagant,
  wasteful
нерв   nerve
  де́йствовать кому́-либо на не́рвы
  to get on someone's nerves
  страда́ть не́рвами   to have a
  nervous disease
не́рвничать   to be nervous

не́рвный nervous
нереши́тельность (f.) indecision
неро́вный uneven, rough
несвя́зно incoherently
несгора́емый fireproof
*__не́сколько__ several, some, a few
нескро́мный immodest, indiscreet
несло́жный simple, uncomplicated
неслы́шный inaudible
несмотря́ на то, что despite the fact that
несно́сный unbearable, intolerable
несоверше́нный imperfect, incomplete
несовмести́мый incompatible
несогла́сие dissent, disagreement, difference of opinion
несомне́нно undoubtedly, beyond all question
неспоко́йный restless, uneasy
неспосо́бный incapable, incompetent
несправедли́вость (f.) injustice, unfairness
несправедли́вый unjust, unfair
несравне́нно incomparably, matchlessly
несравни́мый incomparable, unmatched
нестерпи́мый unbearable, intolerable
нести́, носи́ть to bear, carry
  нести́ отве́тственность to bear the responsibility
несчастли́вый unfortunate
несча́стный unhappy, unfortunate
несча́стье misfortune
  к несча́стью unfortunately
несъедо́бный inedible
*__нет__ no, there is (are) not
  Бу́дет он там и́ли нет? Will he be there or not?
  Его́ нет до́ма. He is not at home.
  ещё нет not yet
  Почему́ нет? Why not?
  совсе́м нет not at all
  Там никого́ нет. There is no one there.
нетерпели́во impatiently
нетерпели́вый impatient
нетерпе́ние impatience
нетерпи́мый intolerant

нетре́бовательный unpretentious, modest
неуважи́тельно disrespectfully
неуве́ренный uncertain, hesitating
неуго́дный undesirable
неуда́ча failure
неуда́чный unsuccessful, unfortunate
неудо́бный uncomfortable, inconvenient
неудо́бство inconvenience, discomfort
неудовлетвори́тельный unsatisfactory, inadequate
неудово́льствие displeasure
*__неуже́ли!__ Really! Is it possible!
неуклю́жий clumsy, awkward
неутоми́мый tireless
неую́тный bleak, not cozy
нефтяно́й та́нкер oil tanker
не́хотя unwillingly, reluctantly
*__неча́янно__ accidentally
нече́стный dishonest
нечи́стый unclean, impure
  нечи́стая со́весть guilty conscience
  нечи́стое де́ло suspicious affair
*__ни__ not a
  Не мог найти́ ни одного́ приме́ра. He could not find a single example.
  Ни ка́пли не упа́ло. Not a single drop fell.
  ни … ни … neither … nor …
  Ни ра́зу не ви́дела его́. She never saw him.
*__нигде́__ nowhere
*__ни́жний__ lower
  ни́жнее бельё underwear
  ни́жний эта́ж ground floor
*__ни́зкий__ low, short, inferior
  ни́зкий го́лос deep voice
  ни́зкое ка́чество poor quality
*__ника́к__ in no way
  Ника́к нельзя́. It is quite impossible.
  Он ника́к не мог откры́ть я́щик. In no way could he open the box.
*__никогда́__ never
  никогда́ бо́льше never again
  никогда́ в жи́зни never in one's life

почти́ никогда́   hardly ever
*никто́   no one
*никуда́   nowhere
  никуда́ не годи́тся   won't do at all
  никуда́ не го́дный челове́к   good-for-nothing
*ниско́лько   not at all, not in the least
  Э́то ниско́лько не тру́дно.   It is not difficult at all.
ни́тка   thread
  вдева́ть ни́тку в иго́лку   to thread a needle
  нитра́ты   nitrates
*ничего́   nothing, never mind, it doesn't matter
  Ничего́!   It is nothing! No harm done.
  Ничего́ не ви́дел.   He saw nothing.
  Ничего́ не поде́лаешь.   There's nothing that can be done.
  ничего́ подо́бного   nothing of the sort
  Э́то ему́ ничего́.   It is nothing to him.
  Э́то ничего́ не зна́чит.   It means nothing.
ничто́жный   insignificant, worthless
*но   but
нова́торство   innovation
новомо́дный   new-fashioned, modern
новосе́лье   housewarming
но́вость   (f.) news
*но́вый   new, modern
  Что но́вого?   What's new?
*нога́   foot, leg
  вверх нога́ми   upside down
  встать с ле́вой ноги́   to get up on the wrong side of the bed
  идти́ в но́гу   to keep pace
  со всех ног   as fast as one can run
  стать на́ ноги   to become independent
но́готь   fingernail, toenail
*нож   knife
*но́жницы   scissors
*но́мер   number, hotel room
но́рма   standard, norm
норма́льно   normally
норма́льный   normal, same

норма́льные усло́вия   normal conditions
*нос   nose
  говори́ть в нос   to speak nasally
  не ви́деть да́льше своего́ но́са   to see no further than one's nose
  носово́й плато́к   handkerchief
  перед но́сом   under one's nose
  сова́ть нос во что́-либо   to pry into something
  уткну́ться но́сом во что́-либо   to bury oneself into something
*носи́ть   to carry (by hand), wear (clothes)
носи́ться   to wear
  Э́та мате́рия бу́дет хорошо́ носи́ться.   This material will wear well.
носо́к, носки́   sock, socks
но́ты   music (printed music)
  игра́ть без нот   to play without music
*ночева́ть   (imp.) to spend the night
*ночь   (f.) night
  но́чью   at night
  споко́йной но́чи   good night
ноя́брь   (m.) November
нрав   disposition, temper
  У него́ весёлый нрав.   He has a cheerful disposition.
  Э́то ему́ не по нра́ву.   It goes against his grain.
*нра́виться (понра́виться)   to please
  Ему́ нра́вится её лицо́.   He likes her face.
  Она́ стара́ется понра́виться ему́.   She tries to make him like her.
  Э́то ему́ не понра́вилось.   He did not like it.
нра́вственный   moral
*нра́вы   (pl.) customs, morals and manners
ну!   Well, now!
  Ну, и что же да́льше?   Well, and what then?
  Ну, коне́чно.   Why, of course.
  Ну так что́ же?   Well, what of it?
нужда́   need
  в слу́чае нужды́   in case of need
нужда́ться   to need, want

*нýжно   it is necessary, one should
мне нýжно   I need
Это нýжно сдéлать.   It must be
done.
нýжный   necessary
нуль . (m.) zero, nought
сводить к нулю   to bring to
nothing
ныне   the present
нынче   today
нюхать (понюхать)   to smell, sniff
няня   nursemaid, nurse

О

*о, об   about, concerning (with
prep.)
дýмать о кóм-либо   to think of
someone
книга об áтомной энéргии   a
book about atomic energy
óба, óбе   both (m. and n., f.)
обвинéние   charge, accusation
обвинить—see обвинять
обвинять (обвинить)   to accuse,
charge
обгорéлый   burnt
обдýманно   after long
consideration, deliberately
обдýмать—see обдýмывать
обдýмывать (обдýмать)   to
consider, think over
обéд   dinner
*обéдать (пообéдать)   to dine
обеднéвший   impoverished
обезьяна   monkey
обещáние   promise
обещáть   to promise
обжéчь—see обжигáть
обжигáть (обжéчь)   to burn,
scorch
обжóра   glutton
обзóр   survey, review
обидеть(ся)—see обижáть(ся)
обидно   offensively
обижáть(ся) (обидеть(ся))   to
offend, hurt someone's feelings; to
be offended
Не обижáйтесь.   Don't be
offended.

Они егó обидели.   They have
offended him.
обиженный   offended
обилие   abundance, plenty
обильный   abundant, plentiful
óблако   cloud
óбласть   (f.) sphere, province
óбласть знáний   field of
knowledge
облегчáть (облегчить)   to
facilitate, make easier, relieve
облегчить—see облегчáть
обмáн   fraud, deception
обманýть—see обмáнывать
обмáнчивый   deceptive, delusive
обмáнывать (обманýть)   to
deceive, swindle
обмéн   exchange
óбморок   fainting fit
упáсть (perf.) в óбморок   to faint
обнимáть (обнять)   to embrace
обнимáть умóм   to comprehend
обнять—see обнимáть
обогатить—see обогащáть
обогащáть (обогатить)   to enrich
обогатить свой óпыт   to enrich
one's experience
обогревáть (обогрéть)   to warm
обогрéть—see обогревáть
ободрéние   encouragement
ободрить—see ободрять
*ободрять (ободрить)   to
encourage, reassure
обожáние   adoration
обожáть   to adore, worship
обозначáться (обознáчиться)   to
show, appear
обознáчиться—see обозначáться
обойти—see обходить
обоюдно   mutually
обрабáтывать (обрабóтать)   to
work up, process
обрабóтать—see обрабáтывать
обрáдоваться—see рáдоваться
*óбраз   image, shape, form
глáвным óбразом   most
importantly
óбраз жизни   way of living
таким óбразом   in this way
*образовáние   education,
formation
дать образовáние   to educate

образова́ние слов   word formation
образо́ванный   (well)-educated
образова́тельный (о програ́мме)   educational
обрати́ть—see обраща́ть
*обра́тно   back
   идти́ обра́тно   to return, go back
   туда́ и обра́тно   round trip, to and fro
обра́тный   reverse
   в обра́тную сто́рону   in the opposite direction
обраща́ть (обрати́ть)   to turn, direct
   обраща́ть внима́ние   to pay attention
   обрати́ть в шу́тку   to turn into a joke
обруче́ние   betrothal
обслу́живание   service, maintenance
обслу́живать (обслужи́ть)   to attend, serve
обслужи́ть—see обслу́живать
обста́вить—see обставля́ть
обставля́ть (обста́вить)   to furnish, arrange
обстано́вка   furniture; conditions, situation, environment
обстоя́тельство   circumstance
   ни при каки́х обстоя́тельствах   under no circumstances
   смягча́ющие вину́ обстоя́тель-ства   extenuating circumstances
обсуди́ть—see обсужда́ть
обсужда́ть (обсуди́ть)   to discuss
обходи́ть   to go around, pass
обхо́дный   roundabout
общежи́тие   dormitory
общесою́зный   all-union
обще́ственный   public, social
   обще́ственное мне́ние   public opinion
   обще́ственный строй   social system
о́бщество   society
о́бщий   general, common
   не име́ть ничего́ о́бщего   to have nothing in common
   о́бщее де́ло   common cause
   о́бщее собра́ние   general meeting
   о́бщий язы́к   common language

объе́кт   object
объекти́вный   objective (adj.)
объём   volume, size
объяви́ть—see объявля́ть
объявле́ние   announcement, declaration
объявля́ть (объяви́ть)   to declare, announce
объясне́ние   explanation
объясни́ть—see объясня́ть
объясня́ть (объясни́ть)   to explain
объя́тие   embrace
обыкнове́нно   usually, as a rule
обыкнове́нный   usual, ordinary
обы́чай   custom, usage
   по обы́чаю   according to custom
обы́чно   usually
обя́занность   (f.) duty, responsibility
   исполня́ть свои́ обя́занности   to attend to one's duties
обя́занный   obliged
   быть обя́занным кому́-либо   to be indebted to someone
   быть обя́занным что́-либо сде́лать   to be obliged to do something
*обяза́тельно   certainly, without fail
обяза́тельный   obligatory, compulsory
о́вощи   vegetables
овра́г   ravine
овца́   sheep
оглуши́тельный   deafening
огово́рка   reservation
   с огово́ркой   with reserve
оголённый   nude
*ого́нь   (m.) fire
огоро́д   vegetable garden
ограбле́ние   robbery
ограниче́ние   limitation, restriction
ограни́ченность   scantiness, narrow-mindedness
ограни́чивать (ограни́чить)   to limit, restrict
ограни́чить—see ограни́чивать
огро́мный   huge, enormous
*огуре́ц   cucumber
о́да   ode
одева́ть(ся) (оде́ть(ся))   to dress someone; to dress oneself
оде́жда   clothes

оде́ть(ся) — see одева́ть(ся)
одея́ло   blanket, quilt
*оди́н, одна́, одно́, одни́, one, alone, only (m., f., n., plural)
оди́н за други́м   one after another
оди́н из них   one of them
Оди́н он мо́жет сде́лать э́то.   Only he can do it.
оди́н раз   once
Одно́ бы́ло ему́ я́сно.   One thing was clear to him.
Он был совсе́м оди́н.   He was quite alone.
Они́ живу́т в одно́м до́ме.   They live in the same house.
одни́м сло́вом   in a word
Там была́ одна́ вода́.   There was nothing but water.
одина́ково   equally
одина́ковый   identical
оди́ннадцать   eleven
оди́ннадцатый   eleventh
одино́кий   lonely
одино́чество   solitude, loneliness
*одна́жды   once
одна́ко   however, but
одновре́менно   simultaneously
однозву́чный   monotonous (sound)
однообра́зие   monotony
однообра́зный   monotonous
одолжа́ть (одолжи́ть)   to lend, borrow
одолже́ние   favor
одолжи́ть — see одолжа́ть
одушеви́ть(ся) — see одушевля́ть(ся)
одушевле́ние   animation
одушевлённый   animated
одушевля́ть(ся) (одушеви́ть(ся))   to animate (to become animated)
ожере́лье   necklace
оживи́ть(ся) — see оживля́ть(ся)
оживлённо   animatedly
оживля́ться (оживи́ться)   to enliven, revive
ожида́ние   expectation
*ожида́ть   to wait for, expect, anticipate
озабо́ченный   preoccupied, anxious, worried
озаря́ть (озари́ть)   to illuminate, light up

его́ озари́ло   it dawned on him
озари́ть — see озаря́ть
*о́зеро   lake
озлобле́ние   bitterness, animosity
ознако́миться — see ознакомля́ться
ознакомля́ться (ознако́миться)   to familiarize oneself (with)
озоносфе́ра   ozone layer
оказа́ть(ся) — see ока́зывать(ся)
ока́зывать(ся) (оказа́ть(ся))   to render, turn out to be, show up
оказа́лось, что   it turned out that
ока́зывать влия́ние   to exert, influence
ока́зывать предпочте́ние   to show a preference
ока́зывать услу́гу   to render (do) a service
Трево́га оказа́лась напра́сной.   There proved to be no grounds for alarm.
ока́нчивать (око́нчить)   to finish, end
око́нчить университе́т   to graduate from university
океа́н   ocean
окисле́ние   oxidation
оклика́ть (окли́кнуть)   to hail, call (to)
окли́кнуть — see оклика́ть
*окно́   window
*о́коло   near, approximately, about (with gen.)
говори́ть вокру́г да о́коло   to beat around the bush
О́коло го́рода есть о́зеро.   There is a lake near the town.
Сейча́с о́коло трёх часо́в.   It is now around three o'clock.
У меня́ о́коло трёх до́лларов.   I have approximately three dollars.
оконча́ние   termination, finishing, ending
оконча́тельный   final, definitive
око́нчить — see ока́нчивать
окрести́ть — see крести́ть
окре́стность   (f.) environs, neighborhood
окружа́ть (окружи́ть)   to surround, encircle
окружи́ть — see окружа́ть
окружа́ющая среда́   environment

окру́жность (f.) circumference
октя́брь (m.) October
ола́дьи pancakes
ома́р lobster
омле́т omelette
*****он** he (used when referring to any masculine noun, animate or inanimate)
*****она́** she (used to refer to any feminine noun)
*****они́** they (used to refer to any plural noun)
*****оно́** it (used when referring to any neuter noun, animate or inanimate)
опа́здывать (опозда́ть) to be late
Извини́те, что я опозда́л. Pardon me for being late.
опозда́ть на по́езд to miss a train
опасе́ние fear, apprehension
опа́сно dangerously
опа́сность (f.) danger, peril
опа́сный dangerous, perilous
*****о́пера** opera
из друго́й о́перы quite a different matter
опера́тор operator, cameraman
опера́ция operation
перенести́ опера́цию to undergo an operation
описа́ние description
описа́ть—see **опи́сывать**
опи́сывать (описа́ть) to describe, portray
опозда́ние delay, tardiness
опозда́ть—see **опа́здывать**
оправда́ние justification, excuse
оправда́ть(ся)—see **опра́вдывать(ся)**
опра́вдывать (оправда́ть) to justify, excuse
опра́вдывать дове́рие кого́-либо to warrant someone's confidence
опра́вдываться (оправда́ться) to justify oneself, excuse
опра́вдываться пе́ред ке́м-либо to put oneself right with someone
Тео́рия оправда́лась. The theory proved to be correct.
определе́ние determination, definition
определённо definitely

определённо знать что́-либо to know something definitely
определённый specific, definite
определи́ть—see **определя́ть**
определя́ть (определи́ть) to define, determine
опро́с survey, poll
оптими́ст optimist
оптимисти́ческий optimistic
опубликова́ть—see **публикова́ть**
опуха́ть (опу́хнуть) to swell
опу́хнуть—see **опуха́ть**
о́пыт experiment, test, experience
о́пытный experienced
опя́ть again
ора́нжевый orange (color)
о́рган organ
о́рганы ре́чи organs of speech
о́рганы вла́сти organs of government
орга́н organ (musical instrument)
организо́ванный organized
органи́ческий organic
органи́ческая хи́мия organic chemistry
орёл eagle
оре́х nut
оригина́льный original, eccentric, unusual
ориенти́роваться to orient oneself
орке́стр orchestra
ору́дие instrument, tool
осведоми́ть—see **осведомля́ть**
осведомля́ть (осведоми́ть) to inform
освежа́ть (освежи́ть) to refresh
освежи́ть—see **освежа́ть**
освети́ть—see **освеща́ть**
освеща́ть (освети́ть) to illuminate, light up
освеще́ние lighting, illumination
освободи́ть—see **освобожда́ть**
освобожда́ть (освободи́ть) to liberate, release
освобожде́ние liberation, release
осво́ить to master, assimilate
осво́иться to make oneself familiar with
о́сень (f.) autumn
о́сенью in the autumn
оскорби́тельный insulting, abusive

оскорби́ть(ся) — see **оскорбля́ть(ся)**

оскорбле́ние insult, outrage

оскорбля́ть (оскорби́ть) to insult, outrage

оскорбля́ться (оскорби́ться) to take offense

ослабе́ть — see **слабе́ть**

ослепи́тельный dazzling, blinding

ослепи́ть — see **ослепля́ть**

ослепля́ть (ослепи́ть) to blind, dazzle

осле́пнуть (perf.) to lose one's sight

осложне́ние complication

осма́тривать (осмотре́ть) to examine, survey

осме́ивать (осмея́ть) to ridicule

осмея́ть — see **осме́ивать**

осмотре́ть — see **осма́тривать**

осно́ва base, foundation, basis

  на осно́ве чего́-либо on the basis of something

  приня́ть за осно́ву to assume as a basis

основа́тель (m.) founder

основно́й fundamental, basic

осо́бенно especially, particularly

осо́бенность (f.) peculiarity

  в осо́бенности in particular

остава́ться (оста́ться) to remain, stay

  До шести́ остаётся не́сколько мину́т. A few minutes remain until six (o'clock).

  остава́ться на ночь to stay the night

  Ру́чка оста́лась на столе́. The pen remained on the desk.

  Э́то навсегда́ оста́нется в мое́й па́мяти. It will always remain in my memory.

оста́вить — see **оставля́ть**

оставля́ть (оста́вить) to leave, abandon

  Оставля́ет жела́ть лу́чшего. It leaves much to be desired.

  оставля́ть вопро́с откры́тым to leave the question unsettled

  оставля́ть наде́жду to give up hope

  оставля́ть в поко́е to leave alone

остально́й remaining, the rest of

остана́вливать (останови́ть) to stop

*остана́вливаться (останови́ться) to stop, come to a stop

  внеза́пно останови́ться to stop short

  ни пе́ред чем не остана́вливаться to stop at nothing

останови́ть(ся) — see **остана́вливать(ся)**

остано́вка stop, bus or trolley stop

оста́ться — see **остава́ться**

остолбене́ть (perf.) to be dumbfounded

***осторо́жно** carefully, cautiously

осторо́жность (f.) care, caution

осторо́жный careful, wary

остри́чься — see **стри́чься**

о́стро sharply, keenly

о́стров island

острота́ sharpness, pungency

остроу́мный witty

о́стрый sharp, acute

  Он остёр на язы́к. He has a sharp tongue.

  о́страя боль acute pain

  о́стрый нож sharp knife

  о́стрый со́ус piquant, hot sauce

остуди́ть — see **студи́ть**

***от** from (with gen.)

  бли́зко от го́рода near the town

  Он получи́л письмо́ от сестры́. He received a letter from his sister.

  Он узна́л э́то от него́. He learned it from him.

  от го́рода до ста́нции from the town to the station

  от и́мени on behalf of

  страда́ть от боле́зни to suffer from an illness

отве́т answer, reply

отве́тить — see **отвеча́ть**

отве́тственность (f.) responsibility

***отвеча́ть (отве́тить)** to answer, reply

  отвеча́ть за себя́ to answer for oneself

  отвеча́ть на письмо́ to answer a letter

  отвеча́ть на чьё-либо чу́вство to return someone's feeling

отвыка́ть (отвы́кнуть) to become unaccustomed, grow out of a habit

отвы́кнуть—see **отвыка́ть**

отгада́ть—see **отга́дывать**

отга́дывать (отгада́ть) to guess

*****отдава́ть (отда́ть)** to give back, give up

отдава́ть до́лжное кому́-либо to render someone his due

отдава́ть свою́ жизнь to devote one's life

отда́ть—see **отдава́ть**

отде́л section, department

отделе́ние separation, section, department

отдели́ть(ся)—see **отделя́ть(ся)**

отде́льно separately

отде́льный separate

отделя́ть(ся) (отдели́ть(ся)) to separate, detach; to become detached

отдохну́ть—see **отдыха́ть**

о́тдых rest, relaxation

отдыха́ть (отдохну́ть) to rest

*****оте́ц** father

оте́чество native land, fatherland

отжи́вший obsolete

отка́з refusal, rejection

отказа́ться—see **отка́зываться**

*****отка́зываться (отказа́ться)** to refuse, decline

отка́зываться вы́слушать кого́-либо to refuse to listen to someone

отка́зываться от борьбы́ to give up the struggle

отка́зываться от свои́х слов to retract one's words

открове́нно frankly, openly

открове́нность (f.) frankness, openness

открове́нный frank, outspoken

*****открыва́ть (откры́ть)** to open, discover

открыва́ть пре́ния to open the debate

открыва́ть ду́шу кому́-либо to open one's heart to someone

откры́ть кран to turn on a faucet

*****откры́тка** postcard

откры́то openly, plainly

откры́тый open, frank

на откры́том во́здухе in the open air

откры́тое мо́ре open sea

откры́тое пла́тье low-necked dress

с откры́той душо́й open-heartedly

откры́ть—see **открыва́ть**

*****отку́да** where from, whence

отку́да вы? Where are you from?

Отку́да вы э́то зна́ете? How do you come to know about it?

откуси́ть (perf.) to bite off

отлича́ть (отличи́ть) to distinguish

отлича́ться (отличи́ться) to differ from, be notable for

отли́чие difference, distinction

отличи́ть(ся)—see **отлича́ть(ся)**

отли́чно excellently, it is excellent

отли́чно понима́ть to understand perfectly

отли́чный excellent, perfect

отли́чное здоро́вье perfect health

отли́чное настрое́ние high spirits

отложи́ть (perf.) to set aside

отложи́ть в до́лгий я́щик to shelve, hold

отложи́ть реше́ние to suspend one's judgment

отме́тить—see **отмеча́ть**

отме́тка mark

хоро́шие отме́тки high grades

отмеча́ть (отме́тить) to mark, note, mention

относи́тельно relatively, concerning

Она́ говори́ла мне относи́тельно бра́та. She spoke to me about her brother.

относи́ться (отнести́сь) to treat, regard

Как вы отно́ситесь к моему́ пла́ну? What do you think of my plan?

хорошо́ относи́ться к кому́-либо to treat someone well

Э́то к нему́ не отно́сится. That's none of his business. It doesn't concern him.

отноше́ние attitude, relationship

быть в хоро́ших отноше́ниях с ке́м-либо to be on good terms with someone

в прямо́м отноше́нии in direct ratio

в э́том отноше́нии in this respect

име́ть отноше́ние к чему́-либо to have a bearing on something

отойти́—see **отходи́ть**

отомсти́ть—see **мсти́ть**

отопле́ние heating system

о́тпертый unlocked

отпере́ть—see **отпира́ть**

отпира́ть (отпере́ть) to unlock

отпла́та repayment

отплати́ть—see **отпла́чивать**

отпла́чивать (отплати́ть) to pay back

отплати́ть кому́-либо за услу́гу to repay someone for his service

отплати́ть кому́-либо той же моне́той to pay someone in his own coin

отпра́виться—see **отправля́ться**

отправля́ться (отпра́виться) to set out, start

отпра́виться в путь to set out on a trip

По́езд отправля́ется в пять часо́в. The train leaves at five o'clock.

о́тпуск leave, vacation

отпуска́ть (отпусти́ть) to let go, set free

отпуска́ть во́лосы to let one's hair grow long

отпуска́ть сре́дства to allot resources, to budget

отпусти́ть—see **отпуска́ть**

отра́да delight, joy

отре́зок piece, segment

отрица́ние denial, negation

отрица́тельно negatively

отрица́тельный negative, unfavorable

отрица́тельное влия́ние bad influence

отрица́тельные ти́пы в рома́не negative characters in a novel

отрица́тельный отве́т negative answer

отрица́ть to deny, disclaim

отстава́ть (отста́ть) to lag, be slow

Часы́ отстаю́т. The watch (clock) is slow.

Э́тот учени́к отстаёт. This pupil lags behind.

отставно́й retired

отста́ть—see **отстава́ть**

отсу́тствие absence, lack

в моё отсу́тствие in my absence

за отсу́тствием де́нег for lack of money

отсу́тствовать to be absent

***отсю́да** from here, hence

отте́нок nuance, inflection, trace

отте́нок значе́ния shade of meaning

***отту́да** from there, thence

отхо́д departure

***отходи́ть (отойти́)** to go away from, move away, leave, diverge

отхо́ды waste products

отча́яние despair

отча́янно desperately

отчёркивать (отчеркну́ть) to mark off

отчеркну́ть—see **отчёркивать**

отчётливость distinctness

отчётливый distinct

отъе́зд departure

официа́нт waiter

охо́тник hunter

охо́тно willingly, readily

охрани́ть—see **охраня́ть**

охраня́ть (охрани́ть) to guard, protect

оцара́пать (perf.) to scratch

оцени́ть—see **цени́ть**

очарова́ние charm, fascination

очаро́ванный charmed, taken with

очарова́тельный charming, fascinating

очарова́ть (perf.) to charm, fascinate

очеви́дно obviously, apparently, it is obvious

***о́чень** very, very much, greatly

о́чередь (f.) turn

по о́череди in turn

стоя́ть в о́череди to stand in line

очки́ (only pl.) eyeglasses

ошиба́ться (ошиби́ться) to err, make a mistake

ошиби́ться—see **ошиба́ться**

***оши́бка** mistake, error

óщупью gropingly, by sense of touch
ощути́ть—see **ощуща́ть**
ощуща́ть (ощути́ть) to feel, sense
ощуще́ние sensation

П

*__па́дать (упа́сть)__ to fall, slump, diminish
  во́лосы па́дают на лоб hair falls across the forehead
  Отве́тственность за э́то па́дает на вас. The responsibility for this falls on you.
  па́дать ду́хом to lose courage
паке́т parcel, package
пакт pact
пала́тка tent, marquee
*__па́лец__ finger, toe
  обвести́ кого́-либо вокру́г па́льца to twist someone around one's finger
  Он па́льцем никого́ не тро́нет. He wouldn't hurt a fly.
па́лка stick, cane
  па́лка о двух конца́х double-edged weapon
па́луба deck
пальто́ (not declined) coat, overcoat
па́мятник memorial, monument
па́мятный memorable
па́мять (f.) memory
  люби́ть кого́-либо без па́мяти to love someone to distraction
  подари́ть на па́мять to give as a keepsake
панк punk (fashion)
пансио́н boarding school, boarding house
*__папа__ papa, daddy
пар steam
па́ра pair, couple
  на па́ру слов for a few words
  па́ра сапо́г pair of boots
  хоро́шая па́ра fine couple
пара́д parade
паралле́льный parallel
парапсихо́лог parapsychologist

па́рень (m.) fellow, lad, chap
пари́ bet
  держа́ть пари́ to make a bet
пари́жский Parisian
парикма́хер barber
парикма́херская barbershop
па́рить (вы́парить) to steam
парк park
парохо́д steamship
па́ртия party
партнёр partner
па́рус sail
па́смурно it is cloudy, dull
па́смурный cloudy, dull, gloomy
  па́смурная пого́да dull weather
па́спорт passport
пассажи́р, пассажи́рка passenger (m., f.)
пасси́вный passive
  пасси́вный бала́нс unfavorable balance (economics)
  пасси́вный хара́ктер passive temperament
па́ста paste
  зубна́я па́ста toothpaste
па́стбище pasture
Па́сха Easter
па́уза pause, interval
пау́к spider
паути́на cobweb
па́хнуть to smell (of)
  Па́хнет бедо́й. This means trouble.
  Па́хнет от него́ вино́м. He smells of wine.
пацие́нт patient
па́чка package
певе́ц, певи́ца singer (m., f.)
пейза́ж landscape
пека́рня bakery
пе́карь baker
пельме́ни (pl.) meat dumplings
пе́ние singing
пе́нсия pension
пе́пельница ashtray
пе́рвенство superiority
первокла́ссный first-rate
первонача́льно originally, at first
первонача́льный primary, original
  первонача́льная причи́на first cause
*__пе́рвый__ first, earliest

Он зна́ет э́то из пе́рвых рук. He has firsthand information.

пе́рвая по́мощь first aid

пе́рвого января́ on the first of January

пе́рвый эта́ж ground floor

с пе́рвого взгля́да at first sight

перева́ривать (перевари́ть) to overcook, digest

перевари́ть — see **перева́ривать**

перево́д translation

перевести́ — see **переводи́ть**

переводи́ть (перевести́) to translate, interpret, transfer

перево́дчик translator, interpreter

перегиба́ться (перегну́ться) to lean over

перегну́ться — see **перегиба́ться**

переговори́ть (perf.) to discuss, talk over

перегово́ры negotiations

вести́ перегово́ры to carry on negotiations

*****пе́ред** before, in front of (place or time) (with inst.)

Они́ ничто́ перед ним. They are nothing compared to him.

Пе́ред на́ми больша́я зада́ча. There is a great task before us.

пе́ред обе́дом before dinner

Стул стои́т пе́ред столо́м. The chair is standing in front of the table.

передава́ть (переда́ть) to pass, give

передава́ть по ра́дио to broadcast

Переда́йте, пожа́луйста, соль. Please pass the salt.

передава́ть приве́т to send regards

переда́ть — see **передава́ть**

переда́ча transmission; broadcast

передвига́ть (передви́нуть) to move, shift

Стол на́до передви́нуть. The table should be moved.

передви́нуть — see **передвига́ть**

переде́лать (perf.) to do again, alter

переде́лать пла́тье to alter a dress

пере́дник apron

пере́дняя entrance room, foyer

передово́й headmost, forward, progressive

передова́я статья́ editorial

передова́я те́хника advanced technique

переду́мать (perf.) to change one's mind

переезжа́ть (перее́хать) to move

переезжа́ть на но́вую кварти́ру to move to a new apartment

перее́хать — see **переезжа́ть**

пережа́ренный overcooked, overfried

пережива́ние experience

пережива́ть (пережи́ть) to experience, endure, outlive

тяжело́ пережива́ть что́-либо to feel something keenly

пережи́ть — see **пережива́ть**

переименова́ть to rename

перейти́ — see **переходи́ть**

пе́рекись водоро́да hydrogen peroxide

переку́сывать (перекуси́ть) to have a bite to eat

перелиста́ть — see **перели́стывать**

перели́стывать (перелиста́ть) to turn over pages, leaf through

перелома́ть (perf.) to break

переме́на change

перемени́ть — see **меня́ть**

перемудри́ть (perf.) to be too clever

перенапряже́ние overstrain, overexertion

перенасы́щенный oversaturated

перенести́ — see **переноси́ть**

переноси́ть (перенести́) to endure, bear, bring over (by hand)

перено́сный portable

в перено́сном смы́сле figuratively

переночева́ть (perf.) to spend the night

переоде́ть(ся) (perf.) to change (one's) clothes

перепеча́тать (perf.) to reprint, type again

переписа́ть — see **перепи́сывать**

перепи́ска correspondence

перепи́сывать (переписа́ть) to copy over

перепи́сываться (imp.) to correspond

переплати́ть—see **перепла́чивать**

перепла́чивать (переплати́ть) to overpay

переплёт binding (book cover)

перепо́лнить—see **переполня́ть**

переполня́ть (перепо́лнить) to overfill

переры́в interruption, intermission

переста́ть (perf.) to stop, cease

переступа́ть (переступи́ть) to overstep, transgress

переступа́ть грани́цы to overstep the limits

переступи́ть—see **переступа́ть**

переу́лок lane, alley

переутомле́ние overstrain

перехо́д crossing, transition

переходи́ть (перейти́) to cross, get over, pass on to

переходи́ть грани́цу to cross the frontier

переходи́ть к друго́му владе́льцу to change hands

перехо́дный transitional

пе́рец pepper

пери́од period, spell

периоди́ческий periodical

перпендикуля́рно perpendicular

пе́рсик peach

перспекти́ва perspective, outlook

перча́тка glove

пёс dog

*****пе́сня** song

тяну́ть всё ту же пе́сню to harp on one theme

Э́то ста́рая пе́сня. It's the same old story.

песо́к sand

са́харный песо́к granulated sugar

пёстрый many-colored

пестици́ды (pl.) pesticides

пе́тля loop, buttonhole

*****петь (спеть)** to sing, chant

петь ба́сом to sing in a bass voice

петь сла́ву to sing the praises

печа́ль (f.) grief, sorrow

печа́льный sad, wistful, mournful

печа́тать (напеча́тать) to print, type

печа́ть (f.) press, seal

быть в печа́ти to be in print

свобо́да печа́ти freedom of the press

печёнка liver

печёный baked

пече́нье baking, pastry, cookie

печь stove, oven

печь (испе́чь) to bake

пешко́м on foot

ходи́ть пешко́м to go on foot

пиани́но upright piano

пиани́ст pianist (m., f.)

пи́во beer

пиджа́к suit coat

пижа́ма pajamas

пика́нтный piquant, savory

пика́нтный анекдо́т spicy story

пикни́к picnic

пилю́ля pill

пирами́да pyramid

пиро́г pie, cake

пиро́жное pastry, fancy cake

писа́тель (m.) writer, author

*****писа́ть (написа́ть)** to write, paint

Ру́чка хорошо́ пи́шет. The pen writes well.

писа́ть карти́ны to paint pictures

писа́ть под дикто́вку to take dictation

писа́ть разбо́рчиво to write plainly

писа́ть стихи́ to write verses

писа́ться (imp.) to be spelled

Как э́то сло́во пи́шется? How do you spell that word?

пи́сьменно in writing

пи́сьменный written

пи́сьменная рабо́та written work

пи́сьменный стол desk

письмо́ letter

пита́ние nourishment

пита́ть (imp.) to feed, nourish

пита́ть симпа́тию to have a friendly feeling for

пита́ть чу́вство to entertain a feeling

*****пить (вы́пить)** to drink

Мне хо́чется пить. I'm thirsty.

пи́ща food

горя́чая пи́ща hot meal

дава́ть пи́щу слу́хам to feed rumors

духо́вная пи́ща spiritual nourishment

пла́вание swimming, sailing

пла́вать (плыть) to swim, sail

Всё плывёт пе́редо мно́й. Everything is swimming before my eyes.

пла́вки swimming trunks

пла́кать (imp.) to cry, weep

го́рько пла́кать to weep bitterly

Хоть плачь! It is enough to make one cry!

план plan, scheme

плане́та planet

пласти́нка phonograph record, plate

пласти́ческий plastic

*плати́ть (заплати́ть) to pay

плати́ть в рассро́чку to pay in installments

плати́ть добро́м за зло to return good for evil

*плато́к shawl, kerchief

носово́й плато́к handkerchief

платфо́рма platform

*пла́тье dress, clothes

племя́нник, племя́нница nephew, niece

*плечо́ shoulder

выноаси́ть на свои́х плеча́х to endure, carry on one's shoulders

пожима́ть плеча́ми to shrug one's shoulders

с плеча́ straight from the shoulder

плодоро́дность (f.) fertility

пло́ский flat

пло́ская пове́рхность plane surface

пло́ская шу́тка flat joke

пло́скость (f.) flatness

пло́тник carpenter

пло́хо badly, poorly

пло́хо обраща́ться to ill-treat

пло́хо себя́ чу́вствовать to feel ill

плохо́й bad, poor

плоха́я пого́да bad weather

плохо́е здоро́вье poor health

пло́щадь (f.) square, public square, area

плыть—see **пла́вать**

плюс plus

пляж beach

*по along, down, about, on, according to, by (with dat.)

говори́ть по-ру́сски to speak in Russian

е́хать по у́лице to ride along the street

идти́ по траве́ to walk on the grass

Кни́ги разло́жены по всему́ столу́. Books are lying all over the table.

по-мо́ему in my opinion

по оши́бке by mistake

по приро́де by nature

по по́чте by mail

по пять рубле́й at five rubles each

побе́да victory

победи́ть—see **побежда́ть**

побежда́ть (победи́ть) to conquer, win a victory

побли́зости near at hand

побо́льше somewhat larger, somewhat more

побужде́ние motive, incentive

пова́льно without exception

по́вар cook, chef

по-ва́шему in your opinion

поведе́ние conduct, behavior

пове́рить—see **ве́рить**

поверну́ть(ся)—see **повора́чивать(ся)**

*пове́рх over (with gen.)

пове́рх пла́тья на ней бы́ло наде́то пальто́. She wore a coat over her dress.

пове́рхностно superficially

пове́рхность (f.) surface

по́весть (f.) story, novella

по-ви́димому apparently

пови́нность (f.) duty, obligation

повора́чивать (поверну́ть) to turn, change

повора́чиваться (поверну́ться) to turn around

поворо́т bend, curve, turn

поврежде́ние damage, injury

повсю́ду everywhere

повторе́ние repetition
повтори́ть—see **повторя́ть**
повторя́ть (повтори́ть) to repeat
повы́сить—see **повыша́ть**
повыша́ть (повы́сить) to raise, heighten
  повы́сить го́лос to raise one's voice
  повыша́ть по слу́жбе to advance in one's work
  повыша́ть усло́вия жи́зни to raise the standards of living
повы́ше a little higher
погиба́ть (поги́бнуть) to perish
поги́бельный (ги́бельный) disastrous, fatal
поги́бнуть—see **погиба́ть**
погла́дить—see **гла́дить**
погляде́ть—see **гляде́ть**
поговори́ть (perf.) to have a talk
*__пого́да__ weather
погуля́ть (perf.) to walk a while
*__под__ under—location (with inst.), under—direction (with acc.)
  Он пошёл под де́рево. He went under the tree.
  Он стоя́л под де́ревом. He stood under the tree.
  под аре́стом under arrest
подава́ть (пода́ть) to give, serve
  подава́ть мяч to serve the ball
  подава́ть наде́жду to give hope
  подава́ть на стол to wait on a table
  пода́ть проше́ние to forward a petition
  пода́ть ру́ку to offer one's hand
подари́ть—see **дари́ть**
пода́рок gift
  в пода́рок as a gift
подборо́док chin
подва́л basement
подгото́вить (perf.) to prepare
  подгото́вить по́чву to pave the way
поддержа́ть—see **подде́рживать**
подде́рживать (поддержа́ть) to support, maintain
  поддержа́ть разгово́р to keep up the conversation
  подде́рживать мора́льно to encourage

подде́ржка backing, support
поде́йствовать—see **де́йствовать**
поде́ржанный secondhand, used
поджа́рить (perf.) to fry, roast, grill
поджéчь (perf.) to set on fire
поджо́г arson
подкла́дка lining
подкрепле́ние confirmation, reinforcement
*__по́дле__ beside (prep. with gen.)
подле́ц villain
подли́вка sauce, gravy
по́длость (f.) meanness, baseness
подмести́—see **подмета́ть**
подмета́ть (подмести́) to sweep
*__поднима́ть (подня́ть)__ to lift, raise
  поднима́ть всех на́ ноги to raise an alarm
  поднима́ть ру́ку to raise one's hand
  подня́ть вопро́с to raise a question
поднима́ться (подня́ться) to rise, climb
  поднима́ться на́ гору to climb a mountain
  поднима́ться на́ ноги to rise to one's feet
  Те́сто подняло́сь. The dough has risen.
  Це́ны подняли́сь. Prices went up.
подно́с tray
подня́ть—see **поднима́ть(ся)**
подо́бно like, similarly
подо́бный like, similar
  и тому́ подо́бное (и т. п.) and so on, and so forth
  ничего́ подо́бного nothing of the kind
  Он ничего́ подо́бного не ви́дел. He has never seen anything like it.
*__подожда́ть__ (perf.) to wait for
подозва́ть (perf.) to call up, beckon
подозрева́ть to suspect
подозре́ние suspicion
подозри́тельно suspiciously
подойти́—see **подходи́ть**
подо́л hem (of a skirt)
подписа́ться (perf.) to sign, subscribe

подпи́ска subscription
по́дпись signature
подража́ние imitation
подража́ть to imitate
подро́бно in detail, at length
подро́бность (f.) detail
  вдава́ться в подро́бности to go into detail
подро́бный detailed
подро́сток teenager
*подру́га female friend
по-дру́жески in a friendly way
подружи́ться (perf.) to make friends
*подря́д in succession, in a row
  пять часо́в подря́д five hours in succession, in a row
подсказа́ть (perf.) to prompt
подслу́шать (perf.) to eavesdrop
поду́мать—see ду́мать
поду́шка pillow, cushion
подхо́д approach, point of view
  подхо́д к вопро́су approach to the problem
*подходи́ть (подойти́) to come up to, approach, fit
  подходи́ть к концу́ to come to an end
  Э́то ему́ не подхо́дит. This won't do for him.
подходя́щий suitable, appropriate
подчёркивать (подчеркну́ть) to underline, emphasize
подчеркну́ть—see подчёркивать
подчини́ться—see подчиня́ться
подчиня́ться (подчини́ться) to obey, submit to
подшива́ть (подши́ть) to sew underneath, hem
подши́вка hem, hemming
подши́ть—see подшива́ть
подъём ascent, raising, instep
*по́езд train
пое́здка journey
*пое́хать (perf.) to set off, depart (by vehicle)
  Пое́хали! Come along! Let's go!
пожале́ть—see жале́ть
пожа́ловаться—see жа́ловаться
пожа́луй perhaps, very likely
  Пожа́луй, вы пра́вы. You may be right.

Пожа́луй, он придёт. I think he will come.
*пожа́луйста please; don't mention it
  Да́йте мне, пожа́луйста, воды́. Give me some water, please.
  Спаси́бо. Пожа́луйста. Thank you. Don't mention it.
пожа́р fire
  пожа́рная кома́нда fire brigade
пожа́ть—see пожима́ть
пожела́ние wish, desire
пожела́ть—see жела́ть
пожива́ть to get along, fare
пожило́й elderly
пожима́ть (пожа́ть) to press
  вме́сто отве́та пожа́ть плеча́ми to shrug off the question
  пожима́ть плеча́ми to shrug one's shoulders
  пожима́ть ру́ки to shake hands
по́за pose, attitude
позави́довать—see зави́довать
позавчера́ the day before yesterday
позади́ behind (adv.), behind (prep. with gen.)
  Всё тяжёлое оста́лось позади́. Hard times are past.
  Позади́ стола́ стои́т стул. A chair is behind the table.
позва́ть—see звать
позволе́ние permission, leave
  проси́ть позволе́ния to ask permission
позво́лить—see позволя́ть
позволя́ть (позво́лить) to allow, permit
  позволя́ть себе́ to indulge, afford
  позволя́ть себе́ во́льность to take liberties
позвони́ть—see звони́ть
по́здний late, tardy (adj.)
  по́здний гость late arrival (guest)
  спать до по́зднего утра́ to sleep late in the morning
*по́здно late, it is late (adj.)
  Лу́чше по́здно, чем никогда́. Better late than never.
поздоро́ваться—see здоро́ваться
поздра́вить—see поздравля́ть
поздравле́ние congratulations

поздравля́ть (поздра́вить) to congratulate

  поздравля́ть с днём рожде́ния to congratultae someone on his birthday

по́зже later, later on

познако́миться — see **знако́миться**

позо́р shame, disgrace

пойма́ть — see **лови́ть**

пои́стине indeed, in truth

пойти́ to set out, go, start

*__пока́__ while, for the time being

  Пока́ всё. That is all for the time being.

  пока́ . . . не until

  Он ждал, пока́ она́ не вы́шла. He waited until she came out.

  пока́ что meanwhile

показа́тельный model, demonstration (adj.)

показа́ть — see **пока́зывать**

пока́зывать (показа́ть) to show, point to, display

  показа́ть себя́ to put one's best foot forward

  пока́зывать хра́брость to display courage

  Часы́ пока́зывают де́сять. The clock is set at ten.

показа́ться — see **каза́ться**

поката́ться — see **ката́ться** to go for a short drive

покача́ть to rock, swing

  Покача́й ребёнка. Swing the child.

  покача́ть голово́й to shake one's head

поки́нутый abandoned, deserted

поки́нуть (perf.) to abandon, forsake

покло́н bow, greetings

  Переда́йте ему́ покло́н. Give him my regards.

поклони́ться — see **кла́няться**

покло́нник admirer, worshipper

поко́й (m.) rest, peace

  не дава́ть поко́я to give no rest, to haunt

  оста́вить в поко́е to leave alone

поко́йник the deceased

поколе́ние generation

поко́рно humbly, obediently

поко́рный submissive, obedient, resigned

  поко́рный судьбе́ resigned to one's fate

покра́сить(ся) — see **кра́сить(ся)**

покрасне́ть — see **красне́ть**

покрови́тельство patronage, protection

покрыва́ло shawl, veil, bedspread

покрыва́ть (покры́ть) to cover, coat, roof

  покрыва́ть себя́ сла́вой to cover oneself with glory

  покры́ть та́йной to shroud in mystery

покры́ть — see **покрыва́ть**

покры́шка covering

*__покупа́ть (купи́ть)__ to buy

поку́пка purchase

  де́лать поку́пки to go shopping

покури́ть (perf.) to have a smoke

пол floor

Она́ сиде́ла на полу́. She was sitting on the floor.

*__пол__ sex

  же́нского и́ли мужско́го по́ла of female or male sex (gender)

  прекра́сный пол the fair sex

полага́ть to suppose, think

  Полага́ют, что он в Москве́. He is believed to be in Moscow.

полага́ться (положи́ться) to rely on

  Здесь не полага́ется кури́ть. One is not supposed to smoke here.

  полага́ется one is supposed

  Положи́тесь на меня́. Depend on me.

  Так полага́ется. It is the custom.

полго́да half a year

по́лдень midday, noon

по́ле field

  по́ле зре́ния field of vision

  спорти́вное по́ле playground

поле́зно healthful, useful

поле́зный useful, healthy

полете́ть — see **лета́ть**

по́лзать (ползти́) to crawl, creep

  По́езд ползёт. The train is crawling.

Тума́н ползёт. The fog is creeping up.
политехни́ческий polytechnic
поли́тика politics
полице́йский policeman
по́лка shelf
  кни́жные по́лки bookshelves
полне́ть (пополне́ть) to become fat, put on weight
полно́ filled, packed
по́лно enough!, that will do!
по́лностью completely, in full
по́лночь midnight
***по́лный** full, complete, stout
  В ко́мнате полно́ наро́ду. The room is full of people.
  по́лная луна́ full moon
  по́лное разоре́ние utter ruin
  по́лное собра́ние сочине́ний complete works
полови́на half
положе́ние position, situation, condition
  будь он в ва́шем положе́нии if he were in your place
  Он челове́к с положе́нием. He is a man of high standing.
  по положе́нию by one's position
поло́женный fixed, prescribed
поло́жим let us assume
положи́тельно positively, absolutely
положи́тельный positive, sedate
  положи́тельная сте́пень сравне́ния positive degree (grammatical)
  положи́тельный отве́т affirmative answer
***положи́ть (класть)** to lay down, put down, put in a horizontal position
положи́ться—see **полага́ться** to rely on
  не́ на кого положи́ться no one to rely on
полоса́ stripe, strip
полоте́нце towel
полтора́ one and a half
по́лу- gives meaning of semi- or half-
  полугра́мотный semi-literate

полуоде́тый half-dressed
полусве́т twilight
***получа́ть (получи́ть)** to receive, get, obtain
  получа́ть пре́мию to receive a prize
  получи́ть интере́сные вы́воды to obtain valuable conclusions
***получа́ться (получи́ться)** to come, arrive, turn out
  Результа́ты получи́лись блестя́щие. The results were brilliant.
получи́ть(ся)—see **получа́ть(ся)**
полчаса́ half-hour
по́льза use, benefit
  в по́льзу in favor of
  обще́ственная по́льза public benefit
  приноси́ть по́льзу to be of use
  Что по́льзы говори́ть об э́том? What's the use of talking about that?
по́льзоваться (воспо́льзоваться) to make use of
  по́льзоваться дове́рием to enjoy one's confidence
  по́льзоваться слу́чаем to take the opportunity
  по́льзоваться успе́хом to be a success
по́льский Polish (adj.)
полюби́ть (perf.) to fall in love
пома́да pomade, cream
  губна́я пома́да lipstick
пома́зать—see **ма́зать**
поме́длить—see **ме́длить**
поме́ньше somewhat less, somewhat smaller
поменя́ть—see **меня́ть**
помести́ть(ся)—see **помеща́ть(ся)**
помеща́ть (помести́ть) to place, locate
помеща́ться (imp.) to be located; to be accommodated
  Стул туда́ помеща́ется. The chair fits in there.
помеще́ние location, lodging
поме́щик landowner, landlord
помидо́р tomato
поми́ловать (perf.) to pardon, forgive

помилуй, помилуйте for goodness' sake

*__помимо__ besides, apart from (with gen.)

помимо других соображений apart from other considerations

помину́тно every minute

помири́ться—see **мири́ться**

по́мнить (imp.) to remember, keep in mind

Он по́мнит об э́том. He remembers it.

помога́ть (помо́чь) to help, assist

по-мо́ему in my opinion

помо́чь—see **помога́ть**

помо́щник, помо́щница assistant, helper (m., f.)

по́мощь (f.) help, aid, relief

помы́ть(ся)—see **мы́ть(ся)**

понаде́яться (perf.) to count on

по-настоя́щему in the right way, as it should be

попево́ле against one's will

понеде́льник Monday

понемно́гу a little at a time, little by little

пониже́ние lowering, reduction

понима́ние understanding, comprehension

*__понима́ть (поня́ть)__ to understand, comprehend

поно́шенный shabby, worn

понра́виться—see **нра́виться**

по́нчик doughnut

поню́хать—see **ню́хать**

поня́тие idea, concept

Поня́тия не име́ю. I have no idea.

поня́тно understandable, it is clear

поня́тный clear, understandable

поня́ть—see **понима́ть**

пообе́дать—see **обе́дать**

поощри́ть—see **поощря́ть**

поощря́ть (поощри́ть) to encourage

попада́ть (попа́сть) to get somewhere (by chance), to find oneself

Как попа́сть на вокза́л? How does one get to the railroad station?

попа́сть на по́езд to catch a train

попа́сть в цель to hit the mark

попа́сть—see **попада́ть**

попола́м in halves

пополне́ть—see **полне́ть**

попра́виться—see **поправля́ться**

поправля́ть (попра́вить) to repair, mend, correct

поправля́ть де́нежные дела to better one's financial situation

поправля́ть причёску to smooth one's hair

поправля́ться (попра́виться) to recover, get well, gain weight, improve

по-пре́жнему as before, as usual

попрека́ть (попрекну́ть) to reproach

попро́бовать—see **про́бовать**

попроси́ть—see **проси́ть**

попроща́ться—see **проща́ться**

попуга́й parrot

повторя́ть как попуга́й to parrot someone's words

популя́рность popularity

популя́рный popular

попыта́ться—see **пыта́ться**

попы́тка attempt, endeavor

пора́ time

Давно́ пора́. It is high time.

до сих пор until now

Пора́ идти́. It is time to go.

с каки́х пор since when

поража́ть (порази́ть) to startle, strike, stagger

поража́ться (порази́ться) to be surprised, astonished

порази́тельный striking, startling

порази́тельное схо́дство striking likeness

порази́ть(ся)—see **поража́ть(ся)**

поре́зать (perf.) to cut

Он поре́зал себе́ па́лец. He cut his finger.

поро́г threshold

поро́к vice, defect

порт port, harbor

по́ртить (испо́ртить) to spoil, corrupt

Не по́ртите себе́ не́рвы. Don't worry. Don't take it to heart.

по́ртить аппети́т to spoil one's appetite

по́ртиться (испо́ртиться) to deteriorate, decay, become corrupt, become spoiled

портни́ха (f.) dressmaker

портно́й tailor

портре́т portrait

портфе́ль (m.) briefcase

по-ру́сски Russian, in Russian

поруче́ние commission, errand

по́рция portion, helping

поры́в gust, rush

  в поры́ве ра́дости in a burst of joy

*поря́док order

  алфави́тный поря́док alphabetical order

  быть не в поря́дке to be out of order (not working)

  Всё в поря́дке. Everything is well.

  в спе́шном поря́дке quickly (rush order)

  приводи́ть в поря́док to put in order

  ста́рый поря́док old regime, order

поря́дочно honestly, decently

поря́дочный sizable, honest, respectable

поса́дочный тало́н boarding stub (airport)

по-сво́ему in one's own way

посети́тель, посети́тельница visitor (m., f.)

посети́ть—see посеща́ть

посеща́ть (посети́ть) to call on, visit

поскака́ть—see скака́ть

поско́льку so far as

поскоре́е somewhat quicker, quick! make haste!

поскрипе́ть—see скрипе́ть

посла́ть—see посыла́ть

*по́сле after (time, with gen.); also: adverb—later, afterward

  Он придёт по́сле рабо́ты. He will come after work.

  Э́то мо́жно сде́лать по́сле. You can do it afterward.

*после́дний last, latest

  за после́днее вре́мя of late, lately

  после́дние изве́стия latest news

послеза́втра the day after tomorrow

посло́вица proverb

послужи́ть—see служи́ть

послу́шать—see слу́шать

посме́ть—see сметь

посмотре́ть—see смотре́ть

посове́товать—see сове́товать

посо́л ambassador

посо́льство embassy

поспа́ть (perf.) to take a nap

поспе́шно hastily

поспо́рить—see спо́рить

поспе́шный hasty, thoughtless

  сде́лать поспе́шное заключе́ние to draw a hasty conclusion

*посреди́ in the middle of (prep. with gen.)

посре́дством by means of

поста́вить—see ста́вить

постара́ться—see стара́ться

по-ста́рому as before, as of old

посте́ль (f.) bed

постепе́нно gradually

посторо́нний strange, outside, outsider

постоя́нно constantly, always

постоя́нный constant, permanent

пострада́ть—see страда́ть

постро́енный built

постро́ить—see стро́ить

поступа́ть (поступи́ть) to act, join

  поступа́ть в произво́дство to go into production

  поступа́ть в университе́т to enter the university

  поступа́ть на вое́нную слу́жбу to join (enlist) in the military

  поступа́ть пло́хо с ке́м-либо to treat someone badly

поступи́ть—see поступа́ть

постуча́ть—see стуча́ть

посу́да dishes

посчита́ться—see счита́ться

посыла́ть (посла́ть) to send, dispatch

пот perspiration

потемне́ть—see темне́ть

поте́рянный lost, embarrassed, perplexed

потеря́ть(ся)—see теря́ть(ся)

поте́ть (вспоте́ть) to perspire, to become misty with steam

О́кна поте́ют. The windows are misty.

потихо́ньку slowly, silently, stealthily

потоло́к ceiling

*****пото́м** then, afterward

пото́мство posterity

потолсте́ть—see **толсте́ть**

потому́ that is why

  Потому́ он и прие́хал неме́дленно. That's why he came immediately.

  потому́ что because

потре́бность (f.) want, necessity

потре́бовать—see **тре́бовать**

потрево́жить—see **трево́жить**

потуши́ть—see **туши́ть**

потяну́ть(ся)—see **тяну́ть(ся)**

поу́жинать—see **у́жинать**

похвали́ть—see **хвали́ть**

похва́стать(ся)—see **хва́стать(ся)**

похо́дка walk, step

  лёгкая похо́дка light step

похо́жий resembling, like

  На что вы похо́жи! Just look at yourself!

  Они́ о́чень похо́жи друг на дру́га. They are very much alike.

  Похо́же на то, что пойдёт дождь. It looks as if it will rain.

похорони́ть—see **хорони́ть**

похороше́ть—see **хороше́ть**

похуде́ть—see **худе́ть**

поцелова́ть(ся)—see **целова́ть(ся)**

поцелу́й kiss

по́чва soil, ground

  не теря́ть по́чвы под нога́ми to stand on sure ground

  плодоро́дная по́чва fertile soil

  подгото́вить по́чву to pave the way

*****почему́** why

  почему́-то for some reason or other

по́черк handwriting

почеса́ться—see **чеса́ться**

почи́стить—see **чи́стить**

по́чта post office, mail

почте́ние respect, consideration

*****почти́** almost, nearly

почти́тельный respectful, deferential

на почти́тельном расстоя́нии at a respectful distance

почу́вствовать—see **чу́вствовать**

пощади́ть—see **щади́ть**

пощекота́ть—see **щекота́ть**

пощёчина slap in the face

поэ́зия poetry

поэ́т poet

поэ́тому therefore

появи́ться—see **появля́ться**

появля́ться (появи́ться) to appear, emerge

по́яс belt, waistband

*****пра́вда** truth

  иска́ть пра́вды to seek justice

  не пра́вда ли? isn't that so?

пра́вило rule

пра́вильно correctly, you are right

пра́вильный correct, right, regular

прави́тельство government

пра́вить (imp.) to drive, govern

пра́во right, license, law

  води́тельские права́ driver's license

  обы́чное пра́во common law

  по пра́ву by right

*****пра́вый** right, correct

пра́здник holiday

пра́здновать (отпра́здновать) to celebrate

пра́ктика practice, experience

пребыва́ние stay, sojourn

превосхо́дный excellent, magnificent

пре́данный devoted, staunch

предви́дение foresight

преде́л limit, end

предисло́вие preface, foreword

предлага́ть (предложи́ть) to offer, propose, suggest

предло́г preposition, pretense

предложе́ние offer, suggestion, proposal

предложе́ние sentence, clause

предложи́ть—see **предлага́ть**

предме́т object, subject, theme

преднаме́ренный premeditated

предполага́емый supposed, conjectured

предполага́ть (предположи́ть) to suppose, conjecture

предположе́ние supposition

предположи́ть—see предполага́ть
предпосле́дний next to the last
предпоче́сть—see предпочита́ть
предпочита́ть (предпоче́сть) to
　prefer
предпочте́ние preference
предрассу́док prejudice
председа́тель (m.) chairman,
　president
предсказа́ние prophecy, prediction
предсказа́ть (perf.) to foretell,
　predict
представи́тель (m.) representative
предста́вить—see представля́ть
представля́ть (предста́вить) to
　present, offer
　предста́вить кого́-либо to
　　introduce someone
　представля́ть на рассмотре́ние
　　to submit for consideration
　Предста́вьте себе́ моё удивле́ние.
　　Imagine my astonishment.
　Что он собо́й представля́ет?
　　What kind of person is he?
　Э́то не представля́ет тру́дности.
　　It presents no difficulty.
предупреди́ть—see предупрежда́ть
предупрежда́ть (предупреди́ть) to
　notify, forewarn, prevent, anticipate
предупрежде́ние notice, warning
предыду́щий previous
*пре́жде earlier, before (of time),
　formerly
президе́нт president
презира́ть to despise
презре́ние contempt, disdain
презри́тельный contemptuous,
　scornful
преиму́щество preference, priority
прекра́сно fine, excellently,
　beautiful
прекра́сный excellent, beautiful
　в оди́н прекра́сный день one
　　fine day
преле́стный charming, delightful,
　lovely
пре́лесть (f.) charm, fascination
пре́мия premium, bonus, prize
премье́р prime minister, premier
преобража́ть (преобрази́ть) to
　transform, change
преображе́ние transformation

преобрази́ть—see преобража́ть
преодолева́ть (преодоле́ть) to
　overcome, surmount
преодоле́ть—see преодолева́ть
преподава́ние teaching
преподава́тель, преподава́тельница
　teacher (m., f.)
преподава́ть to teach
препя́тствие obstacle, hindrance,
　barrier
прерва́ть—see прерыва́ть
прерыва́ть (прерва́ть) to interrupt
　прерыва́ть заня́тия to interrupt
　　one's studies
　прерыва́ть молча́ние to break
　　the silence
　прерыва́ть разгово́р to interrupt
　　a conversation
преры́висто in a broken way
пресле́дование persecution
пресле́довать (imp.) to pursue,
　haunt
　пресле́довать цель to pursue
　　one's goal
　Э́та мысль пресле́дует меня́.
　　This thought haunts me.
пре́сный fresh, sweet, insipid
　пре́сная вода́ fresh water
прести́жный prestigious
престо́л throne
преступа́ть (преступи́ть) to
　transgress, violate
преступи́ть—see преступа́ть
преступле́ние crime, offense
престу́пник criminal
прете́нзия claim, pretension
преувеличе́ние exaggeration,
　overstatement
преувели́ченный exaggerated
преувели́чивать (преувели́чить)
　to exaggerate
преувели́чить—see
　　преувели́чивать
преуменьша́ть (преуме́ньшить)
　to underestimate
преуменьше́ние underestimation
преуме́ньшить—see приуменьша́ть
*при in the presence of, at, by
　(with prep.)
　Он Э́то сказа́л при свое́й ма́тери.
　　He said it in his mother's
　　presence.

при дневно́м све́те by daylight
при Петре́ Пе́рвом during the reign of Peter the First
При университе́те нахо́дится це́рковь. There is a church in the university.
При чём тут я? What do I have to do with it?
приба́вить—see **прибавля́ть**
приба́вка addition, supplement
прибавля́ть (приба́вить) to add, increase
приба́вочный additional, supplementary
прибежа́ть (perf.) to approach running
приближа́ть (прибли́зить) to draw nearer
приближа́ться (прибли́зиться) to approach, draw near, approximate
приближа́ться к и́стине approximate the truth
Шум прибли́зился. The noise drew nearer.
приблизи́тельно approximately
приблизи́тельный approximate
прибли́зить(ся)—see **приближа́ть(ся)**
прибо́р device, apparatus
при́быльный profitable
привезти́—see **привози́ть**
привести́—see **приводи́ть**
приве́т greeting
приве́тливость (f.) affability
приве́тливый friendly
приве́тствие greeting, salutation
приве́тствовать (perf.) to greet, welcome
привиде́ние ghost, specter
привлека́тельный attractive, alluring, inviting
привлека́ть (привле́чь) to attract, draw to
привле́чь—see **привлека́ть**
приводи́ть (привести́) to bring (on foot)
приводи́ть в поря́док to put in order
приводи́ть кого́-либо в чу́вство to bring someone to his senses
привози́ть (привезти́) to bring (by vehicle)

привыка́ть (привы́кнуть) to become accustomed
Он уже́ привы́к к тому́. He has already become used to it.
Ребёнок привы́к к ба́бушке. The child became accustomed to his grandmother.
привы́кнуть—see **привыка́ть**
привы́чка habit
по привы́чке by force of habit
привя́занность (f.) attachment
привя́занный attached
привяза́ть—see **привя́зывать**
привя́зывать (привяза́ть) to attach, to fasten
пригласи́ть—see **приглаша́ть**
приглаша́ть (пригласи́ть) to ask, invite
приглаше́ние invitation
при́город suburb
пригото́вить—see **гото́вить**
приготовле́ние preparation
приготовля́ть(ся) (пригото́вить(ся)) to prepare something (also of cooking); to prepare (oneself)
приду́мать—see **приду́мывать**
приду́мывать (приду́мать) to devise, invent
прие́зд arrival
приезжа́ть (прие́хать) to arrive
прие́м reception
прие́мный receiving, reception
прие́мная мать foster mother
прие́мные часы́ office hours (of a doctor)
прие́хать—see **приезжа́ть**
прижима́ть (прижа́ть) to press, clasp
прижима́ть к груди́ to clasp to one's breast
прижа́ть—see **прижима́ть**
призва́ние vocation, calling
признава́ть (призна́ть) to acknowledge, recognize
признава́ть свои́ оши́бки to admit one's mistakes
при́знак sign, indication
призна́ние acknowledgment, recognition
призна́ть—see **признава́ть**
прийти́сь—see **приходи́ть**
прика́з order, command

приказа́ть—see прика́зывать

прика́зывать (приказа́ть) to order, command

приле́жный diligent

прили́чие decency, decorum

прили́чно decently, properly

прили́чный decent, proper, becoming

*приме́р example

  брать приме́р с кого́-либо to follow someone's example

  наприме́р for example, for instance

  подава́ть приме́р to set an example

приме́рить—see ме́рить

приме́рить—see примеря́ть

приме́рно exemplarily, approximately

  приме́рно вести́ себя́ to be an example, to conduct oneself exemplarily

примеря́ть (приме́рить) to try on, fit

  Семь раз приме́рь, а оди́н отре́жь. (Try it on seven times, cut once.) Look before you leap.

примеча́ние note, comment

примире́ние reconciliation

примиря́ться (примири́ться) to become reconciled, to put up with

принадлежа́ть to belong

принести́—see приноси́ть

*принима́ть (приня́ть) to take, admit

  за кого́ вы меня́ принима́ете? Whom do you take me for?

  принима́ть ва́нну to take a bath

  принима́ть во внима́ние to take into consideration

  принима́ть в шко́лу to admit to the school

  принима́ть госте́й to receive guests

  принима́ть как до́лжное to accept as one's due

  принима́ть на себя́ что́-лнибо to take something on oneself

  принима́ть реше́ние to come to a decision

  принима́ть чью́-либо сто́рону to take someone's side

  приня́ть гражда́нство to become a citizen

  приня́ть уча́стие to take part

приноси́ть (принести́) to bring, fetch

  приноси́ть дохо́д to make profit

  приноси́ть обра́тно to bring back

  Э́то не принесло́ ему́ по́льзы. He got no benefit from it.

принуди́ть—see принужда́ть

принужда́ть (принуди́ть) to compel, coerce

принуждённый constrained, forced

при́нцип principle

при́нятый accepted, adopted

приня́ть—see принима́ть

приобрести́—see приобрета́ть

приобрета́ть (приобрести́) to acquire, gain

припа́док fit, attack

приправа seasoning, flavoring

*приро́да nature

  Он лени́в от приро́ды. He is lazy by nature.

  явле́ние приро́ды natural phenomenon

прислу́га servant

присоедине́ние addition, joining

присоедини́ться—see присоединя́ться

присоединя́ться (присоедини́ться) to join, add

при́стально fixedly, intently

при́стальный fixed, intent

прису́тствие presence

прису́тствовать to be present

прихо́д coming, arrival

приходи́ть (прийти́) to come, arrive

  приходи́ть в го́лову to come into someone's mind

  приходи́ть в себя́ to come to one's senses

  приходи́ть к заключе́нию to come to the conclusion

приходи́ться (прийти́сь) to have to, fit

  Ему́ пришло́сь уе́хать. He had to leave.

  Он прихо́дится мне двою́родным бра́том. He is my cousin.

причеса́ть(ся) — see
  причёсывать(ся)
причёска coiffure, hairdo
причёсывать(ся) (причеса́ть(ся))
  to comb someone's hair; to comb
  (one's own) hair
причи́на cause, reason
прия́тель, прия́тельница friend
  (m., f.)
*прия́тно (adv.) pleasantly, it's
  pleasant
прия́тный pleasant, agreeable
*про about, concerning (with acc.)
  Он слы́шал про э́то. He has
  heard about it.
  про себя́ to oneself
про́ба test, trial
пробега́ть (пробежа́ть) to run
  past, run through
проби́рка test tube
про́бка cork, stopper, plug
пробле́ма problem
про́бовать (попро́бовать) to
  attempt, try, taste
пробужде́ние awakening
пробы́ть (perf.) to stay, remain
  Он про́был там три дня. He
  stayed there three days.
прове́рить — see проверя́ть
проверя́ть (прове́рить) to verify,
  check
провести́ — see проводи́ть
про́вод wire, conductor
проводи́ть (провести́) to spend
  time
  Мы хорошо́ провели́ вре́мя. We
  had a good time.
проводи́ть — see провожа́ть
провожа́ть (проводи́ть) to
  accompany, see someone off
  провожа́ть глаза́ми to follow
  with one's eyes
  провожа́ть до угла́ to accompany
  to the corner
програ́мма program
  театра́льная програ́мма
  playbill
  уче́бная програ́мма curriculum
прогре́сс progress
прогу́лка walk, outing
  на прогу́лку for a walk, outing
продава́ть (прода́ть) to sell

прода́жа selling, sale
  идти́ в прода́жу to be put up for
  sale
про́данный sold
*прода́ть — see продава́ть
*продолжа́ть (продо́лжить) to
  continue
продолже́ние continuation, sequel
продолжи́тельный long,
  prolonged
продо́лжить — see продолжа́ть
проду́кты provisions, foodstuffs
проду́мать (perf.) to think over
прое́зд passage, thoroughfare
проезжа́ть (прое́хать) to pass, go
  by, cover a distance
прое́зжий traveler, passerby
прое́хать — see проезжа́ть
про́за prose
прозра́чный transparent
проигра́ть (perf.) to lose (at
  playing)
произведе́ние work, production
  и́збранные произведе́ния
  selected works
  музыка́льное произведе́ние
  musical composition
произвести́ — see производи́ть
производи́ть (произвести́) to
  carry out, make, manufacture
  производи́ть впечатле́ние to
  make an impression
  производи́ть о́пыты to conduct
  experiments
произво́дство production,
  manufacture
произнести́ — see произноси́ть
произноси́ть (произнести́) to
  pronounce, utter
  произноси́ть речь to deliver a
  speech
произноше́ние pronunciation
произойти́ — see происходи́ть
происходи́ть (произойти́) to
  happen, occur, be going on, be
  descended from
  Что здесь происхо́дит? What's
  going on here?
происхожде́ние origin, descent
  по происхожде́нию by birth
пройти́ — see проходи́ть
прока́т hire

взять напрокат to rent, to hire
проклятый cursed, damned
проливать (пролить) to spill, shed
  проливать свет to throw light
  проливать слзы to shed tears
пролить—see **проливать**
промедлить (perf.) to linger, delay
промелькнуть (perf.) to flash, pass quickly
  промелькнуть в голове to flash through one's mind
  Промелькнули две недели Two weeks flew by.
промышленность (f.) industry
пронзительно (adv.) shrilly, stridently
пронзительный shrill, sharp, piercing
пропадать (пропасть) to be lost, be wasted
  Весь день пропал у меня. The whole day has been wasted.
  Где вы пропадали? Where on earth have you been?
  Я пропал! I am in trouble!
пропасть—see **пропадать**
пропорционально (adv.) in proportion
  обратно пропорционально inversely
пропорция proportion, ratio
пропускать (пропустить) to let go, let pass, miss, leave out
  не пропускать воду to be waterproof
  Пропускайте подробности. Omit the details.
  пропустить лекцию to miss a lecture
  пропустить строчку to skip a line
пропустить—see **пропускать**
пророк prophet
просвещение enlightenment
*__проси́ть (попроси́ть)__ to ask, beg, request
просматривать (просмотреть) to look over, run through
просмотреть—see **просматривать**
проснуться—see **просыпаться**
*__прости́ть__—see __проща́ть__
просто simply, it is simple

Ему очень просто это сделать. It costs him nothing (It is very simple for him) to do it.
Он просто ничего не знает. He simply doesn't know anything.
простодушие openheartedness, artlessness
простодушный openhearted, unsophisticated
*__просто́й__ simple, common, plain
  простое любопытство mere curiosity
  простые люди unpretentious people
  простые манеры unaffected manners
простота simplicity
простуда cold, chill
простудиться (pf.) to catch cold
просыпаться (проснуться) to wake up
*__про́сьба__ request
  У меня к вам просьба. I have a favor to ask of you.
*__про́тив__ against, opposite, opposed to (with gen.)
  друг против друга face to face
  Он ничего не имеет против этого. He has nothing against it. He doesn't mind.
  против его ожиданий contrary to his expectations
  против течения against the current
  спорить против чего-либо to argue against something
противный opposite, contrary, adverse, nasty, repulsive
  в противном случае otherwise
  противная сторона opposite party
противоположность (f.) contrast, opposition
противоречие contradiction, opposition
противоречить to contradict
профессия profession, occupation
профессор professor
прохлада coolness
прохладиться—see **прохлаждаться**
прохладно (adv.) cool, chilly, it is cool

прохла́дный fresh, cool

прохлажда́ться (прохлади́ться) to refresh oneself

*проходи́ть (пройти́) to pass, go by, pass through

Доро́га прохо́дит че́рез лес. The road lies through a wood.

Его́ боле́знь прошла́. His illness has passed.

Не прошло́ ещё и го́да. A year has not yet passed.

пройти́ курс to study a course

пройти́ ми́мо to go past

проходно́й connecting

процеду́ра procedure

проце́нт percentage, rate

проце́сс process

про́чий other

все про́чие the others

и про́чее (и проч.) et cetera

ме́жду про́чим by the way

прочесть—see чита́ть

прочита́ть—see чита́ть

прочь away, off

Прочь отсю́да! Get out of here!

Ру́ки прочь! Hands off!

проше́дший past (adj.)

проше́дшее вре́мя past tense

про́шлое the past

в недалёком про́шлом not long ago

про́шлый last, past

в про́шлом году́ last year

Де́ло про́шлое. Let bygones be bygones.

проща́й, проща́йте good-bye, farewell

проща́льный parting

*проща́ть (прости́ть) to forgive, pardon

Прости́те! Forgive me!

проща́ться (попроща́ться) to say goodbye, take leave

про́ще simpler, plainer

проще́ние forgiveness, pardon

проэкзаменова́ть—see экзаменова́ть

прояви́ть—see проявля́ть

проявле́ние manifestation, development

проявля́ть (прояви́ть) to display, reveal, develop

проявля́ть плёнку to develop film

проявля́ть ра́дость to show joy

проявля́ть себя́ to show one's worth

проявля́ть си́лу to display strength

проясне́ть (perf.) to clear up, brighten up

пруд pond

пры́гать (пры́гнуть) to jump, spring, leap

пры́гнуть—see пры́гать

прыжо́к jump, spring

*пря́мо straight, exactly

держа́ться пря́мо to hold oneself erect

Он пря́мо геро́й. He is a real hero.

попада́ть пря́мо в цель to hit the mark

пря́мо к де́лу straight to the point

сказа́ть пря́мо to say frankly

прямоду́шный straightforward

прямо́й straight, upright, sincere

прямоуго́льник rectangle

прямоуго́льный rectangular, right-angled

пря́ник gingerbread

пря́ность (f.) spice

пря́ный spicy

пря́тать(ся) (спря́тать(ся)) to hide (something); to conceal (oneself)

психиа́тр psychiatrist

психо́з psychosis

психо́лог psychologist

психоло́гия psychology

*пти́ца bird, fowl

пу́блика public, audience

публикова́ть (опубликова́ть) to publish

публи́чно (adv.) publicly, openly

пуга́ть (испуга́ть) to frighten, intimidate

пуга́ться (испуга́ться) to be frightened, to take fright

пу́говица button

пу́дра powder

пу́дреница powder case, compact

пу́дриться (напу́дриться) to powder one's face

пузы́рь (m.) bubble, blister, bladder

пульс pulse

пункт point, station
  медици́нский пункт dispensary
  нача́льный пункт starting point
  по пу́нктам paragraph after paragraph

пунктуа́льно (adv.) punctually

пурга́ blizzard

*пуска́ть (пусти́ть) to allow, permit, set free, put in action
  Не пуска́йте его́ сюда́. Don't allow him to enter.
  пуска́ть во́ду to turn on the water
  пуска́ть маши́ну to start an engine
  пуска́ть слух to spread a rumor

пусти́ть—see пуска́ть

пусто́й empty, hollow
  пуста́я болтовня́ idle talk
  пусты́е мечты́ castles in the air

пустота́ emptiness, void

пусты́ня desert, wilderness

*пусть let (him, her, them)
  Пусть он идёт. Let him go.

пу́таный confused, tangled

пу́тать (запу́тать) to tangle, confuse, mix up

путеше́ственник traveler

путеше́ствовать to travel

пу́тник traveler

путь (m.) trip, road, path
  Друго́го пути́ нет. There is no other way.
  дыха́тельные пути́ respiratory tract
  по пути́ on the way
  стоя́ть на чьём-либо пути́ to stand in someone's way

пу́хленький plump, chubby

пу́хнуть (imp.) to swell

пчела́ bee

пыл ardor, passion

пылесо́с vacuum cleaner

пылесо́сить to vacuum

пы́лкий ardent, passionate
  пы́лкая речь fervent speech

пыль (f.) dust

пыта́ться (попыта́ться) to attempt, try, endeavor

пы́шность (f.) splendor, magnificence

пье́са play
  дава́ть пье́су to give a play
  ста́вить пье́су to stage a play

пья́ница drunkard

пья́ный drunk, tipsy

пятка heel

пятна́дцать fifteen

пятна́дцатый fifteenth

*пя́тница Friday
  в пя́тницу on Friday

пятно́ spot, stain, blotch

*пять five

пятьдеся́т fifty

пятьсо́т five hundred

*пя́тый fifth

Р

раб slave

*рабо́та work, working
  ажу́рная рабо́та openwork, tracery
  дома́шняя рабо́та homework
  лепна́я рабо́та stucco work
  Она́ за рабо́той. She is at work.
  нау́чная рабо́та scientific work

*рабо́тать to work
  рабо́тать над кни́гой to work on a book
  рабо́тать по на́йму to work for hire
  Телефо́н не рабо́тает. The telephone is out of order.

*рабо́чий working man

ра́бство slavery

*ра́венство equality

*равно́ (adv.) alike, in like manner
  Всё равно́. It makes no difference. It is all the same.
  Он всё равно́ придёт. He will come anyway.
  Он поступа́ет ра́вно со все́ми. He treats everyone alike.

равнобе́дренный треуго́льник isosceles triangle

равноду́шие indifference

равноду́шный indifferent

равноме́рно (adv.) uniformly, evenly
равноси́льный equivalent
ра́вный equal
  на ра́вных усло́виях on equal conditions
  относи́ться к кому́-либо как к ра́вному to treat someone as one's equal
  ра́вное коли́чество equal quantity
равня́ть (сравня́ть) to equalize, compare
*****рад, ра́да, ра́до, ра́ды** glad
*****ра́ди** for the sake of (prep. with gen.)
радика́льный drastic
ра́дио radio, wireless
ра́доваться (обра́доваться) to be glad, rejoice
ра́достный glad, joyous
ра́дость (f.) gladness, joy
раду́шно cordially, invitingly
*****раз** time (occasion)
  ещё раз once again
  как раз just exactly
  не раз many a time
  ни ра́зу not once
  раз в год once a year
разбива́ть (разби́ть) to smash, break, divide
разби́ть—see **разбива́ть**
разбира́ть (разобра́ть) to take apart, sort out, discuss
  Он не мо́жет разобра́ть её по́черк. He cannot make out her handwriting.
  разбира́ть пробле́му to discuss the problem
разбо́йник robber, bandit
разбо́р analysis, critique
разбуди́ть—see **буди́ть**
разбо́рчивый fastidious
*****ра́зве** can it be that, really (usually used in amazement)
развива́ть (разви́ть) to develop, untwist
разви́тие development
развито́й developed
разви́ть—see **развива́ть**
развлека́ть (развле́чь) to entertain, divert

развлече́ние entertainment, amusement
развле́чь—see **развлека́ть**
разво́д divorce
разводи́ть to breed or cultivate
*****разгова́ривать** to converse, speak with
разгово́р conversation, talk
  И разгово́ра не́ было об э́том. There was no question of that.
  перемени́ть разгово́р to change the subject
разгово́рчивый talkative
раздава́ть (разда́ть) to distribute, give out
разда́ть—see **раздава́ть**
раздева́ть(ся) (разде́ть(ся)) to undress (oneself), strip
разделе́ние division
раздели́ть(ся)—see **дели́ть(ся)**
разде́льно (adv.) separately
разделя́ть(ся) (раздели́ть(ся)) to divide, separate
раздели́ть(ся)—see **разделя́ть(ся)**
разде́ть(ся)—see **раздева́ть(ся)**
раздража́ть (раздражи́ть) to irritate, annoy, exasperate
раздраже́ние irritation
раздражённый angry, irritated
раздражи́ть—see **раздража́ть**
разду́мье meditation, thoughtful mood
различа́ть (различи́ть) to differ, distinguish
различа́ться to differ
  различа́ется длино́й. It differs in length.
разли́чие distinction
различи́ть—see **различа́ть**
разли́чный different
разложе́ние decomposition
разложи́ться—see **раскла́дываться**
разме́р size, dimension
размышле́ние reflection, meditation
*****ра́зница** difference
разногла́сие difference, discordance (of opinion)
разнообра́зие variety, diversity
разнообра́зный various, diverse
ра́зность (f.) difference
ра́зный different, various

разобра́ть—see **разбира́ть**
разойти́сь—see **расходи́ться**
разочарова́ние disappointment
разочаро́ванный disappointed
разочарова́ться (perf.) to be disappointed
разреша́ть (разреши́ть) to allow, permit, authorize, solve
разреше́ние permission, solution
разреши́ть—see **разреша́ть**
разруша́ть (разру́шить) to destroy, demolish
разруше́ние destruction, demolition
разру́шить—see **разруша́ть**
разры́в break, rupture
  Между ни́ми произошёл разры́в. They have come to a breaking point.
ра́зум reason, intelligence
***разуме́ется** of course
  Само́ собо́й разуме́ется. It goes without saying.
рай paradise
райо́н region, district
ра́ма frame
ра́на wound
ра́неный wounded
ра́нний early
  ра́нним у́тром early in the morning
  с ра́ннего де́тства from early childhood
***ра́но** (adv.) early, it is early
ра́ньше earlier, formerly
  как мо́жно ра́ньше as early as possible
  Ра́ньше здесь помеща́лась шко́ла. There was a school here formerly.
раскла́дываться (разложи́ться) to unpack
раскрыва́ть (раскры́ть) to open, reveal, disclose
раскры́ть—see **раскрыва́ть**
расписа́ние timetable, schedule
распи́ска receipt
расплати́ться—see **распла́чиваться**
распла́чиваться (расплати́ться) to pay off, get even with
распра́вить—see **расправля́ть**
расправля́ть (распра́вить) to straighten, smooth out

распрода́жа sale
распростране́ние spreading, diffusion
распространи́ть—see **распространя́ть**
распространя́ть (распространи́ть) to spread, disseminate
рассве́т dawn, daybreak
рассерди́ться—see **серди́ться**
рассе́янно (adv.) absently, absent mindedly
рассе́янность (f.) absent-mindedness, distraction
рассе́янный scattered, diffused, absent-minded
расска́з story, tale
рассказа́ть—see **расска́зывать**
расска́зывать (рассказа́ть) to tell, narrate, relate
рассма́тривать (рассмотре́ть) to consider, examine, look over
рассмотре́ть—see **рассма́тривать**
расстёгивать (расстегну́ть) to unfasten, unbutton
расстегну́ть—see **расстёгивать**
расстоя́ние distance, space
  держа́ться на почти́тельном расстоя́нии to keep aloof
  на не́котором расстоя́нии at some distance
рассу́дочный rational
рассчи́танный deliberate, calculated, designed
рассчи́тывать to calculate
  не рассчита́ть свои́х сил to overrate one's strength
раста́ять—see **та́ять**
раство́р solution
растеря́нный confused, embarrassed, perplexed
***расти́ (вы́расти)** to grow, grow up
растере́ть—see **растира́ть**
растира́ть (растере́ть) to grind
растя́гивать (растяну́ть) to stretch, strain, sprain
  растя́гивать удово́льствие to prolong a pleasure
  растяну́ть себе́ му́скул to strain a muscle
растя́нутый stretched, long-drawn out
растяну́ть—see **растя́гивать**

*расхо́д expense, expenditure

расходи́ться (разойти́сь) to separate, disperse

Мне́ния расхо́дятся. Opinions vary.

на́ши пути́ разошли́сь. Our ways have parted.

Он разошёлся со свое́й жено́й. He separated from his wife.

расцвести́—see расцвета́ть

расцвета́ть (расцвести́) to blossom, bloom, flourish

*расчёт calculation, estimate

по его́ расчёту according to his calculations

пприни́мать в расчёт to take into consideration

расчётливо (adv.) prudently, economically

расчётливость (f.) economy, thrift

расши́рить—see расширя́ть

расширя́ть (расши́рить) to enlarge, widen, expand

расши́тый embroidered

рациона́льно rationally

*рвать (вы́рвать) to tear, rend, pull out

рвать (порва́ть) зу́бы to extract teeth

рвать на себе́ во́лосы to tear out one's hair

рвать (нарва́ть) отноше́ния to break off relations

рвать цветы́ to pick flowers

реаге́нт reagent

реа́кция reaction

реалисти́ческий realistic

*ребёнок baby, infant

ребро́ rib

*ребя́та children, boys

ребя́ческий childish

ревни́вый jealous

ревнова́ть to be jealous

революцио́нный revolutionary

регистри́роваться (зарегистри́роваться) to register

регуля́рный regular

редакти́ровать (отредакти́ровать) to edit

реда́ктор editor

реда́кция editorial staff, editorial office

ре́дкий rare, uncommon, sparse

*ре́дко (adv.) seldom, rarely

*ре́дкость (f.) rarity, curiosity

режиссёр producer, director

*ре́зать to cut, slice

*рези́на rubber, elastic

рези́нка eraser

ре́зкий sharp, harsh

ре́зкая кри́тика severe criticism

ре́зкие слова́ sharp words

ре́зкий ве́тер cutting wind

ре́зкое измене́ние пого́ды sharp change in the weather

ре́зко (adv.) sharply, abruptly

результа́т result, outcome

*река́ river, stream

рекла́ма advertisement, publicity

рекла́мное аге́нтство advertising agency

реклами́ровать to advertise, publicize, boost

рекоменда́ция recommendation

рекомендова́ть (порекомендова́ть) to advise, recommend

Тако́й спо́соб не рекоменду́ется. This method is not recommended.

религио́зный religious

рели́гия religion

ремесло́ trade, handicraft, profession

ремо́нт remodeling, repairs

рентге́н, рентге́новские лучи́, икс-лучи́ X-rays

репертуа́р repertoire

репети́тор tutor

репута́ция reputation

по́льзоваться хоро́шей репута́цией to have a good reputation

рестора́н restaurant

рето́рта retort (chemical)

рефо́рма reform

реце́нзия review, theater notice

реце́пт recipe, prescription

ре́чка river

речно́й river (adj.)

речь (f.) speech, oration

дар ре́чи gift of speech

засто́льная речь dinner speech

О чём идёт речь? What are you talking about?

чáсти рéчи parts of speech

решáть (реши́ть) to decide, make up one's mind, settle

Он реши́л уéхать. He decided to go.

решáть задáчу to solve a problem

Это решáет вопрóс. That settles the question.

решéние decision

реши́тельно (adv.) resolutely, decidedly, positively

реши́тельный decisive, resolute, firm

реши́ть—see **решáть**

ри́нг (sport) ring

рис rice

риск risk

рискнýть—see **рисковáть**

рисковáть (рискнýть) to risk, venture, take a chance

рисовáть (нарисовáть) to draw, paint

рисýнок drawing, picture

ритм rhythm

ри́фма rhyme

рóбкий shy, timid

рóбот robot

*****рóвно** (adv.) equally, exactly

рóвный flat, even, plane

рóвный харáктер even-tempered

*****род** family, kin, origin, sort, gender

вся́кого рóда of all kinds

из рóда в род from generation to generation

мужскóго рóда masculine gender

*****рóдина** native country

*****роди́тели** (pl.) parents, father and mother

роди́ть (imp. and perf.) to give birth to

роди́ться (imp. and perf.) to be born

*****роднóй** native, own

роднóй брат brother by birth

роднóй язы́к native tongue

рóдственник relative, kinsman

рождéние birth

день рождéния birthday

рождествó Christmas

рóза rose

рóзовый pink

рóкер rock musician

рок-звездá rock star

роль (f.) role, part

ромáн novel, romance

ромáнс song (art song)

романти́ческий romantic

роня́ть (урони́ть) to drop, let fall, shed

росá dew

рóскошь (f.) luxury, splendor

Росси́я Russia

рост growth, development, height

рóстбиф roast beef

*****рот** mouth

роя́ль (m.) grand piano

игрáть на роя́ле to play the piano

рубáшка shirt

рубéж boundary, borderline

руби́ть chop, hack, slash

рýбленый minced, chopped

рубль (m.) ruble

ругáть (отругáть) to scold, abuse

ругáться to swear, call names

Они постоя́нно ругáются. They are always abusing each other. They are always quarreling with each other.

ружьё gun

*****рукá** hand, arm

брать себя́ в рýки to pull oneself together

быть в хорóших рукáх to be in good hands

держáть на рукáх to hold in one's arms

из рук в рýки from hand to hand

подáть рýку пóмощи to lend a helping hand

под рукóй near at hand, handy

предлагáть рýку комý-либо to offer someone one's hand in marriage

Рýки прочь! Hands off!

умы́ть (perf) **рýки** to wash one's hands of it

У негó рýки чéшутся. His fingers itch.

Это не егó рукá. That is not his writing.

рукáв sleeve

руководи́тель (m.) leader

руководи́ть to lead, guide

руково́дство guidance, guiding
  principle
  под руково́дством under the
    leadership
ру́копись (f.) manuscript
*ру́сский, ру́сская Russian (m., f.)
  (noun and adj.)
руча́тельство guarantee
руче́й brook, stream
*ру́чка handle, arm, penholder, pen
  автомати́ческая ру́чка fountain
    pen
ручно́й hand (adj.), tame
*ры́ба fish
  лови́ть ры́бу в му́тной воде́ to
    fish in troubled waters
  ни ры́ба ни мя́со neither fish nor
    fowl
рыда́ние sobbing
рыда́ть to sob
ры́жий red-haired
ры́нок market
ры́сью (adv.) at a trot
ры́царь (m.) knight
рю́мка wineglass
ряд row, line
ря́дом (adv.) side by side, beside
  сиде́ть ря́дом с ке́м-либо to sit
    side by side with someone
  Э́то совсе́м ря́дом. It is close by.

С

*с from, off, since (with gen.), with,
  together with, and (with inst.)
  Брат с сестро́й ушли́. Brother
    and sister went away.
  Он её не ви́дел с про́шлого го́да.
    He hasn't seen her since last year.
  Он пришёл с детьми́. He came
    with the children.
  прие́хать с рабо́ты to come from
    work
  с доса́ды out of vexation
  с пе́рвого взгля́да at first sight
  с удово́льствием with pleasure
  упа́сть (perf.) с кры́ши to fall off
    the roof
  Что с тобо́й? What's the matter
    with you?

*сад garden
  де́тский сад kindergarten
*сади́ться (сесть) to sit down, take
  a seat
  сади́ться (сесть) на дие́ту to go
    on a diet
  сади́ться в лу́жу to get into a fix
  Он сел на по́езд. He took the
    train.
  Он сел на стул. He sat down on
    a chair.
са́жа soot
сала́т lettuce, salad
са́ло fat, lard
салфе́тка napkin
са́льный greasy
*сам, сама́, само́, са́ми self (m., f.,
  n., pl.)
  Он сам хоте́л э́то сде́лать. He
    wanted to do it himself.
  Э́то говори́т само́ за себя́. It
    speaks for itself.
  Я сам себе́ хозя́ин. I am my own
    master.
самова́р samovar
самоде́льный homemade
самоде́ятельность (f.)
  spontaneous activity, amateur
  stage
самодово́льный self-satisfied
самодово́льство self-satisfaction,
  complacency
самозва́нец impostor
самолёт airplane
самолюби́вый proud, touchy
самолю́бие self-respect, pride
  ло́жное самолю́бие false pride
самооблада́ние self-control,
  composure
самостоя́тельно (adv.)
  independently
самостоя́тельный independent
самоуби́йство suicide
самоуве́ренно (adv.) with self-
  confidence
самоуве́ренность (f.) self-
  confidence, self-assurance
самоуправле́ние self-government
*са́мый the very, the same
  в са́мом де́ле! indeed! really!
  в са́мом нача́ле at the very
    beginning

в то же са́мое вре́мя, когда́   just
when
до са́мого до́ма   all the way home
на са́мом де́ле   actually
та же са́мая кни́га   the same
book
in superlatives:
са́мая хоро́шая кни́га   the best
book
са́мый тру́дный   most difficult
са́ни   (only pl.) sleigh
сапо́г   high boot
сара́й   shed, barn
са́хар   sugar
са́харница   sugar bowl
сближа́ться (сбли́зиться)   to draw
together, approach, become good
friends
сбли́зиться—see **сближа́ться**
сбо́ку   (adv.) from one side, on one
side
сбо́рник   collection
сва́дьба   wedding
све́дение   information
све́жий   fresh
све́жая ры́ба   fresh fish
све́жий во́здух   fresh air
свежо́ в па́мяти   fresh in one's
mind
сверка́ть   to sparkle, twinkle, glitter,
glare
сверкну́ть   (perf.) to flash
Сверкну́ла мо́лния.   Lightning
flashed.
сверх   over, besides, beyond (with
gen.)
сверх ожида́ния   beyond
expectation
сверх програ́ммы   in addition to
the program
*свёрху   (adv.) from above, on top
вид све́рху   view from above
пя́тая строка́ све́рху   fifth line
from the top
све́рху до́низу   from top to
bottom
*свет   light
броса́ть свет на что-либо   to
throw light on something
дневно́й свет   daylight
представля́ть что-либо в
вы́годном све́те   to show

something to best
advantage
при све́те луны́   by moonlight
*свет   world, society
весь свет   the whole world
выпуска́ть в свет   to publish
вы́сший свет   high society
ни за что на све́те   not for the
world
тот свет   the next world
свети́ть(ся)   to shine
Его́ глаза́ свети́лись от ра́дости.
His eyes shone with joy.
Луна́ све́тит.   The moon is
shining.
светло́   (adv.) it is light, brightly
На дворе́ светло́.   It is daylight.
све́тлый   light
све́тлая ко́мната   light room
све́тлый ум   bright spirit
све́тлое пла́тье   light-colored
dress
све́тский   secular, worldly
све́тская же́нщина   woman of the
world
све́тское о́бщество   society
свеча́   candle
*свида́ние   meeting, appointment;
date, engagement
до свида́ния   good-bye
до ско́рого свида́ния   see you
soon
свиде́тель   (m.) witness
свиде́тельство   evidence,
certificate, license
свини́на   pork
свинья́   pig, swine
свист   whistle
свиста́ть, свисте́ть   to whistle,
pipe
сви́тер   sweater
свобо́да   freedom, liberty
выпуска́ть на свобо́ду   to set free
предоставля́ть кому́-либо
по́лную свобо́ду де́йствий   to
give someone a free hand
свобо́да печа́ти   freedom of the
press
свобо́дно   (adv.) freely, fluently,
with ease
говори́ть свобо́дно   to speak
fluently

свобо́дный free
  свобо́дное вре́мя free time
  свобо́дные де́ньги spare cash
своевре́менно (adv.) in good time, opportunely
*__свой, своя́, своё, свои́__ one's own (m., f., n., pl.)
  Всё придёт в своё вре́мя. Everything comes in its time.
  Он признаёт свои́ недоста́тки. He acknowledges his faults.
  Он там свой челове́к. He is quite at home there.
сво́йство property, characteristics
свя́занный combined, constrained
связа́ть—see **свя́зывать**
свя́зывать (связа́ть) to bind, tie together, connect
  свя́зывать обеща́нием to bind by a promise
  Э́тот вопро́с те́сно свя́зан с други́ми. This problem is bound up with others.
связь (f.) tie, bond, connection, relation
  в э́той связи́ in this connection
  причи́нная связь casual relationship
  с хоро́шими свя́зями with good connections
святы́ня sacred object or place; place of worship
свяще́нник priest
сгиба́ться (согну́ться) to bend down, stoop
сгора́ть (сгоре́ть) to burn (down)
  Дом сгоре́л. The house burned down.
  сгора́ть от стыда́ to burn with shame
сгоре́ть—see **сгора́ть**
сдава́ть (сдать) to deal (cards), hand over, turn over, surrender, hand in
  сдава́ть буты́лки to recycle bottles
сдать—see **сдава́ть**
*__сда́ча__ surrender, renting, deal (in cards)
  Ва́ша сда́ча. It's your deal.
  дать сда́чу to give change
  сда́ча в аре́нду leasing

сде́лано finished
сде́лать(ся)—see **де́лать(ся)**
сде́ржанно (adv.) with restraint, with discretion
сде́ржанность (f.) restraint, reserve
сдержа́ть(ся)—see **сде́рживать(ся)**
сде́рживать (сдержа́ть) to hold in, restrain, contain
  сдержа́ть своё сло́во to keep one's word
сде́рживаться (сдержа́ться) to control oneself
сдружи́ться (perf.) to become friends with
*__себя́__ self, oneself (reflexive pronoun)
се́вер north
се́верный northern
*__сего́дня__ today
  сего́дня ве́чером this evening
  сего́дня у́тром this morning
сего́дняшний today's
седина́ gray hair
седо́й gray (only of hair)
  Он седо́й. He has gray hair.
седьмо́й seventh
сейф safe, vault, safety-deposit box
*__сейча́с__ now, presently, right now
  Где он сейча́с живёт? Where does he live now?
  сейча́с же immediately, at once
секре́т secret
  по секре́ту secretly, in confidence
  секре́т успе́ха secret of success
секрета́рша secretary
секре́тно secretly, covertly
секу́нда second
селёдка herring
село́ village
  ни к селу́ ни к го́роду neither here nor there
сельдере́й celery
се́льский rural
  се́льская жизнь village life
сельскохозя́йственный agricultural
семидеся́тый seventieth
семе́йный domestic, family
  семе́йные свя́зи family ties
  семе́йный челове́к family man
семе́стр term, semester
семна́дцать seventeen

семна́дцатый seventeenth
семь seven
се́мьдесят seventy
семьсо́т seven hundred
семья́ family
се́но hay
сентимента́льный sentimental
сентя́брь (m.) September
серде́чный cordial, hearty, of the heart
  серде́чная боле́знь heart disease
  серде́чный приве́т hearty greetings
серди́тый angry
серди́ться (рассерди́ться) to get angry, be cross
*****се́рдце** heart
  до́брое се́рдце kind heart
  от всего́ се́рдца from the bottom of one's heart
  принима́ть что́-либо к се́рдцу to take something to heart
  С глаз доло́й, из се́рдца вон. Out of sight, out of mind.
  У него́ отлегло́ от се́рдца. He felt relieved.
  У него́ се́рдца нет. He has no heart.
  У него́ се́рдце упа́ло. His heart sank.
серебро́ silver
сере́бряный silver (adj.)
  сере́бряная посу́да silver plate
*****середи́на** middle
  в са́мой середи́не in the very middle
  золота́я середи́на golden mean
се́рия series
се́рный sulphuric
  се́рная кислота́ sulphuric acid
се́рый gray
  се́рая жизнь dull life
серьга́ earring
серьёзно (adv.) seriously, earnestly
серьёзный serious, earnest
*****сестра́** sister
  двою́родная сестра́ cousin
  медици́нская сестра́ (медсестра́) nurse
сесть—see **сади́тся**
сжать—see **сжима́ть**
сжечь—see **жечь**

сжима́ть (сжать) to squeeze, compress
  сжима́ть гу́бы to compress one's lips
  сжима́ть кулаки́ to clench one's fists
сза́ди (adv.) from behind
  вид сза́ди view from behind
  пя́тый ваго́н сза́ди fifth car from the end
  толка́ть сза́ди to push from behind
сига́ра cigar
сигаре́та cigarette
сигна́л signal
*****сиде́ть** to sit, be perched, fit
  Пла́тье хорошо́ сиди́т. The dress fits well.
  сиде́ть в тюрьме́ to be imprisoned
  сиде́ть до́ма to stay at home
  сиде́ть за столо́м to sit at the table
си́ла strength, force
  брать си́лой to take by force
  быть ещё в си́лах to be still vigorous enough
  входи́ть в си́лу to come into force
  изо всех сил with all one's strength
  лошади́ная си́ла horsepower
  морски́е си́лы naval force
  си́ла во́ли will power
  си́ла привы́чки force of habit
  си́ла тя́жести gravity
  Э́то сверх сил. This is beyond one's powers.
си́льно (adv.) strongly, very, violently, greatly
  си́льно нужда́ться to be in extreme need
  си́льно пить to drink heavily
  си́льно чу́вствовать to feel keenly
*****си́льный** strong, powerful, keen, intense, heavy
  силён в матема́тике good at mathematics
  си́льная страсть violent passion
  си́льный за́пах strong smell
си́мвол symbol

симпати́чный sympathetic, likable

симпо́зиум symposium

симфо́ния symphony

си́ний dark blue

сирота́ orphan

систе́ма system

системати́чный systematic

си́то strainer, sieve

ситуа́ция situation

*__сказа́ть__ to say, tell—see **говори́ть**

Ле́гче сказа́ть, чем сде́лать. Easier said than done.

пра́вду сказа́ть to tell the truth

Ска́зано-сде́лано. No sooner said than done.

Тру́дно сказа́ть. It's hard to say.

ска́зка fairy tale, story

скака́ть (поскака́ть) to skip, jump, hop

скамья́ bench

посади́ть на скамью́ подсуди́мых to put into the dock

со шко́льной скамьи́ since schooldays

сканда́л scandal

Како́й сканда́л! What a disgrace!

ска́терть (f.) tablecloth

скве́рно (adv.) badly

Пальто́ скве́рно сиди́т на нём. The coat fits him badly.

па́хнуть скве́рно to smell bad

скве́рно чу́вствовать себя́ to feel bad

скве́рный bad, nasty

сквози́ть to blow through, go through

Здесь сквози́т. There is a draft here.

*__сквозь__ through (with acc.)

говори́ть сквозь зу́бы to speak through clenched teeth

Как сквозь зе́млю провали́лся. He disappeared without leaving a trace (as though through the earth).

скепти́ческий skeptical

ски́дка rebate, reduction, discount

де́лать ски́дку to give a reduction

со ски́дкой with rebate, with discount

скла́дка fold, pleat, crease, wrinkle

*__складно́й__ folding, collapsible, portable

скло́нность (f.) inclination, bent, disposition

сковорода́ frying pan

скользи́ть (скользну́ть) to slip, slide

ско́льзкий slippery

говори́ть на ско́льзкую те́му to be on slippery ground

ско́льзкая доро́га slippery road

скользну́ть—see **скользи́ть**

*__ско́лько__ how much, how many

не сто́лько . . . ско́лько . . . not so much . . . as . . .

Ско́лько мы вам должны́? How much do we owe you?

Ско́лько с меня́? How much do I owe?

Ско́лько сто́ит? How much does it cost?

ско́лько уго́дно as much as you like

сконфу́женный abashed, disconcerted, embarrassed

сконфу́зить(ся)—see **конфу́зить(ся)**

сконча́ться (perf.) to pass away, die

скопи́ровать—see **копи́ровать**

скорбный sorrowful, mournful

скорбь (f.) sorrow, grief

скоре́е rather, sooner, quicker

как мо́жно скоре́е as soon as possible

Он скоре́е умрёт, чем сда́стся. He would rather die than surrender.

ско́ро (adv.) quickly, soon

Он ско́ро придёт. He will come soon.

скоропо́ртящийся perishable

ско́рость (f.) speed, rate

максима́льная ско́рость top speed

ско́рость движе́ния rate of movement

ско́рый fast, rapid

в ско́ром вре́мени soon, before long

До ско́рого свида́ния. See you soon.

ско́рая по́мощь   first aid
ско́рый по́езд   fast train, express
ско́рый шаг   quick step
скот   cattle
скрепля́ть (скрепи́ть)   to fasten
  together, strengthen
скрипа́ч   violinist
скрипе́ть (поскрипе́ть)   to squeak,
  creak
скри́пка   violin
  игра́ть на скри́пке   to play the
  violin
скро́мность   (f.) modesty
  ло́жная скро́мность   false
  modesty
скро́мный   modest, frugal,
  unpretentious
скрыва́ть (скрыть)   to hide,
  conceal, keep back
  не скрыва́ть того́, что   to make
  no secret of the fact that
  Он засмея́лся, что́бы скры́ть
  своё беспоко́йство.   He laughed
  to cover his anxiety.
скрыва́ться (скры́ться)   to hide
  oneself
скры́тый   secret, latent
скрыть(ся)—see скрыва́ть(ся)
ску́ка   boredom, tedium
ску́льптор   sculptor
ску́по   (adv.) stingily, sparingly
скупо́й   stingy, miserly
ску́пость   (f.) stinginess, miserliness
*скуча́ть   (imp.) to be bored, to
  miss
  Я скуча́ла по тебе́.   I missed you.
ску́чно   (adv.) boring, dull
  Мне ску́чно.   I am bored.
ску́чный   boring, tiresome
слабе́ть (ослабе́ть)   to grow weak,
  grow feeble, slack off
сла́бо   faintly, weakly
сла́бость   (f.) weakness, feebleness
*сла́бый   weak, faint, feeble
  сла́бое оправда́ние   lame excuse
  сла́бые глаза́   weak eyes
  сла́бый учени́к   poor pupil
сла́ва   glory, fame
сла́вный   famous, renowned, nice
  сла́вный ма́лый   nice fellow
*сла́дкий   sweet, honeyed
  на сла́дкое   for dessert

спать сла́дким сном   to be fast
  asleep
сла́достный   sweet, delightful
сла́дость   (f.) sweetness, delight
слегка́   (adv.) somewhat, slightly
  Он слегка́ уста́л.   He is somewhat
  tired.
слегка́ тро́нуть   to touch gently
след   track, trace, sign, vestige
*следи́ть   to watch, follow
  внима́тельно следи́ть   to watch
  closely
  следи́ть глаза́ми за ке́м-либо   to
  follow someone with one's eyes
  следи́ть за детьми́   to look after
  children
  следи́ть за чьи́ми-либо мы́слями
  to follow the thread of someone's
  thoughts
сле́довательно   consequently,
  therefore, it follows that
сле́довать (после́довать)   to
  follow, come next
  во всём сле́довать отцу   to take
  after one's father in everything
  как сле́дует из ска́занного   as
  appears from the above
  Ле́то сле́дует за весно́й.   Summer
  follows spring.
  обраща́ться куда́ сле́дует   to
  apply to the proper quarter
сле́дующий   following, next
  сле́дующий день   the next day
слеза́   tear
  до слёз бо́льно   enough to make
  anyone cry
слеза́ть (слезть)   to get off, get
  down
слезть—see слеза́ть
сле́по   (adv.) blindly
слепо́й   blind
  слепо́е подража́ние   blind
  imitation
слепота́   blindness
сли́ва   plum
сли́вки   cream
*сли́шком   (adv.) too, too much
слова́рь   (m.) dictionary, vocabulary
*сло́во   word
  дава́ть сло́во   to give the floor,
  promise
  други́ми слова́ми   in other words

одни́м сло́вом   in a word
Помяни́те моё сло́во!   Mark my
words!
сдержа́ть сло́во   to keep one's
word
сло́во в сло́во   word for word
че́стное сло́во   word of honor
сложе́ние   adding, addition, build
сло́жно   (adv.) in a complicated
manner, it is complicated
сло́жный   complicated, intricate
слой   layer
слома́ть(ся)—see **лома́ть(ся)**
слон   elephant
служа́нка   maid
слу́жащий   employee
слу́жба   service, work
быть на вое́нной слу́жбе   to be
in the military service
иска́ть слу́жбу   to look for work
служе́бный а́дрес   work address
*служи́ть (послужи́ть)   to serve, be
in use
служи́ть на фло́те   to serve in the
navy
**служи́ть кому́-либо ве́рой и
пра́вдой**   to serve someone
faithfully
служи́ть приме́ром   to serve as
an example
служи́ть це́ли   to serve a purpose
*слух   hearing, rumor
игра́ть по слу́ху   to play by ear
Ни слу́ху ни ду́ху.   Nothing has
been heard.
о́рган слу́ха   organ of hearing
по слу́хам   it is rumored
пусти́ть слух   to set a rumor
going
*слу́чай   (m.) event, chance, case
во вся́ком слу́чае   at any event
**воспо́льзоваться удо́бным
слу́чаем**   to seize an opportunity
на вся́кий слу́чай   in case
на слу́чай   in case of
несча́стный слу́чай   accident
ни в ко́ем слу́чае   on no account
по слу́чаю чего́-либо   on the
occasion of something
при вся́ком удо́бном слу́чае   with
every opportunity
случа́йно   by chance, accidentally

Вы случа́йно не зна́ете его́?   Do
you know him, by any chance?
не случа́йно, что   it is no mere
chance that
случа́йный   accidental, fortuitous
случа́ться (случи́ться)   to happen,
to take place
Как э́то случи́лось?   How did it
happen?
случи́ться—see **случа́ться**
*слу́шать (послу́шать)   to listen,
pay attention
*слы́шать (услы́шать)   to hear
слы́шно   (adv.) audibly, one can
hear, it is said
Слы́шно как му́ха пролети́т.
You might have heard a pin drop.
(One can hear how a fly flies by.)
Что слы́шно?   What's the news?
слюна́   saliva
слю́ни, слю́нки   (dim. of **слюна́**)
used in: **У него́ слю́нки теку́т.**
His mouth is watering.
сме́ло   (adv.) boldly, bravely,
daringly, fearlessly
говори́ть сме́ло   to speak
boldly
я могу́ сме́ло сказа́ть   I can
safely say
сме́лость   (f.) boldness, courage,
daring
сме́лый   bold, courageous, daring
(adj.)
сме́рить—see **ме́рить**
смерть   (f.) death
надоеда́ть до́ смерти   to pester to
death
смета́на   sour cream
сметь (посме́ть)   to dare
смех   laughter
Ему́ не до сме́ху.   He is in no
mood for laughter.
Смех да и то́лько.   It's simply
absurd.
сме́шанный   mixed, compound
смеша́ть—see **сме́шивать**
сме́шивать (смеша́ть)   to mix, mix
together, blend
смешно́   (adv.) it is ridiculous, it
makes one laugh, in a funny
manner, comically
смешно́й   funny, ridiculous

В э́том нет ничего́ смешно́го. There is nothing to laugh at.

Как он смешо́н. How absurd he is.

*смея́ться to laugh

   смея́ться исподтишка́ to laugh up one's sleeve

   смея́ться над ке́м-либо to make fun of someone

   Хорошо́ смеётся тот, кто смеётся после́дним. He who laughs last laughs best.

смире́ние humility, humbleness

смолка́ть (смо́лкнуть) to grow silent, fall silent

смо́лкнуть—see **смолка́ть**

смо́лоду since one's youth

сморо́дина currant

*смотре́ть (посмотре́ть) to look, look at

   Как вы на э́то смо́трите? What do you think of it?

   смотре́ть в о́ба to be on one's guard

   смотре́ть за поря́дком to keep order

   смотри́!, смотри́те! look out!

   смотря́ according to

смочь—see **мочь**

сму́глый swarthy, dark (complexion)

сму́тно (adv.) vaguely, dimly, not clearly

сму́тный vague, dim

   сму́тное вре́мя troubled times

смуще́ние confusion, embarrassment

смущённый confused, embarrassed

смысл sense, meaning

   в по́лном смы́сле э́того сло́ва in the full sense of the word

   В э́том нет смы́сла. There's no point in it.

   здра́вый смысл common sense

   Это не име́ет никако́го смы́сла. It makes no sense at all.

   прямо́й смысл literal meaning

смягча́ться (смягчи́ться) to soften, relent, grow mild, ease off

снару́жи from the outside

*снача́ла (adv.) from the beginning, at first

снег snow

сни́зу from below

*снима́ть (снять) to take, take off, remove, take pictures

   снима́ть кварти́ру to rent an apartment

   снима́ть ко́пию с чего́-либо to make a copy of something

   снима́ть шля́пу to take off one's hat

сни́мок photograph, snapshot

снисходи́тельный condescending, lenient

сни́ться (присни́ться) to dream

   ему́ сни́лось, что he dreamed that

   Ему́ э́то да́же и не сни́лось. He had never even dreamed of it.

сно́ва (adv.) anew, afresh, again

   начина́ть сно́ва to begin again

сновиде́ние dream

снять—see **снима́ть**

соба́ка dog

*собира́ть (собра́ть) to gather, assemble, collect

   собира́ть свои́ ве́щи to collect one's belongings

   собра́ть всё своё му́жество to pluck up one's courage

   собра́ть мы́сли to collect one's thoughts

собира́ться (собра́ться) to gather together, assemble, make up one's mind

   Он собира́ется е́хать в Москву́. He intends to go to Moscow.

   собира́ться в путь to prepare for a journey

соблазни́тель (m.) tempter, seducer

соблазни́ть (perf.) to entice, allure, tempt, seduce

собо́р cathedral

собра́ние meeting, gathering

собра́ть(ся)—see **собира́ть(ся)**

со́бственно (adv.) properly

   со́бственно говоря́ as a matter of fact, strictly speaking

со́бственность (f.) property

   ли́чная со́бственность personal property

со́бственный own, personal

   чу́вство со́бственного досто́инства self-respect

собы́тие event

теку́щие собы́тия   current events
Э́то бы́ло больши́м собы́тием. It was a great event.
совершать (совершить)   to accomplish, perform
  совершать по́двиг   to accomplish a feat or deed
  соверши́ть сде́лку   to strike a bargain
*совершенно** (adv.) absolutely, quite, totally, utterly
  соверше́нно ве́рно   quite so, of course
  соверше́нно незнако́мый челове́к total stranger
соверше́нный   absolute, perfect
соверше́нство   perfection
соверши́ть—see **совершать**
со́весть   (f.) conscience
  по со́вести говоря́   honestly speaking
*сове́т** council, advice, counsel
сове́товать (посове́товать)   to advise, counsel
сове́тский   Soviet
  Сове́тский Сою́з   Soviet Union
совме́стно   (adv.) commonly, jointly
совме́стный   joint, combined
  совме́стное обуче́ние coeducation
  совме́стное предприя́тие   joint venture
совпада́ть (совпа́сть)   coincide, concur
совпаде́ние   coincidence
совпа́сть—see **совпада́ть**
совреме́нный   contemporary, modern
*совсе́м** (adv.) quite, entirely, totally
  совсе́м не   not in the least
  совсе́м не то   nothing of the kind
согла́сие   consent, assent
согаси́ться—see **соглаша́ться**
согла́сно   (adv.) in accord, according, in harmony
согла́сный   agreeable
  быть согла́сным   to agree with something
*соглаша́ться (согласи́ться)** to consent, agree, concur

соглаше́ние   agreement, understanding
согну́ться—see **сгиба́ться**
согрева́ть (согре́ть)   to warm, heat
согре́ть—see **согрева́ть**
содержа́ние   maintenance, upkeep, contents
  быть на содержа́нии у кого́-либо to be supported by someone
  содержание кислоро́да в во́здухе content of oxygen in the air
  содержа́ние кни́ги   subject matter of a book
содержа́ть   (imp.) to support, maintain, contain
соедине́ние   joining, combination
соединённый   united
  Соединённые Шта́ты   United States
соедини́ть(ся)—see **соединя́ть(ся)**
соединя́ть(ся) (соедини́ть(ся)) to join, unite, connect, combine
*сожале́ние** regret, pity
  к сожале́нию   unfortunately
создава́ть (созда́ть)   to create, found, originate
  создава́ть иллю́зию   to create an illusion
  создава́ть мо́щную промы́ш-ленность   to create a powerful industry
созда́ть—see **создава́ть**
созна́тельно   (adv.) consciously, deliberately, conscientiously
сойти́—see **сходи́ть**
сок   juice, sap
сократи́ть—see **сокраща́ть**
сокраща́ть (сократи́ть)   to shorten, curtail, abbreviate
  Придётся сократи́ться.   We'll have to tighten the purse strings.
сокраще́ние   shortening, abbreviation
сокращённый   brief, abbreviated
солда́т   soldier
солёный   salty, salted
соли́дность   (f.) solidity, reliability
соли́дный   solid, strong, reliable
  соли́дный журна́л   reputable magazine
  соли́дный челове́к   reliable man
со́лнечный   sunny, solar

*со́лнце (n.) sun
солони́на corned beef
*соль (f.) salt
  англи́йская соль Epsom salts
  соль земли́ salt of the earth
*сомнева́ться (imp.) to doubt,
  have doubts
  Сомнева́юсь в его́ и́скренности.
  I doubt his sincerity.
  я не сомнева́юсь I don't doubt
сомне́ние doubt
сомни́тельно (adv.) doubtfully, it is
  doubtful
*сон dream, sleep
  ви́деть сон to have a dream
  во сне in one's sleep
  кре́пкий сон sound sleep
со́нный sleepy, drowsy
сообща́ть (сообщи́ть) to report,
  communicate, inform
сообще́ние report, information
сообщи́ть—see сообща́ть
сопе́рник rival
сопе́рничать to compete with
сопровожда́ть (сопроводи́ть) to
  accompany, escort
сопротивля́ться (imp.) to resist,
  oppose
сопу́тствовать (imp.) to travel
  with
сорва́ть(ся)—see срыва́ть(ся)
со́рок forty
сороково́й fortieth
*сорт sort, kind
*сосе́д, сосе́дка neighbor (m., f.)
  сосед (сосе́дка) по ко́мнате
  roommate
сосе́дний neighboring, adjacent
соси́ска sausage (hot dog)
соска́кивать (соскочи́ть) to jump
  down, jump off
соскочи́ть—see соска́кивать
сосна́ pine tree
сосредото́чивать(ся)
  (сосредото́чить(ся)) to
  concentrate, focus; to concentrate
  on self.
соста́в composition, structure
соста́вить(ся)—see составля́ть(ся)
составле́ние програ́мм для
  компью́тера computer
  programming

составля́ть (соста́вить) to
  compose, compile, formulate
  соста́вить спи́сок to make up a
  list
  соста́вить план to formulate a
  plan
составля́ться (соста́виться) to be
  formed
состоя́ние state, condition, fortune
  в хоро́шем состоя́нии in good
  condition
  получи́ть состоя́пие to come
  into a fortune
  состоя́ние здоро́вья state of
  health
состоя́ть to consist in, of
  Кварти́ра состои́т из трёх
  ко́мнат. The apartment consists
  of three rooms.
  ра́зница состои́т в том, что . . .
  the difference consists of . . .
сосу́д vessel (household)
сострада́ние compassion
со́тый hundredth
со́ус sauce, gravy
софа́ sofa
со́хнуть (вы́сохнуть) to dry, get dry
сохране́ние preservation,
  conservation
сохрани́ть—see сохраня́ть
*сохраня́ть (сохрани́ть) to keep,
  preserve, retain
  сохрани́ть на па́мять to keep as
  a souvenir
  сохрани́ть хладнокро́вие to keep
  one's head
социали́зм socialism
*сочине́ние composition, work
  по́лное собра́ние сочине́ний
  Пу́шкина complete works of
  Pushkin
сочини́ть—see сочиня́ть
сочиня́ть (сочини́ть) to write,
  compose, make up
со́чный juicy, succulent
  со́чное я́блоко juicy apple
  со́чный стиль rich style
сочу́вствие sympathy
сочу́вствовать (imp.) to
  sympathize (with), feel (for)
*сою́з union, alliance
спа́льный sleeping

спа́льный ваго́н   sleeping car
*спа́льня   bedroom
спа́ржа   asparagus
*спаса́ть (спасти́)   to save, rescue
   спасти́ жизнь   to save a life
   спасти́ положе́ние   to save the
   situation
спаса́ться (спасти́сь)   to save
   oneself, escape
спасе́ние   rescue, salvation
*спаси́бо   thanks, thank you
   большо́е спаси́бо   many thanks
спасти́(сь)—see спаса́ть(ся)
*спать   to sleep
   ложи́ться спать   to go to bed
   Он спит как уби́тый.   He is
   sound asleep. He sleeps like a log.
спекта́кль   (m.) play, performance
спектра́льный   spectral
спе́лый   ripe
сперва́   (adv.) at first, firstly
спе́реди   (adv.) from the front
спеть—see петь
специали́ст   specialist, expert
специа́льно   (adv.) especially
*специа́льный   special
*спеши́ть (поспеши́ть)   to hurry,
   hasten
   Его́ часы́ спеша́т иа де́сять мину́т.
   His watch is ten minutes fast.
спе́шно   (adv.) in haste, hastily
спе́шный   urgent, pressing
   в спе́шном поря́дке   quickly, rush
СПИД (синдро́м приобретённого
   имму́но-дефици́та)   AIDS
*спина́   back
спи́сок   list
спи́чка   match
спле́тник, спле́тница   gossip,
   talebearer (m., f.)
спле́тничать   to gossip, talk
сплошно́й   continuous, entire
   сплошна́я ма́сса   solid mass
   сплошно́е удово́льствие   sheer
   joy
*сплошь   (adv.) entirely, everywhere
   сплошь и ря́дом   very often
   сплошь одни́ цветы́   flowers
   everywhere
споко́йно   (adv.) quietly
*споко́йный   quiet, peaceful,
   tranquil

Бу́дьте споко́йны.   Don't worry.
споко́йное мо́ре   calm sea
Споко́йной но́чи.   Good night.
спор   argument, debate
*спо́рить (поспо́рить)   to argue,
   dispute
спо́рный   questionable, debatable,
   moot, controversial
*спорт   sport
спорти́вный   sporting, athletic
спо́соб   way, method
   спо́соб выраже́ния   manner of
   expressing oneself
   таки́м спо́собом   in this way
спосо́бность   (f.) ability, faculty
спосо́бный   able, clever, gifted,
   capable
справедли́вость   (f.) justice,
   fairness
справедли́вый   just, fair
спра́вочник   reference book,
   information book, guidebook
*спра́шивать (спроси́ть)   to ask a
   question, demand, inquire
спрос   demand
   в большо́м спро́се   in great
   demand
   спрос и предложе́ние   demand
   and supply
спроси́ть—see спра́шивать
спря́тать(ся)—see пря́тать(ся)
*спуска́ть (спусти́ть)   to let down,
   lower
   не спуска́ть глаз   not to take
   one's eyes off
   спуска́ть флаг   to lower the flag
спуска́ться (спусти́ться)   to
   descend, go down
   спусти́ться по ле́стнице   to go
   downstairs
спусти́ть(ся)—see спуска́ть(ся)
*спустя́   (adv.) after, later
   не́сколько дней спустя́   several
   days later
спу́тник   fellow-traveler, satellite,
   one who travels with
   Луна́ спу́тник Земли́.   The moon
   is the earth's satellite.
*сравне́ние   comparison
   по сравне́нию   in comparison
   сте́пени сравне́ния   degrees of
   comparison

сравнивать (сравнить) to compare
сравнительно (adv.) comparatively, in comparison
сравнительный comparative
сравнить—see сравнивать
*сразу (adv.) at once, right away
среда Wednesday
   в среду on Wednesday
*среди amongst, amidst (with gen.)
   среди комнаты in the middle of the room
   среди нас among us
средний middle, medium, average
   мужчина средних лет middle-aged man
   ниже среднего below average
   средние способности average ability
   средняя школа secondary school
средство means
   жить не по средствам to live beyond one's means
   местные средства local resources
   средства к существованию means of existence
   средства производства means of production
   средства массовой информации mass media
сровнять—see равнять
срывать (сорвать) to tear away, to tear off
   сорвать маску с кого-либо to tear the mask from someone
срываться (сорваться) to break loose, break away
ссориться (поссориться) to quarrel (with), fall out (with)
*ставить (поставить) to set, place, put in a vertical position
   высоко ставить кого-либо to think highly of someone
   поставить пьесу to produce a play
   ставить всё на карту to stake all
   ставить кому-либо препятствия to put obstacles in one's way
   ставить проблему to raise a problem
   ставить условия to lay down conditions
   ставить часы to set the clock

стадион stadium
стадо herd, flock
стажировка special training
*стакан drinking glass
сталкиваться (столкнуться) to collide, run into
   Автомобили столкнулись. The cars collided.
   Интересы их столкнулись. Their interests clashed.
   Мы вчера случайно столкнулись. We ran into each other yesterday.
стало быть so, thus, consequently, it follows that
сталь (f.) steel
стандарт standard
стандартный standard (adj.)
   стандартный дом prefabricated house
*становиться (стать) to become, grow
   Его не стало. He has passed away.
   Становится холодно. It is getting cold.
   стать учителем to become a teacher
станция station
старательно diligently, assiduously
стараться (постараться) to endeavor, try
   стараться впустую to waste one's efforts
   стараться изо всех сил to do one's utmost
*старик old man
старина olden times
старинный ancient, antique
старомодный old-fashioned
старость (f.) old age
*старуха old woman
старший older, senior
   старший врач head physician
   старший сын oldest son
*старый old
   Всё по-старому. Everything is the same (all as of old).
   старая дева old maid
стать (perf.) to begin, come to be
   Он стал читать. He began to read.

стать—see станови́ться
статья́ article
  передова́я статья́ editorial
  Э́то осо́бая статья́. That's
    another matter.
*стекло́ glass
  око́нное стекло́ window glass
стекля́нный glass (adj.)
стели́ть (постели́ть) spread
  стели́ть посте́ль to make the bed
*стена́ wall
стенографи́стка stenographer (f.)
сте́пень (f.) degree, extent
  возводи́ть во втору́ю сте́пень to
    raise to the second power
  До како́й сте́пени? To what
    extent?
  до после́дней сте́пени to the last
    degree
  сте́пени сравне́ния degrees of
    comparison
  сте́пень до́ктора doctorate, Ph.D.
степь (f.) steppe
стере́ть—see стира́ть
стере́чь to guard, watch over
стесня́ться to feel shy, be ashamed
  of
  Он стесня́ется сказа́ть вам. He
    is ashamed to call you.
стиль (m.) style
  возвы́шенный стиль grand style
сти́мул incentive, stimulus
стипе́ндия stipend, scholarship
стира́ть (стере́ть) to wipe, clean,
  erase
  стира́ть пыль to dust
стира́ть (вы́стирать) to wash,
  launder
стихи́ (pl.) verse, poems, poetry
стихотворе́ние poem
сто hundred
*сто́ить (imp.) to cost, to be worth
  ничего́ не сто́ит to be worthless
  Ско́лько э́то сто́ит? How much
    does it cost?
  Сто́ит проче́сть э́то. It is worth
    reading.
  Э́то сто́ило ему́ большо́го труда́.
    This cost him much trouble.
*стол table
  накрыва́ть на стол to set the
    table

  пи́сьменный стол desk
столе́тие century
столи́ца capital city
столкнове́ние collision, crash
столкну́ться—see ста́лкиваться
столо́вая dining room
столо́вый table (adj.)
  столо́вая ло́жка tablespoon
  столо́вое вино́ table wine
*сто́лько (adv.) so much, so many
  сто́лько вре́мени so much time
  столько, сколько as much as
стона́ть to moan, groan
сторгова́ться —see торгова́ться
сто́рож watchman, guard
*сторона́ side
  брать чью́-либо сто́рону to take
    someone's side
  име́ть свои́ хоро́шие сто́роны to
    have one's good points
  ро́дственник со стороны́ отца́
    relative on one's father's side
  с друго́й стороны́ on the other
    hand
  с мое́й стороны́ for my part
  уклоня́ться в сто́рону to
    deviate
  шу́тки в сто́рону joking aside
*стоя́ть to stand
  Пе́ред ним стои́т вы́бор. He is
    faced with a choice.
  Со́лнце стои́т высоко́ на не́бе.
    The sun is high in the sky.
  стоя́ть на коле́нях to kneel
  стоя́ть на я́коре to be at anchor
  Часы́ стоя́т. The watch has
    stopped.
страда́ние suffering
страда́ть (пострада́ть) to suffer
страна́ country
страни́ца page
*стра́нно (adv.) strangely, in a
  strange way
стра́нный strange, queer, odd,
  funny
стра́стно (adv.) passionately
стра́стный ardent, fervent,
  passionate
страсть (f.) passion
стратосфе́ра stratosphere
страх fear, fright
страхо́вка insurance

*стра́шно (adv.) it is terrible, terribly, awfully

стра́шный terrible, frightful, fearful

стре́лка pointer, hand (of a clock)

стри́чься (постри́чься) to have one's hair cut

стро́гий strict, severe

стро́го (adv.) strictly, severely

стро́ить (постро́ить) to build, construct

строй system, order, formation

стро́йный well-proportioned, well-composed

строка́ line
  чита́ть ме́жду строк to read between the lines

студе́нт, студе́нтка student (m., f.)

сту́день aspic

студи́ть (остуди́ть) to cool off

сту́дия studio, workshop

стук knock, tap, noise

сту́кать (сту́кнуть) to knock, rap, pound

сту́кнуть—see сту́кать

*стул chair

стуча́ть (постуча́ть) to knock, rap
  Стучи́т в виска́х. The blood is pounding at my temples.
  стуча́ть в дверь to knock on the door

стыд shame

стыдли́во (adv.) shamefacedly, bashfully, shyly

*сты́дно it is a shame, it is disgraceful
  Как вам не сты́дно! You ought to be ashamed of yourself.
  Мне сты́дно. I am ashamed.

суббо́та Saturday
  в суббо́ту on Saturday

суд law court, justice, judgment

суди́ть to try, referee, judge
  наско́лько он мо́жет суди́ть to the best of his judgment
  суди́ть по вне́шнему ви́ду to judge by appearances

судьба́ fate, destiny, fortune
  искуша́ть судьбу́ to tempt one's fate

судья́ judge

сумасше́дший mad

сумасше́дшая ско́рость breakneck speed

Э́то бу́дет сто́ить сумасше́дших де́нег. It will cost an enormous sum.

сумато́ха bustle, turmoil

сумбу́р confusion

*суме́ть (perf.) to know how, be able, succeed, to manage to
  Он не суме́ет э́того сде́лать. He will not be able to do it.

су́мка handbag, pouch, pocketbook

су́мма sum

су́мрак twilight, dusk

сунду́к trunk, box, chest

су́нуть (perf.) to poke, thrust, shove
  су́нуть свой нос to pry
  су́нуть что́-либо в карма́н to slip something in one's pocket

суп soup

супру́г (m.), супру́га (f.) spouse

суро́во (adv.) severely, sternly

суро́вый severe, stern

су́тки twenty-four hours, day

су́хо (adv.) it is dry, dryly

*сухо́й dry, arid
  сухо́й кли́мат dry climate
  сухой приём cold reception

суши́ть (вы́сушить) to dry

существо́ being, creature

существова́ние existence

существова́ть to be, exist
  существу́ют лю́ди, кото́рые there are people who
  Э́то существу́ет. It exists.

сфе́ра sphere, realm
  сфе́ра влия́ния sphere of influence
  Э́то вне его́ сфе́ры. It is out of his realm.

сфинкс sphinx

схвати́ть—see хвата́ть

*сходи́ть (сойти́) to go down, get off, alight
  Кра́ска сошла́ со стены́. The paint came off the wall.
  сходи́ть с ума́ to go mad

схо́дный similar, suitable

схо́дство likeness, resemblance

сце́на stage, scene

устра́ивать сце́ну to make a
  scene
счастли́вый happy, fortunate
  Счастли́вого пути́! Have a good
  trip!
сча́стье luck, happiness
  к сча́стью fortunately
счесть—see счита́ть
счёт calculation, score, bill
  на счёт on account
  На э́тот счёт вы мо́жете быть
  споко́йны. You may be easy on
  that score.
  откры́ть (perf.) счёт to open an
  account
  по его́ счёту by his reckoning
  приня́ть (perf.) что́-либо на свой
  счёт to take something as
  referring to oneself
  своди́ть ста́рые счёты to pay off
  old scores
*счита́ть (счесть) to count,
  consider
  Он счита́ет его́ че́стным
  челове́ком. He considers him
  an honest man.
  счита́ть по па́льцам to count on
  one's fingers
  счита́ть себя́ to consider oneself
  (to be)
  счита́ться (посчита́ться) to
  consider, take into consideration,
  reckon
  Он счита́ется хоро́шим
  учи́телем. He is considered a
  good teacher.
  счита́ется, что it is considered
  that
  Э́то не счита́ется. It does not
  count.
сшить—see шить
съедо́бный edible
съезд congress, convention,
  conference
съесть—see есть
сыгра́ть—see игра́ть
сын son
сыр cheese
сы́ро (adv.) damply, it is damp
*сыро́й damp, raw, uncooked
  сыра́я пого́да damp weather
  сыро́е мя́со raw meat

сыро́й материа́л raw material
сы́рость (f.) dampness
сы́тый satisfied, replete
сэконо́мить—see эконо́мить
*сюда́ here, hither
  Иди́те сюда́. Come this way.
  Come here.
сюже́т subject, topic, plot
сюрпри́з surprise, unexpected
  present
сюрту́к frock coat

Т

таба́к tobacco
табли́ца table, chart
  табли́ца логари́фмов table of
  logarithms
таи́нственный mysterious, secret
таи́ть (утаи́ть) to hide, conceal
  не́чего греха́ таи́ть it must be
  confessed
  таи́ть зло́бу на кого́-либо to
  bear malice, have a grudge against
  someone
таи́ться to be hidden, be
  concealed, hide oneself
  Не таи́сь от меня́. Don't conceal
  anything from me.
тайко́м (adv.) secretly,
  surreptitiously
*та́йна mystery, secret, secrecy
  выдава́ть та́йну to betray a
  secret
  держа́ть что́-либо в та́йне to
  keep something secret
  не та́йна, что it is no secret that
  под покро́вом та́йны under the
  veil of secrecy
та́йно (adv.) secretly,
  underhandedly
та́йный secret, covert, clandestine
*так so, thus, in this way
  Вот так. That's the right way.
  е́сли так if that's the case
  Здесь что́-то не так. There is
  something wrong here.
  и́менно так just so
  ита́к да́лее (и т.д.) and so forth,
  etc.

Как бы не так. Nothing of the sort.

не так ли? Isn't it so?

Она́ так же краси́ва как её сестра́. She is just as pretty as her sister.

Он говори́л так, как бу́дто она́ не зна́ла. He spoke as though she didn't know.

Сде́лайте так, что́бы она́ не зна́ла. Do it so that she won't know.

так ва́жно so important

Так вы его́ зна́ете! So you know him!

так давно́ so long ago

Так ему́ и на́до. It serves him right.

так или и́наче in any event

так как она́ уже́ уе́хала since she has already left

Так ли э́то? Is that really so?

так называ́емый so-called

та́к себе́ so-so, middling

Я так и сказа́л ему́ That's exactly what I told him.

*****та́кже** also, in addition, either

Он та́кже пое́дет в Москву́. He will also go to Moscow.

Он та́кже не пое́дет в Москву́. He will not go to Moscow, either.

*****тако́й** such, such a

в тако́й-то час at such and such an hour

Вы всё тако́й же. You are just the same.

таки́м о́бразом in this way

тако́й же как the same as

Что тако́е? What is the matter?

Что э́то тако́е? What is that?

такси́ (n., not declined) taxi

такт tact, bar (in music)

отсу́тствие та́кта tactlessness

челове́к с та́ктом a man of tact

такти́чно tactfully, with tact

тала́нт talent, gift

тала́нтливо (adv.) ably, finely

тала́нтливость (f.) talent, gifted nature

тала́нтливый gifted, talented

та́лия waist

*****там** there

та́нец dance

пойти́ на та́нцы to go to a dance

танцева́ть to dance

*****таре́лка** plate

таска́ть, тащи́ть to drag, pull, lag

та́ять (раста́ять) to melt, thaw

Его́ си́лы та́ют. His strength is dwindling.

Зву́ки та́ют. The sounds are fading away.

твёрдость (f.) hardness, solidity, firmness

твёрдый hard, firm, steadfast

стать твёрдо ного́й где́-либо to secure a firm footing somewhere

твёрдые це́ны fixed prices

твёрдое убежде́ние firm conviction

*****твой, твоя́, твоё, твои́** your, familiar (m., f., n., pl.)

тво́рческий creative

т. е. (то есть) that is

теа́тр theater

театра́льный theatrical, melodramatic

текст text

телеви́дение television

телеви́зор television set

телегра́мма telegram

телесериа́л television series

телефо́н telephone

звони́ть по телефо́ну to telephone

те́ло body

жи́дкое те́ло (in physics) liquid

твёрдое те́ло (in physics) solid

посторо́ннее те́ло foreign body

теля́тина veal

тем the (not as an article)

тем не ме́нее nevertheless

тем ху́же so much the worse

Чем бо́льше, тем лу́чше. The more, the better.

те́ма subject, topic, theme

темне́ть (потемне́ть) to grow dark

Кра́ски потемне́ли. The colors have darkened.

Темне́ет. It is getting dark.

У него́ потемне́ло в глаза́х. Everything went dark before his eyes.

темно́ (adv.) dark, it is dark

*темнота́ darkness; intellectual ignorance
*тёмный dark, obscure
темп rate, speed, pace
температу́ра temperature
тенде́нция tendency, purpose
  основна́я тенде́нция underlying purpose
  проявля́ть тенде́нцию to exhibit a tendency
те́ннис tennis
  игра́ть в те́ннис to play tennis
*тень (f.) shade, shadow
  боя́ться со́бственной те́ни to be afraid of one's own shadow
  держа́ться в тени́ to remain in the background
  От него́ оста́лась одна́ тень. He is a shadow of his former self.
теоре́ма theorem
теорети́чески (adv.) in theory, theoretically
тео́рия theory
*тепе́рь now, at present, nowadays
тепло́ (adv.) warmly, it is warm
  оде́ться (perf.) тепло́ to dress warmly
  тепло́ встре́тить кого́-либо to give someone a hearty welcome
теплота́ warmth, cordiality
тёплый warm, cordial, kindly
  тёплая компа́ния rascally crew
  тёплые кра́ски warm colors
  тёплый приём cordial welcome
тере́ть to rub, polish, grind
термо́метр thermometer
терпели́во (adv.) patiently, with patience
*терпели́вость (f.) patience, endurance
терпели́вый patient
терпе́ние patience, endurance, forbearance
  выводи́ть кого́-либо из терпе́ния to try someone's patience
  вы́йти из терпе́ния to lose patience
терпе́ть to suffer, endure, undergo, bear
  Вре́мя те́рпит. There's no hurry.

  Он не мо́жет э́того бо́льше терпе́ть. He can't stand it any longer.
терпе́ть нужду́ to suffer privation
терпи́мый tolerant, indulgent
*теря́ть (потеря́ть) to lose
теря́ться (потеря́ться) to be lost, get lost, lose one's self-possession
те́сно (adv.) narrowly, tightly, it is crowded
те́сный cramped, tight, small, close
  те́сная дру́жба intimate friendship
  те́сная связь close connection
  те́сные объя́тия tight embrace
те́сто dough
тетра́дь (f.) notebook, copybook
*тётя aunt
те́хник technician
те́хника technic, technique
те́хникум technical school
техни́ческий technical
тече́ние current (as of water), course, trend, tendency
  в тече́ние неде́ли in the course of the week, during the week
течь to flow (as of water), run, glide, leak
  Вре́мя течёт бы́стро. Time flies.
  Здесь течёт. There's a leak here.
  Река́ течёт. The river is flowing.
  У него́ слю́нки теку́т. His mouth is watering.
ти́гель (m.) crucible
тип type, model, species
ти́хий quiet, still, low, gentle, faint
ти́хо (adv.) quietly, faintly, gently, it is calm
ти́ше quieter, hush!
*тишина́ quiet, silence, peace
  наруша́ть тишину́ to disturb the silence
  соблюда́ть тишину́ to make no noise
то then, in that case, that
  Если вы не пойдёте, то я пойду́. If you don't go, (then) I will.
  Не то, что́бы мне не хоте́лось . . . It is not that I don't want to . . .
  то́ есть (т. е.) that is
*това́рищ comrade
*тогда́ then, at that time

тогда́ же at the same time

тогда́шний of that time

то́же also, too, likewise, as well

Он то́же пойдёт. He is going, too (as well).

Он то́же не зна́ет. He does not know, either.

То́же хоро́ш! You are a nice one, to be sure.

я то́же не бу́ду. Neither will I.

толка́ть (толкну́ть) to push, shove

толкну́ть—see **толка́ть**

толко́вый intelligible, clear, sensible

толпа́ crowd, throng

толсте́ть (потолсте́ть) to become fat

то́лстый fat, thick, heavy, stout

то́лько only, merely, solely

Где то́лько он не быва́л! Where has he not been!

как то́лько as soon as

Он то́лько хоте́л узна́ть. He only wanted to know.

то́лько в после́днюю мину́ту not until the last moment

то́лько что just now

Ты то́лько поду́май! Just think!

том volume

томи́тельно (adv.) it is wearisome

томи́тельный wearisome, tedious, trying, painful

томи́ть (утоми́ть) to weary, tire, wear out

Его́ томи́т жара́. He is exhausted by the heat.

тон tone

Не говори́те таки́м то́ном. Don't use that tone of voice.

то́ном вы́ше in more excited tones, a tone higher

то́ненький slender, slim

*__то́нкий__ thin, fine, delicate, slender

Где то́нко, там и рвётся. The strength of the chain is determined by its weakest link.

то́нкая фигу́ра slender figure

то́нкие черты́ лица́ delicate features

то́нкий вкус delicate taste

то́нкий намёк gentle hint

то́нкий слой thin layer

то́нкий слух keen ear

то́нкое разли́чие subtle distinction

то́нко (adv.) thinly, subtly

то́нкость (f.) thinness, delicacy, subtlety, fine point

тону́ть (утону́ть) to sink, drown

топи́ть (утопи́ть) to sink, drown (something else)

топи́ть го́ре в вине́ to drown one's sorrows in drink

топи́ть су́дно to sink a ship

топи́ться (утопи́ться) to drown oneself

топо́р axe

торгова́ться (сторгова́ться) to bargain

торго́вец merchant, dealer

торго́вля trade, commerce

торже́ственный solemn, festive, triumphant

торжество́ festival, celebration, triumph

торжествова́ть to celebrate, triumph, exult

то́рмоз brake, hindrance

тормози́ть to brake, hinder

торопи́ться (поторопи́ться) to hurry, be in a hurry

На́до торопи́ться. You must hurry.

не торопя́сь leisurely

торопи́ться в теа́тр to hurry to the theater

торт cake

тоска́ melancholy, depression, tedium, yearning

тоска́ по ро́дине homesickness

У него́ тоска́ на се́рдце. His heart is heavy.

Э́та кни́га—одна́ тоска́. This book is very boring

тост toast

*__тот, та, то, те__ that, those (m., f., n., pl.)

вме́сте с тем at the same time

де́ло в том, что the fact is that

и тому́ подо́бное (и т. п.) and so on

кро́ме того́ besides that

к тому́ же moreover

несмотря́ на то, что   in spite of the fact that

ни с того́, ни с сего́   for no reason at all

по́сле того́, как   after

с тех пор   since then

*__то́чка__   point, dot, spot, period

попа́сть в то́чку   to strike home, hit the nail on the head

то́чка зре́ния   point of view

то́чка с запято́й   semicolon

то́чно   (adv.) exactly, precisely, accurately

то́чно так   just so, exactly

то́чность   (f.) exactness, precision, accuracy

тошни́ть   to be nauseous

Его́ тошни́т.   He feels sick.

Меня́ тошни́т.   I feel nauseous.

От э́того тошни́т   It is sickening.

трава́   grass

траге́дия   tragedy

траги́чески   (adv.) tragically

траги́ческий   tragic

траги́ческий актёр   tragedian

тради́ция   tradition

тра́ктор   tractor

трамва́й   (m.) streetcar

е́здить на трамва́е   to go by streetcar

*__тра́тить (истра́тить)__   to spend, expend

тра́ур   mourning

тре́бование   demand, request, claim

тре́бовательный   exacting, fastidious, particular

тре́бовать (потре́бовать)   to demand, urge, require

трево́га   alarm, anxiety, uneasiness

ло́жная трево́га   false alarm

трево́жить (потрево́жить)   to disturb, harass, make uneasy

тре́зво   soberly

тре́звый   sober (sensible), abstinent

трепета́ние   trembling, trepidation

трепета́ть   to tremble, quiver, thrill

Трепета́ть от ра́дости   to thrill with joy

трепета́ть при мы́сли   to tremble at the thought

тре́снуть—see **треща́ть**

тре́тий   third

треуго́льник   triangle

треща́ть (тре́снуть)   to crack, crackle

три   three

тривиа́льный   banal, trite

три́дцать   thirty

тридца́тый   thirtieth

трина́дцать   thirteen

трина́дцатый   thirteenth

три́ста   three hundred

тро́гательно   (adv.) pathetically, touchingly

тро́гательный   touching, moving, affecting, pathetic

*__тро́гать (тро́нуть)__   to touch, disturb, trouble

Не тронь его́!   Leave him alone!

Э́то не тро́гает его́.   It does not move him.

тролле́йбус   trolley bus

тро́нуть—see **тро́гать**

тротуа́р   sidewalk

труба́   pipe, chimney, smokestack

*__труд__   labor, difficulty, work

без труда́   without effort

жить свои́м трудо́м   to live by one's own labor

Он с трудо́м её понима́ет.   He understands her with difficulty.

сли́шком мно́го труда́   too much trouble, too much work

тру́дно   (adv.) with difficulty, it is difficult

тру́дный   difficult, hard, arduous

тру́дный вопро́с   difficult question

тру́дный ребёнок   unmanageable child

труп   corpse, dead body

трус   coward

трусли́во   (adv.) apprehensively, in a cowardly manner

трусли́вый   cowardly, timid

трущо́ба   slum

тря́пка   rag, duster, spineless creature

трясти́сь   (imp.) to shake, tremble, shiver

Он весь трясётся.   He is trembling all over.

трясти́сь от хо́лода   to shiver with cold

*туда́ there, thither

биле́т туда́ и обра́тно round-trip ticket

Туда́ ему́ и доро́га. It serves him right.

туда́ и сюда́ here and there

тума́н mist, fog, haze

быть как в тума́не to be in a fog

напусти́ть тума́ну to obscure

Тума́н рассе́ялся. The fog has cleared.

тума́нно (adv.) hazily, obscurely, vaguely

тума́нный misty, foggy, obscure

тума́нный смысл hazy meaning

тупи́к dead-end street, blind alley

найти́ вы́ход из тупика́ to find a way out of an impasse

тупо́й blunt, dull, stupid

тупо́е зре́ние dim sight

тупо́й учени́к dunce

ту́пость (f.) bluntness, dullness, stupidity

тури́ст tourist

ту́склый dim, dull, lusterless

ту́склая жизнь dreary life

ту́склый свет dim light

ту́склый стиль lifeless style

*тут here

не ту́т-то бы́ло nothing of the sort

ту́т же there and then

ту́фля shoe, slipper

ту́ча storm cloud, swarm

смотре́ть ту́чей to lower (look very angry)

ту́ча мух swarm of flies

тушёный stewed

туши́ть (потуши́ть) to put out, quell, stew

туши́ть газ to turn off the gas

туши́ть свет to put out the light

тща́тельный careful, painstaking

тще́тно (adv.) vainly, in vain

тще́тный vain, futile

*ты you (sing., familiar)

ты́сяча thousand

ты́сячный thousandth

тюрба́н turban

тюрьма́ prison

*тяжело́ (adv.) heavily, seriously, gravely

Ему́ тяжело́. It is hard for him.

тяжело́ бо́лен dangerously ill

тяжело́ вздыха́ть to sigh heavily

тяжёлый heavy, severe, difficult, serious

тяжёлая боле́знь serious illness

тяжёлая рабо́та hard work

тяжёлое наказа́ние severe punishment

тяжёлые времена́ hard times

У него́ тяжёлый хара́ктер. He is hard to get along with.

тя́жесть (f.) weight, gravity

тяну́ть (потяну́ть) to pull, draw, drag

Его́ тя́нет домо́й. He longs to go home.

Не тяни́! Hurry up! Don't drag it out.

тяну́ть всё ту же пе́сню to harp on the same string

тяну́ть жре́бий to draw lots

тяну́ть кого́-либо за рука́в to pull someone by the sleeve

тяну́ть но́ту to sustain a note

тяну́ться (потяну́ться) to stretch, extend

Дни тя́нутся однообра́зно. The days drag on monotonously.

Равни́на тя́нется на сто киломе́тров. The plain extends for 100 kilometers.

Цвето́к тя́нется к со́лнцу. The flower turns towards the sun.

У

*у by, at near, at the home of, possession (with gen.)

Он был у меня́. He was at my house.

стоя́ть у две́ри to stand near, by the door

у меня́ есть I have

Я э́то взял у неё. I took it from her.

уба́вить—see **убавля́ть**

убавля́ть (уба́вить)　to diminish,
reduce, lessen

Он убавля́ет себе́ го́ды.　He
makes himself out younger than
he is.

уба́вить в ве́се　to lose weight

убавля́ть це́ну　to lower the price

убеди́тельный　convincing,
persuasive

убега́ть (убежа́ть)　to run away

убеди́ть—see убежда́ть

убежа́ть—see убега́ть

убежда́ть (убеди́ть)　to convince,
persuade

убежде́ние　persuasion, conviction

Все убежде́ния бы́ли напра́сны.
All persuasion was in vain.

де́йствовать по убежде́нию　to
act according to one's convictions

убива́ть (уби́ть)　to kill, slay

убива́ть вре́мя　to kill time

убива́ть мо́лодость　to waste
one's youth

Хоть убе́й не зна́ю.　I couldn't
tell you to save my life.

уби́йство　murder, assassination

уби́йца　killer

*убира́ть　to remove, take away, to
clean

убира́ть ко́мнату　to clean a room

убира́ть со стола́　to clear the
table

уби́ть—see убива́ть

*убо́рная　lavatory, dressing room

убра́ть—see убира́ть

уважа́емый　respected

*уважа́ть　to respect, esteem

глубоко́ уважа́ть　to hold in high
respect

уважа́ть себя́　to have self-respect

уваже́ние　respect, esteem

из уваже́ния　in deference

Он досто́ин уваже́ния.　He is
worthy of respect.

по́льзоваться глубо́ким
уваже́нием　to be held in high
respect

увеличе́ние　increase, extension,
expansion, enlargement

увели́чивать (увели́чить)　to
increase, enlarge, extend

увеличи́тельный　magnifying

увели́чить—see увели́чивать

увере́ние　assurance, protestation

уве́ренно　(adv.) confidently, with
confidence

уве́ренность　(f.) confidence

с уве́ренностью　with confidence

уве́ренность в себе́　self-reliance

уве́ренный　sure, assured, positive,
confident

бу́дьте уве́рены　you may be sure

уве́ренная рука́　sure hand

уве́ренный шаг　confident step

уве́рить—see уверя́ть

уверя́ть (уве́рить)　to assure,
convince

уверя́ю вас, что　I assure you that

уви́деть—see ви́деть

увлека́тельный　fascinating,
captivating

увлека́ть (увле́чь)　to fascinate,
captivate, allure, entice

увлече́ние　enthusiasm, animation

говори́ть с увлече́нием　to speak
with enthusiasm

его́ ста́рое увлече́ние　an old
flame of his

увле́чь—see увлека́ть

увы́!　alas!

угада́ть—see уга́дывать

уга́дывать (угада́ть)　to guess,
divine

углублённый　deep, profound,
absorbed

угова́ривать (уговори́ть)　to try to
persuade, talk into

угова́риваться (уговори́ться)　to
arrange (with), agree

**Они́ уговори́лись встре́титься в
библиоте́ке.**　They arranged
(agreed) to meet at the library.

уговори́ть(ся)—see
угова́ривать(ся)

уго́дно　(adv.) wished, desired; any-,
-ever

Задава́йте каки́е уго́дно вопро́сы.
Ask any questions you like.

как вам уго́дно　as you please

как уго́дно　anyhow

кто уго́дно　anybody

ско́лько душе́ уго́дно　to one's
heart's content

у́гол　corner, angle

в углу́   in the corner

за угло́м   around the corner

за́гнутые углы́   dog-eared pages

име́ть свой у́гол   to have a home of one's own

под прямы́м угло́м   at right angles

у́голь   coal

угости́ть—see угоща́ть

угоща́ть (угости́ть)   to treat, entertain

угоще́ние   treating, refreshments

угрю́мый   sullen, gloomy, morose

удалённый   remote

удали́ться—see удаля́ться

удаля́ться (удали́ться)   to move off, away

удаля́ться от бе́рега   to move away from the shore

удаля́ться от те́мы   to wander from the subject

уда́р   blow, stroke

одни́м уда́ром уби́ть двух за́йцев   to kill two birds with one stone

со́лнечный уда́р   sunstroke

Э́то для него́ тяжёлый уда́р.   It is a hard blow for him.

ударе́ние   accent, stress, emphasis

уда́рить—see ударя́ть

*ударя́ть (уда́рить)   to hit, strike

Мо́лния уда́рила.   Lightning struck.

уда́рить кого́-либо по карма́ну   to cost someone a pretty penny

ударя́ть по столу́   to bang on the table

уда́ться   (perf.) to turn out well, be a success

Ему́ удало́сь найти́ э́то.   He succeeded in finding it.

Мы хоте́ли пое́хать, но нам не удало́сь.   We wanted to go, but it didn't work out.

уда́ча   good luck, success

Ему́ всегда́ уда́ча.   He always has luck.

уда́чи и неуда́чи   ups and downs

уда́чно   (adv.) successfully, well

*уда́чный   successful, apt

уда́чная попы́тка   successful attempt

уда́чное выраже́ние   apt expression

уде́льный   specific

уде́льный вес   specific gravity

удиви́тельно   (adv.) amazingly, astonishingly, it is strange

не удиви́тельно, что   no wonder that

удиви́тельный   astonishing, surprising, striking, amazing, wondrous

*удиви́ть(ся)—see удивля́ть(ся)

удивле́ние   astonishment, surprise, wonder, amazement

рази́нуть рот от удивле́ния   to be open-mouthed with astonishment

удивля́ть (удиви́ть)   to astonish, surprise, amaze

удивля́ть(ся) (удиви́ть(ся))   to surprise; to be surprised, wonder at

Вот она́ удиви́ться.   She will be so surprised.

удо́бно   (adv.) comfortably, conveniently

Ему́ удо́бно.   He feels comfortable.

е́сли ему́ э́то удо́бно   if it is convenient for him

*удо́бный   comfortable, handy, convenient

удо́бное кре́сло   comfortable armchair

удо́бный моме́нт   opportune moment

удо́бный слу́чай   opportunity

удо́бство   comfort

удовлетворе́ние   satisfaction, gratification

находи́ть удовлетворе́ние   to find satisfaction

получа́ть по́лное удовлетворе́ние   to be fully satisfied

удовлетвори́тельно   (adv.) satisfactorily

удовлетвори́тельный   satisfactory, satisfying

удовлетвори́ть—see удовлетворя́ть

удовлетворя́ть (удовлетвори́ть)   to satisfy, content, comply with

удово́льствие   pleasure

жить в своё удово́льствие   to enjoy one's life

получи́ть удово́льствие от чего́-либо   to enjoy something

с удово́льствием   with pleasure, gladly

уедине́ние   solitude, seclusion

уединённо   (adv.) solitarily

уезжа́ть (уе́хать)   to leave, go away, depart (by conveyance)

уе́хать—see **уезжа́ть**

у́жас   terror, horror

быть в у́жасе   to be horrified

Како́й у́жас!   How terrible!

У́жас как хо́лодно.   It is terribly cold.

ужа́сно   (adv.) terribly, horribly, awfully, it is terrible

ужа́сный   terrible, horrible

уже́   already, no longer

Он уже́ не ребёнок.   He is no longer a child.

Он уже́ ко́нчил.   He has already finished.

уже́ давно́   long time ago

уже́ не раз   more than once

*****у́жин**   supper

за у́жином   at supper

у́жинать (поу́жинать)   to have supper

у́зел   knot, bundle

завя́зывать у́зел   to tie a knot

*****у́зкий**   narrow, tight

у́зкие взгля́ды   narrow views

*****узнава́ть (узна́ть)**   to recognize, find out

Он узна́л её по го́лосу.   He knew her by her voice.

Он узна́л мно́го но́вого.   He learned much that was new to him.

Узна́йте по телефо́ну, когда́ нача́ло спекта́кля.   Call to find out when the play begins.

узна́ть—see **узнава́ть**

уйти́—see **уходи́ть**

ука́з   decree, edict

указа́тельный   indicating, indicatory

указа́тельный палец   forefinger

указа́ть—see **ука́зывать**

ука́зывать (указа́ть)   to show, indicate, point out

укла́дываться (уложи́ться)   to pack

укра́сть—see **красть**

укрепи́ть—see **укрепля́ть**

укрепле́ние   strengthening, fortifying

укрепля́ть (укрепи́ть)   to fortify, strengthen

у́ксус   vinegar

уку́с   bite, sting

укуси́ть   (perf.) to bite, sting

Кака́я му́ха его́ укуси́ла?   What possessed him?

ула́дить   (perf.) to settle, arrange

ула́дить спо́рный вопро́с   to settle a controversial question

*****у́лица**   street

на у́лице   on the street, out of doors

уложи́ться—see **укла́дываться**

уло́женный   packed

улучша́ть(ся) (улу́чшить(ся))   to improve (something); to improve (itself), make better

Его́ здоро́вье улу́чшилось.   His health has improved.

улу́чшить(ся)—see **улучша́ть(ся)**

*****улыба́ться (улыбну́ться)**   to smile

Жизнь ему́ улыба́лась.   Life smiled on him.

не улыба́ясь   unsmilingly

улы́бка   smile

улыбну́ться—see **улыба́ться**

*****ум**   mind, wit, intellect

в здра́вом уме́   in one's right senses

ему́ пришло́ на ум   it occurred to him

сходи́ть с ума́   to go mad

Ум хорошо́, а два лу́чше.   Two heads are better than one.

уменьша́ть(ся) (уме́ньшить(ся))   to diminish, decrease, lessen; to be diminished

уменьши́тельный   diminutive

уме́ньшить(ся)—see **уменьша́ть(ся)**

уме́ренность   (f.) moderation, temperance

уме́ренный   moderate, temperate

умере́ть—see **умира́ть**

уме́ть   to know how, be able

Он сде́лает э́то как уме́ет.   He'll do it to the best of his ability.

умира́ть (умере́ть) to die

умира́ть от ску́ки to be bored to death

умно́ (adv.) cleverly, wisely, sensibly

умноже́ние multiplication, increase

***у́мный** clever, intelligent

умолка́ть (умо́лкнуть) to fall silent

умо́лкнуть—see **умолка́ть**

умоля́ть to entreat, implore

умоля́ющнй pleading, suppliant

у́мственный mental, intellectual

умыва́ть(ся) (умы́ть(ся)) to wash (something); to wash (oneself)

умы́ть(ся)—see **умыва́ть(ся)**

унести́—see **уноси́ть**

универса́льный universal

университе́т university

униже́ние humiliation

уничтожа́ть (уничто́жить) to destroy, crush, wipe out

Ого́нь всё уничто́жил. The fire has destroyed everything.

уничто́жить—see **уничтожа́ть**

уноси́ть (унести́) to take away, carry off

Воображе́ние унесло́ его́ далеко́. He was carried away by his imagination.

уны́ло despondently, dolefully

уны́лый sad, dismal, despondent

упа́док decline, breakdown

приходи́ть в упа́док to fall into decay

упа́док ду́ха low spirits

упако́ван packed

упа́сть—see **па́дать**

упое́ние rapture, ecstasy

упомина́ть (упомяну́ть) to mention, refer to

упомина́ть вско́льзь to mention in passing

упомяну́ть—see **упомина́ть**

упо́рный persistent, stubborn

употреби́тельный common, generally used

употреби́ть—see **употребля́ть**

употребля́ть (употреби́ть) to make use of

употреби́ть власть to exercise one's authority

употреби́ть все уси́лия to exert every effort

употребля́ться (употреби́ться) to be in use

широко́ употребля́ется to be in common usage

управле́ние management, control, conducting

управля́ть to govern, rule, manage, conduct

управля́ться (упра́виться) to manage to

упра́вится с дела́ми to finish up business

упражне́ние exercise

упражня́ться to practice

упрёк reproach, reproof

упрека́ть (упрекну́ть) to reproach, upbraid

упрекну́ть—see **упрека́ть**

упроще́ние simplification

упря́мство stubbornness, obstinacy

***упря́мый** obstinate, stubborn

уравне́ние equalization, equation (math.)

ура́внивать (уровня́ть) to equalize, level

урага́н hurricane

у́ровень (m.) level, standard

жи́зненный у́ровень standard of living

у́ровень воды́ water level

уровня́ть—see **ура́внивать**

***уро́к** lesson

ус, усы́ (pl.) mustache, whiskers

мота́ть что́-либо себе́ на ус to observe something silently

усе́рдие zeal, diligence

усе́рдный zealous, diligent

уси́лие effort

уско́рить—see **ускоря́ть**

ускоря́ть (уско́рить) to hasten, quicken, expedite

усла́ть—see **усыла́ть**

***усло́вие** condition, term

ни при каки́х усло́виях under no circumstances

обяза́тельное усло́вие indispensable condition

при усло́вии, что on condition that

усло́вия догово́ра   terms of the treaty

усло́вия жи́зни   conditions of life

ста́вить усло́вия   to lay down terms

усложне́ние   complication

услу́га   service, good turn

к ва́шим услу́гам   at your service

ока́зывать кому́-либо услу́гу   to do someone a service

Услу́га за услу́гу.   One good turn deserves another.

услу́живать (услужи́ть)   to render a service, do a good turn

услужи́ть—see услу́живать

услы́шать—see слы́шать

усмотре́ние   discretion, judgment

*успе́ть   (perf.) to have time

Ему́ уже́ не успе́ть на по́езд.   He cannot be on time for the train.

Он успе́л ко́нчить уро́к.   He had time to finish the lesson.

*успе́х   success, good luck

де́лать успе́хн   to make progress

Жела́ю вам успе́ха.   I wish you good luck.

по́льзоваться успе́хом   to be a success

успе́шно   (adv.) successfully

успе́шный   successful

успока́ивать(ся) (успоко́ить(ся))   to calm, soothe, appease

успока́ивать свою́ со́весть   to salve one's own conscience

Успоко́йтесь.   Compose yourself. Calm yourself.

успоко́ить(ся)—see успока́ивать(ся)

*устава́ть (уста́ть)   to get tired

уста́лость   (f.) tiredness, weariness, fatigue

уста́лый   tired, weary, fatigued

У вас уста́лый вид.   You look tired.

уста́ть—see устава́ть

у́стный   oral, verbal

устра́ивать (устро́ить)   to arrange, organize, establish

устра́ивать сканда́л   to make a row

устра́ивать свои́ дела́   to settle one's affairs

устро́ить так, что́бы   to arrange so as to

устро́ить ребёнка в шко́лу   to get a child into school

Это меня́ вполне́ устра́ивает.   That suits me completely.

устра́иваться (устро́иться)   to settle

Всё устро́илось.   Everything has turned out all right.

Он хо́чет устро́иться в Москве́.   He wants to settle in Moscow.

устра́иваться в но́вой кварти́ре   to settle in a new apartment

устремле́ние   aspiration

у́стрица   oyster

устро́ить(ся)—see устра́ивать(ся)

усту́пка   concession

идти́ на усту́пки   to make concessions

усыла́ть (усла́ть)   to send away

утаи́ть—see таи́ть

утверди́тельно   (adv.) affirmatively

утверди́ть—see утвержда́ть

утвержда́ть (утверди́ть)   to affirm, maintain, assert, confirm

утвержде́ние   assertion, statement

утере́ть—see утира́ть

утеша́ть (уте́шить)   to comfort, console

утеше́ние   comfort, consolation

утеши́тельный   comforting, consoling

уте́шить—see утеша́ть

утира́ть (утере́ть)   to wipe, dry

у́тка   duck

утоми́тельный   tiresome, tiring, wearing

утоми́ть—see томи́ть, утомля́ть

утомле́ние   tiredness, weariness

утомля́ть (утоми́ть)   to tire, weary

утону́ть—see тону́ть

утопи́ть(ся)—see топи́ть(ся)

у́тренний   morning (adj.)

у́тро   morning

в де́вять часо́в утра́   at nine o'clock in the morning

До́брое у́тро.   Good morning.

у́тром   in the morning

утю́г   iron (for clothes), flatiron

ухáживать   to nurse, look after, court

уха́живать за ребёнком   to tend to a child

у́хо (pl. у́ши)   ear

влюби́ться по́ уши   to be head over heels in love

в одно́ у́хо вошло́, в друго́е вы́шло   in one ear and out the other

Он уша́м не ве́рил.   He could not believe his ears.

уходи́ть (уйти́)   to leave, depart (on foot)

Все си́лы ухо́дят на э́то.   One's whole energy is spent on it.

От э́того не уйдёшь.   You can't get away from it.

уходи́ть в отста́вку   to retire

уходи́ть в себя́   to withdraw into oneself

уча́ствовать   to take part in, participate

уча́стие   participation, collaboration

принима́ть уча́стие в чём-либо   to take part in something

уче́бник   textbook, manual

уче́бный   educational, school

уче́бное заведе́ние   educational institution

уче́бный год   school year

уче́ние   studies, learning

ко́нчить уче́ние   to finish one's studies

учени́к, учени́ца   student (m., f.)

учёный   learned, learned person, scholar, scientist

учи́тель, учи́тельница   teacher (m., f.)

учи́ть (вы́учить, научи́ть)   to learn, study, teach

Она́ у́чит му́зыку.   She is studying music.

Он у́чит её му́зыке.   He teaches her music.

учи́ться   to learn, study

Век живи́—век учи́сь.   Live and learn.

учи́ться в университе́те   to attend the university

учи́ться на со́бственных оши́бках   to profit by one's own mistakes

ую́т   comfort, coziness

ую́тно   comfortably, cozily

ую́тный   cozy, comfortable

ую́тная ко́мната   cozy room

Ф

фа́брика   factory, mill

фабрика́нт   manufacturer

фабри́чный   industrial, manufacturing

фабри́чная ма́рка   trademark

фабри́чный го́род   industrial city

фа́була   plot, story

фа́за   phase, period

фа́зы луны́   phases of the moon

факт   fact

го́лые фа́кты   bare facts, naked facts

факт то, что   the fact is that

Фа́кты-упря́мая вещь.   You can't fight facts.

факти́чески   (adv.) practically, actually, in fact

факти́ческий   actual, factual, virtual

фа́ктор   factor

вре́менные фа́кторы   transitory factors

факульте́т   department of a university

быть на юриди́ческом факульте́те   to be a student in the law school

медици́нский факульте́т   medical school

фальсифици́рованный   counterfeited, forged, adulterated

фальши́вый   false, artificial, counterfeit

фальши́вая но́та   false note

фальши́вые зу́бы   false teeth

фами́лия   surname, family name

фамилья́рно   (adv.) unceremoniously

фамилья́рный   unceremonious, familiar

фанати́ческий   fanatic

фантази́ровать   to daydream, dream, let one's imagination run

фанта́зия fancy, fantasy, imagination
фантасти́ческий fantastic, fabulous
Фаренге́йт Fahrenheit
фа́ртук apron
фарфо́р porcelain, china
фарш stuffing
фарширо́ванный stuffed
 фарширо́ванная ры́ба gefilte fish
фасо́н fashion, style
 на друго́й фасо́н in a different fashion
фата́льный fatal
фа́уна fauna
февра́ль (m.) February
федера́ция federation
фейерве́рк fireworks
фен hairdryer
феномена́льный phenomenal
фе́рма farm
 моло́чная фе́рма dairy farm
фе́рмер farmer
фе́тровый felt
 фе́тровая шля́па felt hat
фехтова́ние fencing
фе́я fairy
фиа́лка violet
фи́га fig
фигу́ра figure
 кру́пная фигу́ра outstanding figure
 представля́ть собо́ю жа́лкую фигу́ру to cut a poor figure
 У неё хоро́шая фигу́ра. She has a good figure.
фигу́рка statuette, figurine
фи́зик physicist
фи́зика physics
физи́ческий physical
 физи́ческая си́ла physical strength
 физи́ческий кабине́т physics laboratory
фикти́вный fictitious
фи́кция fiction
филантро́п philanthropist
филантропи́ческий philanthropic
филе́ fillet
филе́й sirloin
филиа́л subsidiary, branch office

фило́соф philosopher
филосо́фски (adv.) philosophically
филосо́фия philosophy
фильм film
 снима́ть фильм to make a film
 цветно́й фильм color film
фина́л finale
финанси́рование financing
фина́нсовый financial
фина́нсы finances, financial position
фи́ник date (fruit)
фиоле́товый violet (color)
фи́рма firm, company
флаг flag
флане́ль (f.) flannel
фле́йта flute
 игра́ть на фле́йте to play the flute
фли́гель (m.) wing of a building, annex
флиртова́ть to flirt
фло́ра flora
флот fleet, the navy
 возду́шный флот air force
фойе́ (n., not declined) foyer, lobby
фо́кус trick; focus
фона́рь (m.) lantern, lamp
 подста́вить фона́рь кому́-либо to give someone a black eye
 у́личный фона́рь street light
фонд fund, stock, reserve
 фо́ндовая би́ржа stock exchange
фонта́н fountain
 фонта́н красноре́чия fountain of eloquence
фо́ра odds
 дать фо́ру to give odds
фо́рма form, shape, uniform
 в пи́сьменной фо́рме in written form
 в фо́рме ша́ра in the form of a globe
 граммати́ческие фо́рмы grammatical forms
 надева́ть фо́рму to put on a uniform
 оде́тый не по фо́рме not properly dressed
форма́льность (f.) formality
фо́рмула formula

фортепиа́но piano

фотографи́ровать (сфотографи́ровать) to take a photograph

фотогра́фия photography

фра́за phrase, sentence

　пусты́е фра́зы mere words

франт dandy

францу́з, францу́женка Frenchman, woman (m., f.)

францу́зский French

фрукт fruit

фунда́мент foundation, groundwork

фундамента́льный fundamental, solid, substantial

фуникулёр funicular (railway)

функциона́льный functional

фу́нкция function

фунт pound

фуро́р furor

　произвести́ фуро́р to create a furor

фут foot

　длино́ю в два фу́та two feet long

футбо́л football, soccer

　футболи́ст football player

футуристи́ческий futuristic

фуфа́йка jersey, sweater

фы́ркать (фы́ркнуть) to snort, sniff

　презри́тельно фы́ркнуть to sniff scornfully

фы́ркнуть—see **фы́ркать**

X

хала́т dressing gown, bathrobe

хандра́ the blues

　На него́ напа́ла хандра́. He has the blues.

*****ха́ос** chaos

*****хара́ктер** disposition, temper, character

　име́ть твёрдый хара́ктер to have a strong will or character

　тяжёлый хара́ктер difficult nature

характери́стика characteristics

характе́рно (adv.) characteristically

характе́рный typical, distinctive, characteristic

ха́та hut

　Моя́ ха́та с кра́ю. It's no concern of mine. (My hut is on the outskirts.)

*****хвали́ть (похвали́ть)** to commend, praise

хва́стать(ся) (похва́стать(ся)) to brag, boast

хвата́ть (схвати́ть) to snatch, seize, grasp, grab

　хвата́ть кого́-либо за́ руку to seize someone by the hand

　хвата́ть что́-либо на лету́ to be very quick at something

　хвата́ться за соло́минку to grasp at a straw

хвата́ть (хвати́ть) to suffice, be enough, last out

　Ему́ хвати́ло вре́мени. He had the time.

　На сего́дня хва́тит. That will do for today.

　Э́того ему́ хва́тит на ме́сяц. It will last him for a month.

хвати́ть—see **хвата́ть**

хвост tail, train

　бить хвосто́м to lash the tail

　хвост коме́ты tail of a comet

хи́мик chemist

хими́ческий chemical

хи́мия chemistry

хиру́рг surgeon

хи́тро (adv.) slyly, cunningly

*****хи́трый** cunning, artful, sly

хладнокро́вие coolness, composure, equanimity

　сохраня́ть хладнокро́вие to keep one's head

хладнокро́вный cool, composed

*****хлеб** bread, grain

　жить на чужи́х хлеба́х to live at someone else's expense

　зараба́тывать себе́ на хлеб to earn one's living

　отби́ть (perf) у кого́-либо хлеб to take the bread out of someone's mouth

хле́бница breadbasket

хлеб-соль   hospitality (bread and salt)

хлопота́ть (похлопота́ть)   to bustle about, take the trouble, solicit

Не хлопочи́те!   Don't bother!

хлопота́ть о ме́сте   to seek a job

хло́поты   trouble, cares, fuss

несмотря́ на все его́ хло́поты   in spite of all the trouble he has taken

Не сто́ит хлопо́т.   It is not worth the trouble.

хму́риться (нахму́риться)   to frown, lower, be overcast

хму́рый   gloomy, sullen

*__хо́д__   motion, run, course, speed, entry

быть в ходу́   to be in vogue

за́дний ход   backward motion

знать все ходы́ и вы́ходы   to know all the ins and outs

ло́вкий ход   clever move

ти́хий ход   slow speed

ход мы́слей   train of thought

ход собы́тий   course of events

*__ходи́ть__   to go, walk (habitual action)

По́езд хо́дит ка́ждый день.   There is a train every day.

Слу́хи хо́дят.   Rumors are afloat.

Ту́чи хо́дят по не́бу.   Storm clouds are drifting across the sky.

ходи́ть вокру́г да о́коло   to beat around the bush

ходи́ть в шко́лу   to attend school

ходи́ть на лы́жах   to ski

ходи́ть по магази́нам   to go shopping

ходи́ть по́д руку   to walk arm in arm

ходьба́   walking

полчаса́ ходьбы́   half an hour's walk

*__хозя́ин__   master, boss, proprietor, owner, host, landlord

Он хоро́ший хозя́ин.   He is thrifty and industrious.

хозя́ин положе́ния   master of the situation

хозя́йка   mistress, owner, hostess, landlady

дома́шняя хозя́йка   housewife

*__хозя́йничать__   (imp.) to keep house, manage a household, play the boss

хозя́йство   economy, household

занима́ться хозя́йством   to keep house

пла́новое хозя́йство   planned economy

се́льское хозя́йство   agriculture

холм   hill, mound

хо́лод   cold

холоде́ц   jellied meat

холоди́льник   refrigerator

хо́лодно   (adv.) coldly, it is cold

Мне хо́лодно.   I am cold.

хо́лодно встре́тить кого́-либо   to receive someone coldly

*__холо́дный__   cold, cool

холосто́й   unmarried (of men)

холостя́к   bachelor

хор   chorus

хорони́ть (похорони́ть)   to bury

хоро́шенький   pretty, nice

хоро́шенькая исто́рия   a pretty kettle of fish

хороше́ть (похороше́ть)   to grow prettier, better-looking

*__хоро́ший__   good

Всего́ хоро́шего.   Goodbye. (All of the best.)

Она́ хороша́ собо́й.   She is good-looking.

хоро́шая пого́да   good weather

Что хоро́шего?   What's new?

Э́то де́ло хоро́шее.   That's a good thing.

*__хорошо́__   (adv.) good, well, nice

Вот хорошо́.   That's fine.

Вы хорошо́ сде́лаете, е́сли придёте.   You would do well to come.

Ему́ хорошо́ здесь.   He is comfortable here.

о́чень хорошо́   very well

хорошо́ ска́зано   well said

Хорошо́ то, что хорошо́ конча́ется.   All's well that ends well.

хоте́ть (захоте́ть)   to wish, want

как хоти́те just as you like
Он не хо́чет мне зла. He means no harm to me.
Он о́чень хо́чет её ви́деть. He wants to see her very much.
хоте́ть спать to want to sleep
хо́чешь, не хо́чешь willy-nilly
хоте́ться (захоте́ться) to want, feel like
Ему́ хо́чется поговори́ть с ва́ми. He wants to talk with you.
Мне хо́чется пить. I am thirsty.
не так, как хоте́лось бы not as one would like it
*****хоть** even, if you wish, at least
Ему́ ну́жно хоть два дня. He ought to have at least two days.
Не могу́ сде́лать э́то, хоть убе́й. I can't do this for the life of me.
Хоть бы он поскоре́е пришёл. If only he would come.
хоть сейча́с at once if you like
хотя́ although, though
хотя́ бы if only, even if, at least
Мы должны́ говори́ть хотя́ бы на двух языка́х. We should speak at least two languages.
хотя́ бы и так even if it were so
хохота́ть to laugh boisterously
хра́брый brave, valiant, gallant
храни́тель (m.) keeper, guardian
храни́ть to keep, retain
храни́ть в па́мяти to keep in one's memory
храни́ть в та́йне to keep something secret
храни́ть де́ньги в сберка́ссе to keep one's money in a savings bank
храпе́ть to snore
хребе́т spinal column, backbone
хрен horseradish
христиа́нство Christianity
хрома́ть to limp
хрома́ть на пра́вую но́гу to be lame in the right leg
У него́ хрома́ет орфогра́фия. His spelling is poor.
хромо́й lame, limping
хро́ника news summary
хрони́ческий chronic
хруста́ль (m.) cut glass, crystal

ху́денький slender, slim
худе́ть (похуде́ть) to grow thin
ху́до (adv.) ill, badly
худо́жественный art, artistic
худо́жественный фи́льм movie (feature film)
худо́жество art
худо́жник artist
худо́й lean, thin, bad, worn-out
на худо́й коне́ц if worse comes to worst
*****ху́же** worse
Пого́да сего́дня ху́же, чем вчера́. The weather is worse today than yesterday.
тем ху́же so much the worse
ху́же всего́ worst of all

Ц

цара́пать (цара́пнуть) to scratch, claw, scribble
цара́пина scratch, abrasion
цара́пнуть—see **цара́пать**
цари́ть to reign
Цари́л мрак. Darkness reigned.
цвет color
Како́го цве́та? What color?
цвет лица́ complexion
цветно́й colored
цвето́к flower
целеустремлённость purposefulness
целико́м (adv.) as a whole, wholly
целова́ть(ся) (поцелова́ть(ся)) to kiss (each other)
це́лый whole, entire, intact
по це́лым неде́лям for weeks on end
це́лая дю́жина a whole dozen
цел и невреди́м safe and sound
це́лые чи́сла whole numbers
*****цель** (f.) aim, goal, object, purpose
дости́чь це́ли to achieve one's goal
отвеча́ть це́ли to answer the purpose
попа́сть в цель to hit the mark
с како́й це́лью? for what purpose?

*цена́   price, worth, cost
  знать себе́ це́ну   to know one's own value
  любо́й цено́й   at any price
  твёрдые це́ны   fixed prices
  Э́то не име́ет цены́.   It is priceless.
цензу́ра   censorship
цени́ть (оцени́ть)   to value, estimate, appreciate
  высоко́ цени́ть себя́   to think much of oneself
  Его́ не це́нят.   He is not appreciated.
це́нный   valuable
цент   cent
центр   center
центра́льный   central
цепь   (f.) chain, bonds
  го́рная цепь   mountain range
  спусти́ть с це́пи   to let loose
церемо́ниться   to stand on ceremony
церемо́ния   ceremony
  без церемо́ний   informally
це́рковь   (f.) church
цивилиза́ция   civilization
ци́ник   cynic
цини́ческий   cynical
цинк   zinc
цирк   circus
цита́та   quotation
цити́ровать   to quote, cite
ци́фра   figure, cipher
цыга́нский   (adj.) gypsy

Ч

*чай   (m.) tea
ча́йка   seagull
ча́йник   teapot
ча́йная ло́жка   teaspoon
ча́йная ро́за   tea rose
*час   hour
  в кото́ром часу́   at what time
  в час дня   at 1:00 P.M.
  Кото́рый час?   What time is it?
  приёмные часы́   reception or visiting hours
  че́рез час   in an hour

часово́й   clock, watch (adj.), sentry (noun)
  дви́гаться по часово́й стре́лке   to move clockwise
  часова́я опла́та   payment by the hour
части́ца   fraction, little part, particle
ча́стный   private
*ча́сто   (adv.) often, frequently
часть   (f.) part, share, portion
  бо́льшая часть   greater part
  бо́льшей ча́стью   for the most part
  запасны́е ча́сти   spare parts
  по частя́м   in parts
  ча́сти те́ла   parts of the body
часы́   (plural only) watch, clock, time-piece
  поста́вить часы́   to set a watch
  Часы́ отстаю́т.   The watch is slow.
  Часы́ спеша́т.   The clock is fast.
чахо́тка   consumption
ча́шка   cup
*ча́ще   more often
ча́яние   expectation, hope
  сверх ча́яния   beyond expectations
*чей, чья, чьё, чьи   whose (m., f., n., pl.)
чек   check
*челове́к (pl. лю́ди)   man, person, human being
челове́ческий   human
  челове́ческая приро́да   human nature
челове́чество   humanity, mankind
*чем   than
  ме́ньше чем   less than
  Чем бо́льше, тем лу́чше.   The more, the better.
  Чем писа́ть, вы бы ра́ньше спроси́ли.   You'd better ask first and write afterward.
чемода́н   valise, suitcase
чемпио́н   champion
чепуха́   nonsense
  говори́ть чепуху́   to talk nonsense
чередова́ть(ся)   to take turns, alternate
*че́рез   over, across, through (with acc.)

перейти́ че́рез доро́гу   to walk across the street
писа́ть че́рез стро́чку   to write on every other line
че́рез неде́лю   in a week
че́реп   skull
чересчу́р   too
чересчу́р мно́го   much too much
Э́то уже́ чересчу́р.   That's going too far.
чере́шня   cherry
черни́ла   (pl.) ink
чёрный   black
на чёрный день   against a rainy day
ходи́ть в чёрном   to wear black
чёрные мы́сли   gloomy thoughts
чёрный как смоль   jet-black, pitch-black
чёрный ры́нок   black market
чёрт   devil, deuce
Како́го чёрта он там де́лает?   What the blazes is he doing there?
Чёрт возьми́!   The devil take it!
Чёрт зна́ет что!   It's outrageous!
черта́   trait, line
черты́ лица́   features
Э́то фами́льная черта́.   It is a family trait.
чертёнок   imp
чертовщи́на   devilry
чеса́ться (почеса́ться)   to scratch oneself, itch
У него́ че́шется нос.   His nose itches.
У неё ру́ки че́шутся э́то сде́лать.   Her fingers itch to do it.
чесно́к   garlic
че́стно   (adv.) honestly, fairly, frankly
че́стность   (f.) honesty
че́стный   honest, fair
дать че́стное сло́во   to give one's word of honor
Че́стное сло́во!   Upon my word!
честолюби́вый   ambitious
честь   (f.) honor
в честь кого́-либо   in honor of someone
де́ло че́сти   matter of honor

Не име́ю че́сти знать вас.   I do not have the honor of knowing you.
Счита́ю за честь.   I consider it an honor.
Э́то де́лает ему́ честь.   It does him credit.
четве́рг   Thursday
в четве́рг   on Thursday
че́тверть   (f.) one-fourth, a quarter
че́тверть ча́са   a quarter of an hour
четвёртый   fourth
четы́ре   four
четы́реста   four hundred
четы́рнадцать   fourteen
четы́рнадцатый   fourteenth
чин   rank, grade
чини́ть (почини́ть)   to repair, mend
чино́вник   official, functionary
число́   number, date
в большо́м числе́   in great numbers
в пе́рвых чи́слах ию́ня   in the first days of June
Како́е сего́дня число́?   What is today's date?
неизве́стное число́   unknown quantity
чи́стить (почи́стить)   to clean, scour, scrub
чи́сто   (adv.) cleanly, neatly, purely, it is clean
чистота́   cleanliness, purity
чи́стый   clean, neat, tidy, pure
бриллиа́нт чи́стой воды́   a diamond of the first water
чи́стая рабо́та   neat job
чи́стое безу́мие   sheer madness
чи́стый вес   net weight
чи́стый слу́чай   pure chance
чита́ть (прочита́ть, проче́сть)   to read
чита́ть ле́кцию   to give a lecture
чиха́ть (чихну́ть)   to sneeze
чихну́ть—see **чиха́ть**
чи́ще   cleaner
член   member, limb
член парла́мента   member of parliament
член уравне́ния   term of an equation

чрезвычайно (adv.) extraordinarily, extremely
чрезвычайный extraordinary, extreme
чтение reading
*__что__ what, that
  всё, что он знал all that he knew
  Мне чтó-то не хóчется. I somehow don't feel like it.
  Ну и чтó же? Well, what of it?
  потомý что because
  Что вы! You don't say so!
  Что дéлать? What is to be done?
  Что знáчит éто слóво? What does this word mean?
  чтó-нибудь anything
  Что с вáми? What is the matter with you?
  чтó-то something, somehow
*__чтобы__ that, in order that
  Невозмóжно, чтóбы он сказáл éто. He could not possibly have said that.
  Он говорúл грóмко, чтóбы все слы́шали. He spoke loudly so that all would hear.
  Он не мóжет написáть ни стрóчки без того, чтóбы не сдéлать ошúбки. He can't write a line without making a mistake.
  Он рáно встал, чтóбы быть там вóвремя. He got up early in order to be there on time.
  Он хотéл, чтобы онá слы́шала. He wanted her to hear.
чувствúтельность (f.) sensitivity, perceptibility, sentimentality
чувствúтельный sensible, perceptible, painful, sensitive
*__чýвство__ sense, feeling
  обмáн чувств delusion, illusion
  прийтú в чýвство to come to one's senses
  пять чувств the five senses
  чýвство мéры sense of proportion
  чýвство прекрáсного feeling for the beautiful
  чýвство ю́мора sense of humor
*__чýвствовать (почýвствовать)__ to feel, sense

Как вы себя́ чýвствуете? How do you feel?
  чýвствовать гóлод to be hungry
  чýвствовать рáдость to feel joy
  чýвствовать свою́ винý to feel one's guilt
чýдно (adv.) beautifully, wonderfully, it is beautiful
чýдный wonderful, marvelous, beautiful
чýдо miracle, wonder, marvel
чужóй someone else's, strange, alien
  в чужúе рýки into strange hands
  на чужóй счёт at someone else's expense
  под чужúм úменем under an assumed name
  чужúе краябрать foreign lands
чулóк stocking
чумáзый dirty-faced, smudgy
чýткий sensitive, keen, tactful, delicate
  чýткий подхóд tactful approach
  чýткий сон light sleep
чýткость (f.) sensitiveness, keenness, tactfulness, delicacy
чуть hardly, slightly, just
  Он чуть ды́шит. He can hardly breathe.
  Он чуть не упáл. He nearly fell.
  чуть-чуть a little

Ш

*__шаг__ step, stride, footstep
  в двух шагáх a few steps away
  лóвкий шаг clever move
  на кáждом шагý at every step
  сдéлать пéрвый шаг to take the first step
  шаг за шáгом step by step
  шáгом at a walking pace
*__шалúть__ to play pranks, be naughty
шалýн, шалýнья playful person, mischievous child (m., f.)
шаль (f.) shawl
шампáнское champagne
шанс chance

име́ть мно́го ша́нсов to have many chances

ни мале́йшего ша́нса not the ghost of a chance

ша́пка cap

шар ball, sphere, globe

возду́шный шар balloon

шарф scarf, muffler

ша́ткий unsteady, shaky, tottering

ша́хматы chess

игра́ть в ша́хматы to play chess

шве́дский Swedish

шве́йный sewing

шве́йная маши́на sewing machine

швейца́рский Swiss

швея́ seamstress

шевели́ть (шевельну́ть) to stir, move

Он па́льцем не шевельнёт. He won't stir a finger.

шевельну́ть—see **шевели́ть**

шеде́вр masterpiece

шёлк silk

шёлковый silken

Он стал, как шёлковый. He has become as meek as a lamb.

шепну́ть—see **шепта́ть**

шёпот whisper

шёпотом in a whisper, under one's breath

шепта́ть (шепну́ть) to whisper

шерсть wool

шерстяно́й woolen

шестидеся́тый sixtieth

шестна́дцать sixteen

шестна́дцатый sixteenth

шесто́й sixth

шесть six

шестьдеся́т sixty

шестьсо́т six hundred

ше́я neck

броса́ться кому́-либо на ше́ю to throw one's arms around someone's neck

получи́ть по ше́е to get it in the neck

по ше́ю up to the neck

сиде́ть у кого́-либо на ше́е to be a burden to someone

шика́рный chic, smart

ши́на tire

шине́ль (f.) overcoat (uniform)

ши́ре broader, wider

ширина́ width, breadth

*****широ́кий** wide, broad

в широ́ком смы́сле in the broad sense

жить на широ́кую но́гу to live in grand style

широ́кая пу́блика general public

широ́кое обобще́ние sweeping generalization

широко́ (adv.) widely, broadly

смотре́ть широко́ to take a broad view of things

широко́ толкова́ть to interpret loosely

широта́ width, breadth, latitude

широта́ ума́ breadth of mind

шить (сшить) to sew

шитьё sewing, needlework

шкаф cupboard, closet, wardrobe

шко́ла school

вы́сшая шко́ла college, university

нача́льная шко́ла elementary school

романти́ческая шко́ла литерату́ры romantic school of literature

сре́дняя шко́ла secondary, high school

ходи́ть в шко́лу to attend school

челове́к ста́рой шко́лы man of the old school

шку́ра skin, hide

дрожа́ть за свою́ шку́ру to tremble for one's life

спаса́ть свою́ шку́ру to save one's own skin

Я не хоте́л бы быть в его́ шку́ре. I would not like to be in his place.

шля́па hat

Де́ло в шля́пе. It's in the bag.

шнур cord

шокола́д chocolate

шо́рох rustle

шотла́ндский Scottish

шо́у show

шофёр chauffeur, driver

шпага́т string, cord, twine

шпи́лька hairpin

шпина́т spinach

шприц syringe
шрифт print, type font
штаны́ (pl.) trousers, breeches
штат state
штáтский civil
штóпать (заштóпать) to darn
штóпор corkscrew
штóра blind, shade
  спусти́ть (perf.) **штóры** to draw the blinds
штраф fine, penalty
штýка piece, thing
  Вот так штýка! That's a fine thing!
  В том-то и штýка! That's just the point.
  штук дéсять about ten pieces
штýчный piece
штýчная рабóта piecework
шýба fur coat
шýлер cheat, cardsharp
*****шум** noise, uproar
  мнóго шýма из ничегó much ado about nothing
  шум и гам hue and cry
шумéть to make a noise, be noisy
шýмный noisy, loud
шуршáние rustling
шуршáть to rustle
шути́ть (пошути́ть) to joke, jest
  Не шути́! Don't trifle with this!
  Он не шýтит. He is serious.
*****шýтка** joke, jest
  в шýтку in jest
  шýтки в стóрону joking aside
  Это не шýтки. It is not a laughing matter.
шутя́ (adv.) in jest, for fun, easily
  не шутя́ seriously

Щ

щади́ть (пощади́ть) to spare
  Не щади́те расхóдов. Do not spare expenses.
  не щадя́ себя́ without sparing oneself
  щади́ть чью́-либо жизнь to spare someone's life
щéдрость (f.) generosity, liberality

щéдрый generous, liberal
  щéдрой рукóй lavishly
щекá cheek
щекотáть (пощекотáть) to tickle
  У меня в гóрле щекóчет. My throat tickles.
  щекотáть чьё-либо самолюбие to tickle someone's vanity
щекотли́вый ticklish, delicate
  щекотли́вый вопрóс ticklish point
щенóк puppy
щётка brush
  зубнáя щётка toothbrush

Э

эволюциóнный evolutionary
эгои́зм selfishness
эгои́ст egoist, selfish person
эгоисти́ческий selfish, egotistical
экзáмен examination
  вы́держать экзáмен to pass an exam
  держáть экзáмен to take an exam
  провали́ться на экзáмене to fail at an exam
экзаменовáть (проэкзаменовáть) to examine
экземпля́р copy, specimen
экипáж carriage, crew
эконóмика economics
экономи́ст economist
эконóмить (сэконóмить) to economize, save
экономи́ческий economical
эконóмия economy
  для эконóмии врéмени to save time
  полити́ческая эконóмия political economy
  соблюдáть эконóмию to save, economize
экрáн screen
экскýрсия excursion, trip
экспанси́вный effusive
экспáнсия expansion
экспеди́ция expedition
эксперимéнт experiment

эксперимента́льный experimental
экспе́рт expert
экспе́ртный expert (adj.)
эксплуата́ция exploitation
э́кспорт export
экспресси́вный expressive
экспре́ссия expression
экста́з ecstasy
экстенси́вный extensive
экстравага́нтный extravagant
экстра́кт extract
э́кстренно urgently
эксцентри́ческий eccentric
эксце́сс excess
элева́тор grain elevator
элега́нтность (f.) elegance
элега́нтный elegant
эле́гия elegy
электри́ческий electric
электри́чество electricity
элеме́нт element (chemistry)
элемента́рный elementary
эликси́р elixir
эма́левый enamel (adj.)
эма́ль (f.) enamel
эмансипа́ция emancipation
эмоциона́льный emotional
эмо́ция emotion
эмфати́ческий emphatic
энерги́чный energetic
эне́ргия energy
энтузиа́зм enthusiasm
энциклопе́дия encyclopedia
эпиде́мия epidemic
эпо́ха age, era, epoch
э́ра era
эроти́ческий erotic
эскала́тор escalator
эски́з sketch, study, outline
эстети́ческий aesthetic
*эта́ж floor, story
э́тика ethics
эти́ческий ethical
*э́то this, it, that
 Как э́то возмо́жно? How is it
 possible?
 Кто э́то? Who is that?
 по́сле э́того after that
 при всём э́том in spite of all this
 Что э́то? What is that?
 Э́то моя́ кни́га. This is my
 book.

Э́то хорошо́. That's good.
э́тот, э́та, э́то, э́ти this, these, (m.,
 f., n., pl.)
этю́д study, sketch
эффе́кт effect
эффе́ктный spectacular, effective
э́хо echo

Ю

юбиле́й anniversary, jubilee
ю́бка skirt
юг south
ю́жный southern
ю́мор humor
 чу́вство ю́мора sense of humor
юмористи́ческий humorous,
 comic
ю́ность (f.) youth
ю́ноша (m.) youth, lad
юриди́ческий juridical, legal
юри́ст lawyer

Я

*я I
я́блоко apple
я́блочный apple (adj.)
 я́блочный пиро́г apple pie
яви́ться—see явля́ться
явле́ние appearance, occurrence
 обы́чное явле́ние everday
 occurrence
 явле́ние приро́ды natural
 phenomenon
явля́ться (яви́ться) to appear,
 present oneself, occur
 как то́лько я́вится подходя́щий
 слу́чай as soon as an
 opportunity presents itself
 явля́ться в ука́занное вре́мя to
 present oneself at a fixed time
 явля́ться кста́ти to arrive
 opportunely
я́вно (adv.) it is evident, evidently,
 obvious
я́вный evident, obvious, manifest
я́года berry

одного́ по́ля я́годы birds of a
  feather
яд poison, venom
  яд его́ рече́й the venom of his
  words
я́дерный nuclear
ядови́тый poisonous, toxic
я́зва ulcer, sore
*****язы́к** language, tongue
  владе́ть каки́м-то языко́м to
  know a language
  копчёный язы́к smoked
  tongue
  литерату́рный язы́к literary
  language
  о́бщий язы́к common language
  о́стрый язы́к sharp tongue
  показа́ть язы́к to stick out one's
  tongue
  родно́й язы́к mother tongue
  ру́сский язы́к Russian
  language
  У него́ отня́лся язы́к. He
  became speechless. (His tongue
  failed him.)
  чеса́ть язы́к to wag one's tongue.
  Язы́к до Ки́ева доведёт. You can
  get anywhere if you know how to
  use your tongue. (The tongue will
  take you as far as Kiev.)
языково́й linguistic
язы́ческий heathen, pagan

яи́чница omelet
  яи́чница-болту́нья scrambled
  eggs
яи́чный egg (adj.)
*****яйцо́** egg
  яйцо́ в мешо́чек poached egg
  яйцо́ всмя́тку soft-boiled egg
я́корь (m.) anchor
я́мочка dimple
янва́рь (m.) January
янта́рь (m.) amber
япо́нский Japanese
я́ркий bright, vivid, brilliant
  я́ркое описа́ние vivid description
  я́ркий приме́р striking example
  я́ркий свет bright light
я́рко brightly, strikingly, vividly
я́ркость (f.) brightness, brilliance,
  vividness
я́рмарка fair
я́рость (f.) fury, rage
  вне себя́ от я́рости beside
  oneself with rage
я́сно (adv.) clearly, distinctly, it is
  clear
  ко́ротко и я́сно in a nutshell
  (short and clear)
я́сность clearness, lucidity
я́сный clear, lucid, distinct
я́щик box, drawer, chest
  откла́дывать в до́лгий я́щик to
  shelve, procrastinate

GLOSSARY OF
GEOGRAPHICAL NAMES

Австра́лия Australia
А́встрия Austria
Адриати́ческое мо́ре Adriatic Sea
Азербайджа́н Azerbaijan
А́зия Asia
Алба́ния Albania
Алжи́р Algeria
А́льпы The Alps
Аля́ска Alaska
Аме́рика America
А́нглия England
Ара́вия Arabia
Аргенти́на Argentina
А́страхань Astrakhan
Атланти́ческий океа́н Atlantic Ocean
А́фрика Africa
Байка́л Baikal (Lake)
Баку́ Baku
Белору́ссия Belarus
Бе́льгия Belgium
Болга́рия Bulgaria
Бонн Bonn
Бо́стон Boston
Брази́лия Brazil
Брюссе́ль Brussels
Вашингто́н Washington
Великобрита́ния Great Britain
Ве́нгрия Hungary
Владивосто́к Vladivostok
Во́лга Volga (River)
Волгогра́д Volgograd
Га́мбург Hamburg
Герма́ния Germany
Гру́зия Georgia
Да́ния Denmark
Детро́йт Detroit
Днепр Dnieper (River)
Дон Don (River)
Дуна́й Danube (River)
Евро́па Europe
Еги́пет Egypt
Жене́ва Geneva
Иерусали́м Jerusalem
Изра́иль Israel
И́ндия India
Иорда́ния Jordan
Ира́к Iraq
Ира́н Iran
Ирла́ндия Ireland
Испа́ния Spain
Ита́лия Italy
Кавка́з The Caucasus (Mountains)
Карпа́тские го́ры The Carpathian Mountains
Каспи́йское мо́ре Caspian Sea
Ки́ев Kiev
Кита́й China
Копенга́ген Copenhagen
Коре́я Korea
Крым Crimea
Лама́нш English Channel
Ло́ндон London
Лос-А́нджелес Los Angeles
Магнитого́рск Magnitogorsk
Мадри́д Madrid
Ме́ксика Mexico
Москва́ Moscow
Мю́нхен Munich
Нева́ Neva (River)
Нидерла́нды The Netherlands
Норве́гия Norway
Нью-Йо́рк New York
Оде́сса Odessa
Пана́мский кана́л Panama Canal
Пари́ж Paris
Пирене́и Pyrenees (Mountains)
По́льша Poland
Португа́лия Portugal
Рейн Rhine (River)
Рим Rome
Росси́я Russia
Сан-Франци́ско San Francisco
Санкт-Петербу́рг Saint Petersburg
Се́верная Аме́рика North America
Се́на Seine (River)
Сиби́рь Siberia
Си́рия Syria
Скали́стые го́ры Rocky Mountains
Слова́кия Slovak Republic
Соединённые Шта́ты Аме́рики United States of America
Содру́жество Незави́симых Госуда́рств Commonwealth of Independent States
Средизе́мное мо́ре Mediterranean Sea
Стокго́льм Stockholm

Таджикиста́н Tajikistan	**Фра́нция** France
Ташке́нт Tashkent	**Хе́льсинки** Helsinki
Тбили́си Tbilisi	**Чёрное мо́ре** Black Sea
Те́мза Thames (River)	**Че́хия** Czech Republic
Ти́хий океа́н Pacific Ocean	**Чика́го** Chicago
То́кио Tokyo	**Чи́ли** Chile
Ту́рция Turkey	**Швейца́рия** Switzerland
Узбекиста́н Uzbekistan	**Шве́ция** Sweden
Украи́на Ukraine	**Шотла́ндия** Scotland
Ура́л Urals (Mountains)	**Югосла́вия** Yugoslavia
Филаде́льфия Philadelphia	**Ю́жная Аме́рика** South America
Финля́ндия Finland	**Япо́ния** Japan

GLOSSARY OF
PROPER NAMES

Ага́фья Agatha
Агне́са Agnes
Аделаи́да, Аде́ль Adelaide, Adelle
Алексе́й Alexei
Алекса́ндр Alexander
Алекса́ндра Alexandra
Али́са Alice
Альфре́д Alfred
Анастаси́я Anastasia
Анато́лий Anatole
А́нна Anna
Анто́н Anthony
Арту́р Arthur
Бори́с Boris
Вади́м Vadim
Валенти́н Valentin
Валенти́на Valentina
Ва́льтер Walter
Варва́ра Barbara
Васи́лий Vassily
Ве́ра Vera
Ви́ктор Victor
Вильге́льм William
Влади́мир Vladimir
Владисла́в Vladislav
Гео́ргий George
Ге́рман Herman
Григо́рий Gregory
Дави́д David
Дани́ил Daniel
Дими́трий Dimitry
Дороте́я Dorothy
Е́ва Eva
Евге́ний Eugene
Екатери́на Catherine
Еле́на Helen
Елизаве́та Elizabeth
Заха́р Zachary
Ива́н John, Ivan
Илья́ Elias, Ilya
Ио́сиф Joseph
Ири́на Irene, Irina
Карл Carl
Кла́вдия Claudia
Константи́н Constantine
Лавре́нтий Lawrence
Лёв Leo, Lou
Леони́д Leonid
Луи́за Louise, Louisa
Лука́ Luke, Luka
Любо́вь Amy, Lyubov
Людми́ла Ludmilla
Мака́р Macar, Mark
Макси́м Maxim
Маргари́та Margaret
Мари́на Marina
Мари́я Marie, Mary
Ма́рфа Martha
Матве́й Matthew
Михаи́л Michael
Наде́жда Nadezhda
Ната́лия Natalia
Ники́та Nikita
Никола́й Nicholas, Nikolai
Оле́г Oleg
О́льга Olga
Па́вел Paul, Pavel
Пётр Peter
Самуи́л Samuel
Святосла́в Sviatoslaff
Серге́й Sergei
Симео́н Simon
Со́фья Sofia
Суса́нна Susan, Suzanna
Татья́на Tatyana
Тимофе́й Timothy
Фёдор Theodore, Fyodor
Фили́пп Philip
Фома́ Thomas
Шарло́тта Charlotte
Эдуа́рд Edward
Элеоно́ра Eleanore
Ю́лия Julia
Ю́рий Yury
Я́ков Jacob, Yakov

ENGLISH–RUSSIAN

A

abandon (to)   оставля́ть, поки́нуть
abbreviate (to)   сокраща́ть
abbreviation   сокраще́ние
ability   спосо́бность (f.)
able (to be)   мочь
able   спосо́бный
abortion   або́рт (m.), вы́кидыш (m.)
about   о (prep.), о́коло (gen.), про
   (acc.)
above   наверху́, над (inst.)
abruptly   ре́зко
absence   отсу́тствие
absent (to be)   отсу́тствовать
absent-minded   рассе́янный
absent-mindedly   машина́льно,
   рассе́янно
absolute   абсолю́тный,
   соверше́нный
absolutely   безусло́вно,
   соверше́нно
absorb (to)   вса́сывать, впи́тывать
absorbed   углублённый
abstain (to)   возде́рживаться
abstinent   тре́звый
abstract   абстра́ктный
absurd   абсу́рдный
absurdity   абсу́рд, неле́пость (f.)
abundant   оби́льный
abuse (to)   руга́ть
abusive   оскорби́тельный
academy   акаде́мия
accent   акце́нт
accepted   при́нятый
accident   несча́стный слу́чай
accidental   случа́йный
accidentally   печа́янно, случа́йно
accommodate (to)
   приспоса́бливать, устра́ивать
accommodated (to be)
   помеща́ться
accompany (to)   провожа́ть,
   сопровожда́ть,
   аккомпани́ровать
accomplish (to)   соверша́ть,
   выполня́ть
according   согла́сно, по (dat.)
accumulate (to)   набира́ть(ся)
accuracy   аккура́тность (f.),
   то́чность (f.)

accusation   обвине́ние
accuse (to)   обвиня́ть
accustomed (to become)
   привыка́ть
ache (to)   боле́ть
achievement   достиже́ние
acid rain   кисло́тный дождь
acknowledge (to)   признава́ть
acknowledgement   призна́ние
acquaintance   знако́мый
acquainted (to become)
   знако́миться
acquire (to)   приобрета́ть
across   че́рез (acc.)
act (to)   де́йствовать, игра́ть (on
   stage)
act   акт (of a play); де́ло (deed);
   докуме́нт (legal document)
action   де́йствие
actively   акти́вно
actor   актёр, арти́ст
actress   актри́са, арти́стка
actual   факти́ческий
actually   действи́тельно,
   факти́чески
acupuncture   иглотерапи́я
acute   о́стрый
add (to)   прибавля́ть,
   присоединя́ть
add to (to)   добавля́ть, прибавля́ть
addition   сложе́ние, добавле́ние,
   приба́вка
additional   дополни́тельный,
   приба́вочный
address (to)   адресова́ть,
   обраща́ться, выступа́ть
address   а́дрес
adjacent   сосе́дний
administration   администра́ция
administrator   администра́тор
admire (to)   любова́ться
admirer   кавале́р, покло́нник
admit (to)   впуска́ть, принима́ть
adopted   при́нятый
adoration   обожа́ние
adore (to)   обожа́ть
adroit   ло́вкий
adult   взро́слый
advance   ава́нс
advantage   преиму́щество
   to take advantage of
   воспо́льзоваться

advantageously вы́годно
adventure приключе́ние
adversity невзго́да
advertise (to) реклами́ровать
advertisement рекла́ма,
  объявле́ние
advertising agency рекла́мное
  аге́нтство
advice сове́т
advise (to) рекомендова́ть,
  сове́товать
affected неесте́ственный
affectionate ла́сковый, лю́бящий
affirm (to) утвержда́ть
affirmatively утверди́тельно
afresh сно́ва
after за (inst.), по́сле (gen.)
afterward по́сле, пото́м, спустя́
again опя́ть
against про́тив (gen.)
age во́зраст
agency аге́нтство
agent де́йствующая си́ла, аге́нт,
  представи́тель
aggression агре́ссия
aggressive агресси́вный
agitation агита́ция, волне́ние
ago тому́ наза́д
  long ago давно́
agony аго́ния
agree (to) соглаша́ться
agreeable прия́тный, согла́сный
agreement догово́р, контра́кт,
  соглаше́ние
agriculture се́льское хозя́йство
ah ах
ahead вперёд, впереди́
aid по́мощь (f.)
aim цель (f.)
aimless бесце́льный
air во́здух
airfield аэродро́м
airplane самлолёт
airy возду́шный
alarm трево́га
alarm clock буди́льник
alas! увы́!
album альбо́м
alcohol алкого́ль (m.)
algebra а́лгебра
alien чужо́й
alike равно́

all весь (вся, всё, все)
alley переу́лок
alliance сою́з
allot (to) наделя́ть
allow (to) позволя́ть, пуска́ть,
  разреша́ть
allure (to) увлека́ть, соблазни́ть
alluring привлека́тельный,
  зама́нчивый
ally (to) соединя́ть(ся)
almond минда́ль
almost почти́
alone оди́н, одино́кий
  to leave alone оста́вить в поко́е
along вдоль (gen.), по (dat.)
alongside ря́дом
aloud вслух
alphabet а́збука, алфави́т
already уже́
also и, то́же, та́кже
altar алта́рь (m.)
alter (to) изменя́ть, переде́лать
alteration измене́ние
alternate (to) чередова́ть(ся)
although хотя́
altitude высота́
altruism альтруи́зм
always всегда́
amaze (to) удивля́ть
amazement удивле́ние, изумле́ние
amazing изуми́тельный,
  удиви́тельный
ambassador посо́л
amber янта́рь (m.)
ambition амби́ция
ambitious честолюби́вый
America Аме́рика
American америка́нский
amiable любе́зный
among ме́жду (inst.), среди́ (gen.)
amorous любо́вный
amount коли́чество
amusement заба́ва, развлече́ние
analysis разбо́р, ана́лиз
anatomy анато́мия
anchor я́корь (m.)
ancient стари́нный
and и, да
anew сно́ва
angel а́нгел
anger гнев
angle у́гол

angry (to be) зли́ться, рассерди́ться, серди́ться
angry злой, раздражённый, серди́тый
animal живо́тное
animated живо́й, одушевлённый
animatedly оживлённо, жи́во
animation одушевле́ние, увлече́ние
animosity озлобле́ние
anniversary годовщи́на
announce (to) объявля́ть
announcement объявле́ние
announcer ди́ктор (radio or TV)
annoy (to) раздража́ть
annoyance доса́да, неприя́тность (f.)
annually ежего́дно
another друго́й
answer (to) отвеча́ть
answer отве́т
ant мураве́й
anticipate (to) ожида́ть
antique стари́нный (adj.)
anxiety трево́га, забо́та
anxious озабо́ченный
any вся́кий, любо́й
anybody кто уго́дно, кто́-нибудь
anyhow как уго́дно, ка́к-нибудь
apartment кварти́ра
apology извине́ние
apparatus аппара́т
apparently ви́дно, очеви́дно, по-ви́димому
appear (to) обознача́ться, появля́ться, явля́ться
 to appear to каза́ться
appearance вид, нару́жность, явле́ние
appease (to) успока́ивать
appetite аппети́т
appetizing аппети́тный
applaud (to) аплоди́ровать
apple я́блоко
appoint (to) назнача́ть
appreciate (to) цени́ть
approach (to) бли́зиться, подходи́ть, приближа́ться
approach подхо́д
approximate приблизи́тельный
approximate (to) приближа́ться

approximately о́коло (gen.), приблизи́тельно
apricot абрико́с
April апре́ль (m.)
apron пере́дник, фа́ртук
architect архите́ктор
ardent жа́ркий, пы́лкий, стра́стный
ardor пыл
area пло́щадь
argue (to) спо́рить
argument спор, аргуме́нт
arid сухо́й
arithmetic арифме́тика
arm рука́
armchair кре́сло
army а́рмия
aroma арома́т
aromatic аромати́ческий
around вокру́г (gen.), круго́м
arouse (to) возбужда́ть
arrange (to) аранжи́ровать, ула́дить, устра́ивать
arrangement устро́йство
arrest аре́ст
 to arrest взять под аре́ст
arrival прие́зд, прихо́д
arrive (to) приезжа́ть, приходи́ть
arson поджо́г
art иску́сство
article статья́
artificial фальши́вый, иску́ственный
artist худо́жник
artistic артисти́ческий, худо́жественный
as как
 as far as до
 as if как бу́дто
 as soon as как то́лько
 as though бу́дто
ascent подъём
ashamed (to be) стесня́ться
ashtray пе́пельница
ask (to) проси́ть, спра́шивать
asleep (to fall) засыпа́ть
asparagus спа́ржа
aspiration устремле́ние
aspirin аспири́н
assemble (to) собира́ть(ся)
assent согла́сие

assert (to) утвержда́ть, дока́зывать
assertion утвержде́ние
assimilate (to) осво́ить
assist (to) помога́ть
assistant помо́щник
association ассоциа́ция
assortment ассортиме́нт
assurance увере́ние
assure (to) уверя́ть
assured уве́ренный
asterisk звёздочка
astonish (to) удивля́ть
astonished (to be) поража́ться
astonishment удивле́ние
at в (prep.), у (gen.)
  at first внача́ле
  at last наконе́ц
athlete атле́т
athletic спорти́вный
atlas а́тлас
atmosphere атмосфе́ра
atomic а́томный
attach (to) привя́зывать
attache case кейс
attached привя́занный
attachment привя́занность, приспособле́ние
attack припа́док
attain (to) достига́ть
attempt (to) про́бовать, пыта́ться
attempt попы́тка
attend (to) прису́тствовать
attention внима́ние
attentively внима́тельно
attic мезони́н, черда́к
attitude отноше́ние
attract (to) привлека́ть
attractive интере́сный, привлека́тельный
auction аукцио́н
audibly слы́шно
audience пу́блика
August а́вгуст
aunt тётя
author а́втор, писа́тель
authority авторите́т, власть, влия́ние
autobiography автобиогра́фия
autocracy автокра́тия
automatic автомати́ческий
auto mechanic's shop автосе́рвис

automobile автомоби́ль (m.)
autonomy автоно́мия
autumn о́сень (f.)
available нали́чный, предоста́вленный в распоряже́ние
avenue бульва́р
aversion антипа́тия
aviation авиа́ция
avoid (to) избега́ть
awaken (to) разбуди́ть, просну́ться
awakening пробужде́ние
away! прочь!
awfully стра́шно, ужа́сно
awkward нело́вкий, неуклю́жий

B

baby ребёнок
bachelor холостя́к
back за́дний (adj.), обра́тно, наза́д (adv.)
backbone хребе́т
backing подде́ржка
backward наза́д
bacon беко́н
bad плохо́й, скве́рный
badly ду́рно, пло́хо, скве́рно
bag мешо́к
baggage бага́ж
bake (to) печь
baked печёный
balance бала́нс
balcony балко́н
bald (headed) лы́сый
ball мяч, шар
ballet бале́т
banana бана́н
bandage (to) бинтова́ть
bank банк (savings)
bar (to) устра́ивать препя́тствие, прегражда́ть
bar полоса́, брусо́к
barber парикма́хер
barbershop парикма́херская
bare (to) обнажа́ть, раскрыва́ть
bare го́лый
bargain (to) торгова́ться
bark (to) ла́ять

bark кора́
barren неплодоро́дный
barrier барье́р
base осно́ва, ба́зис
baseball (adj.) бейсбо́льный
baseball player бейсболи́ст
basement подва́л
baseness по́длость
bashful засте́нчивый
bashfulness засте́нчивость
basin ми́ска
basis ба́за, осно́ва
basket корзи́на
bath ва́нна
bathe (to) купа́ться
bathrobe хала́т
bathroom ва́нная
be (to) быть, быва́ть (to be sometimes)
beach пляж
beam луч
bear (to) носи́ть, терпе́ть
bear медве́дь
beard борода́
beast зверь
beat (to) бить, би́ться
beautiful краси́вый, прекра́сный
beauty красота́, краса́вица
because потому́ что
beckon (to) подозва́ть
become (to) де́латься, станови́ться, ста́ться
bed крова́ть (f.), посте́ль (f.)
bedroom спа́льня
bee пчела́
beer пи́во
beet свёкла
before впереди́ (adv.), до (gen.), пе́ред (inst.)
beforehand зара́нее
beg (to) проси́ть
begin (to) начина́ть, стать
beginner начина́ющий
beginning нача́ло
from the beginning снача́ла
behavior поведе́ние
behind за (acc., inst.), позади́ (gen.) позади́ (adv.)
belief ве́ра
believe (to) ве́рить, ду́мать
bell ко́локол
belong (to) принадлежа́ть

below внизу́
belt по́яс
bench скамья́
bend (to) гнуть, нагиба́ть
bend поворо́т
berry я́года
beside по́дле (gen.), ря́дом с (inst.)
besides кро́ме (gen.), поми́мо (gen.), сверх (gen.)
best лу́чший
best-seller бестсе́ллер
betray (to) изменя́ть
better лу́чший (adj.), лу́чше (adv.)
between ме́жду (inst.)
beyond по ту сто́рону, по́зже
Bible Би́блия
bicarbonate бикарбона́т
bicycle велосипе́д
big большо́й, кру́пный
bill счёт, законопрое́кт
billion биллио́н, миллиа́рд
bind (to) свя́зывать
binding переплёт
biochemist биохи́мик
biography биогра́фия
biologist био́лог
biology биоло́гия
birch tree берёза
bird пти́ца
birth рожде́ние
birthday день рожде́ния
bite (to) куса́ть, укуси́ть
bite уку́с
bitter го́рький
bitterness озлобле́ние
black чёрный
blanket одея́ло
blend (to) сме́шивать
blessing благослове́ние
blind слепо́й
blindness слепота́
bliss блаже́нство
blizzard пурга́
block кварта́л
blood кровь (f.)
bloom (to) расцвета́ть
blouse блу́зка, ко́фточка
blow (to) дуть
blow уда́р
blue голубо́й, си́ний
blush (to) красне́ть
board, blackboard доска́

boardinghouse пансио́н
boat ло́дка
body ко́рпус, те́ло
boil (to) кипе́ть
boiled варёный
bold сме́лый
boldly сме́ло
bone кость (f.)
book кни́га
bookstore кни́жный магази́н
bore (to) наску́чить, надоеда́ть
bored (to be) скуча́ть
boring ску́чный
born (to be) роди́ться
borrow (to) брать; брать взаймы (money)
both о́ба (m., n.), о́бе (f.)
bottle буты́лка
bottom дно
boulevard бульва́р
boundary грани́ца, рубе́ж
bow (to) кла́няться
box коро́бка, сунду́к, я́щик
boy ма́льчик
brag (to) хва́стать(ся)
braid коса́
brain мозг
brake (to) тормози́ть
brake то́рмоз
brand ма́рка
brassiere ли́фчик
brave хра́брый
bravely хра́бро, сме́ло
bread хлеб
break (to) лома́ть, наруша́ть
break разры́в, перело́м; переры́в (lunch, coffee)
breakfast за́втрак
  to have breakfast за́втракать
breast грудь (f.)
breathe (to) вздыха́ть, дыша́ть
breeze ве́тер
bridge мост
brief кра́ткий, сокращённый
briefcase портфе́ль
bright я́ркий, све́тлый
brighten (to) проясне́ть
brilliance блеск
brilliantly блестя́ще
bring (to) приводи́ть, привози́ть, приноси́ть
brisk бо́дрый, живо́й

broad широ́кий
broken ло́манный, сло́манный
brook ручей
broom метла́, ве́ник
brother брат
brown кори́чневый
brush щётка, кисть
brutal жесто́кий
bubble пузы́рь (m.)
budget бюдже́т
build (to) стро́ить
building зда́ние
bundle у́зел, паке́т
burn (to) горе́ть, жечь, сгора́ть
burst (to) ло́паться
bury (to) хорони́ть
bus авто́бус
bus stop остано́вка (авто́буса)
business де́ло
businessman коммерса́нт, бизнесме́н
busy за́нятый
but а, да, но, одна́ко
butter ма́сло
butterfly ба́бочка
button пу́говица
buttonhole пе́тля
buy (to) покупа́ть
by у (gen.), по (dat.), ми́мо (gen.)
  by the way кста́ти**

C

cab такси́
cabbage капу́ста
cake кекс, торт
calamity бе́дствие
calculate (to) рассчи́тывать
calculation расчёт, счёт
calendar календа́рь
call (to) звать, оклика́ть
  to call on заходи́ть
calm (to) успока́ивать
cameraman опера́тор
camp ла́герь (m.)
can (to be able) мочь
candidate кандида́т
candle свеча́
candy конфе́та

cane па́лка
canvas high-tops ке́ды
cap ке́пка, ша́пка
capable спосо́бный
capacity объём, вмести́мость
capital city столи́ца
capitalist капитали́ст
captain капита́н
car маши́на (f.)
card ка́рточка
care забо́та, осторо́жность
career карье́ра
carefree беззабо́тный
careful аккура́тный, осторо́жный,
  тща́тельный
carefully внима́тельно, осторо́жно
careless небре́жный,
  невнима́тельный
caress (to) ласка́ть
caress ла́ска
carnival карнава́л
carpenter пло́тник
carrots морко́вь (f.)
carry (to) вози́ть (by conveyance)
  носи́ть (on foot)
carry out (to) исполня́ть,
  производи́ть
cartoon мультипликацио́нный
  фильм
case слу́чай
cashier касси́р
cassettes (tapes) кассе́ты
cat ко́шка
catch (to) лови́ть, пойма́ть
category катего́рия
cathedral собо́р
cattle скот
cause причи́на
  without cause беспричи́нно
cautiously осторо́жно
caviar икра́
cease (to) переста́ть
ceiling потоло́к
celebrate (to) пра́здновать
celery сельдере́й
cemetery кла́дбище
censorship цензу́ра
cent цент
center центр
central центра́льный
century век, столе́тие
cereal ка́ша

ceremony церемо́ния
certain уве́ренный, определённый
certainly коне́чно, непреме́нно,
  обяза́тельно
chain цепь (f.)
chair стул
chairman председа́тель (m.)
chalk мел
challenge (to) вызыва́ть
champagne шампа́нское
champion чемпио́н
chance слу́чай, шанс
  by chance случа́йно
change (to) изменя́ть, меня́ть(ся),
  преобража́ть
  to change one's clothes
  переоде́ть(ся)
  to change one's mind переду́мать
change измене́ние, переме́на,
  ме́лочь (f.) (money)
chapter глава́
character хара́ктер (personality)
characteristic характери́стика
charge (to) обвиня́ть, назнача́ть
  це́ну
charge обвине́ние
charm очарова́ние, пре́лесть (f.)
charming очарова́тельный,
  преле́стный
chart ка́рта
chat (to) болта́ть
cheap дешёвый
cheat шу́лер (at cards), обма́нщик
check (to) проверя́ть
check чек
cheek щека́
cheerful весёлый
cheese сыр
chemical хими́ческий
chemist хи́мик
chemistry хи́мия
cherry ви́шня, чере́шня
chess ша́хматы
chest грудь (f.) (part of the body);
  сунду́к, я́щик, комо́д
chic шика́рный
chicken ку́рица
chief глава́
chief (adj.) гла́вный
child ребёнок, дитя́
childish ребя́ческий
children де́ти, ребя́та

chimney труба́
chin подборо́док
china фарфо́р
chocolate шокола́д
choice вы́бор
choose (to) выбира́ть
chop (to) руби́ть
chopped ру́бленый
chord акко́рд
chorus хор
Christianity христиа́нство
Christmas Рождество́
church це́рковь
cigar сига́ра
cigarette сигаре́та
circle круг
circumstance обстоя́тельства
circus цирк
citizen гражда́нин (m.), гражда́нка
   (f.)
city го́род
civil шта́тский
civilization цивилиза́ция
claim прете́нзия, тре́бование
clap (to) аплоди́ровать
class класс
classical класси́ческий
classification классифика́ция
clause предложе́ние (gram.)
clean (to) стира́ть, чи́стить
clean чи́стый
cleanliness чистота́
clear зво́нкий, я́сный
clear up (to) проясня́ть
clever у́мный
climate кли́мат
climb поднима́ться
clinic амбулато́рия, кли́ника
clock часы́
close (to) закрыва́ть
close те́сный
close бли́зко от
closed закры́тый
cloth мате́рия
clothes оде́жда
cloud о́блако, ту́ча
cloudy па́смурный
club клуб
clumsy неуклю́жий, нело́вкий
coal у́голь
coarse гру́бый
coat пальто́

cobweb паути́на
coffee ко́фе
coffeepot кофе́йник
cognac конья́к
coin моне́та
coincide (to) совпада́ть
coincidence совпаде́ние
cold на́сморк, просту́да, холо́дный
   to catch cold простуди́ться
coldness хо́лод
collar воротни́к
colleague колле́га
collect (to) собира́ть(ся)
collection сбо́рник
college ко́лледж
collide (to) ста́лкиваться
collision столкнове́ние
color (to) кра́сить
color цвет
colored кра́шеный, цветно́й
colossal колосса́льный
comb (to) причёсывать(ся)
comb гребешо́к
combination комбина́ция,
   соедине́ние
combine (to) объединя́ть, сочета́ть
combined свя́занный, совме́стный
comedy коме́дия
comfort (to) утеша́ть
comfort удо́бство, утеше́ние, ую́т
comfortable удо́бный, ую́тный
comic смешно́й, юмористи́ческий
command (to) кома́ндовать,
   прика́зывать
command прика́з
commerce торго́вля, комме́рция
commercial комме́рческий
commission поруче́ние
commit (to) доверя́ть, соверша́ть
committee коми́ссия
common о́бщий, просто́й
communicate (to) сообща́ть
compact пу́дреница
company компа́ния, фи́рма
compare (to) сра́внивать
comparison сравне́ние
compel (to) принужда́ть,
   заставля́ть
compensation компенса́ция
compete (to) сопе́рничать
competition конкуре́нция
compile (to) составля́ть

complain (to) жа́ловаться
complaint жа́лоба
complete по́лный
complexion цвет лица́
complicated сло́жный
complication осложне́ние, усложне́ние
compliment комплиме́нт
compose (to) сочиня́ть
composer компози́тор
composition сочине́ние
composure хладнокро́вие
compote компо́т
compromise компроми́сс
compulsory обяза́тельный
computer компью́тер
 minicomputer ми́ни-ЭВМ
comrade това́рищ
conceal (to) пря́тать(ся), скрыва́ть(ся), таи́ть(ся)
conceited кичли́вый
concentrate (to) сосредото́чивать
concept иде́я, поня́тие
concern (to) каса́ться
concerning относи́тельно, насчёт, о (prep.), про (acc.)
concert конце́рт
conclude (to) заключа́ть
conclusion заключе́ние
condition положе́ние, состоя́ние, усло́вие
conduct (to) води́ть (lead), дирижи́ровать (orchestra); управля́ть (rule)
conduct поведе́ние
conductor дирижёр (orchestra), проводни́к (wire), конду́ктор (on train)
confession и́споведь
confidence дове́рие, уве́ренность
confident уве́ренный
confirm (to) утвержда́ть
conflict конфли́кт
confused пу́танный, расте́рянный, смущённый
confusion смуще́ние, сумбу́р
congratulate (to) поздравля́ть
congratulation поздравле́ние
connect (to) свя́зывать, соединя́ть(ся)
connection связь
conquer (to) побежда́ть

conscience со́весть (f.)
conscious сознаю́щий, созна́тельный
consciously созна́тельно
consent (to) соглаша́ться
consent согла́сие
conservation сохране́ние
conservative консервати́вный
consider (to) засчи́тывать, обду́мывать, счита́ть(ся)
consist (to) заключа́ться, состоя́ть
constant постоя́нный
constitution конститу́ция
constructive конструкти́вный
consul ко́нсул
consulate ко́нсульство
consultant ко́нсульта́нт
consumption потребле́ние; чахо́тка
contain (to) содержа́ть
contemporary совреме́нный
contempt презре́ние
contemptuous презри́тельный
content (to) удовлетворя́ть
contents содержа́ние
continent контине́нт
continuation продолже́ние
continue (to) продолжа́ть
continuity непреры́вность
continuously непреры́вно
contract контра́кт
contradict (to) противоре́чить
contradiction противоре́чие
contrary проти́вный
 on the contrary наоборо́т, напро́тив
contrast контра́ст, противополо́жность (f.)
control контро́ль
control oneself (to) сде́рживаться
convenient удо́бный
convention съезд
conversation бесе́да, разгово́р
converse (to) бесе́довать, разгова́ривать
conviction убежде́ние
convince (to) уверя́ть, убежда́ть
cook (to) гото́вить
cook по́вар
cookie пече́нье
cool прохла́дный, хладнокро́вный (person)

cooperative кооперати́в
copper медь
copy (to) копи́ровать, перепи́сывать
copy ко́пия, экземпля́р
coquette коке́тка
cord верёвка, шнур, шпага́т
cordial серде́чный, тёплый
cork про́бка
corkscrew што́пор
corn кукуру́за, мозо́ль
corned beef солони́на
corner у́гол
corpse труп
correct (to) исправля́ть, поправля́ть
correct ве́рный, пра́вильный
correspond (to) перепи́сываться
correspondence перепи́ска
correspondent корреспонде́нт
corridor коридо́р
cosmetics косме́тика
cost (to) сто́ить
cost цена́
cotton бума́жный
couch куше́тка
cough (to) ка́шлять
counsel (to) сове́товать
counsel сове́т
country дере́вня, страна́
  country house да́ча
couple па́ра
courage дух, му́жество, сме́лость (f.), хра́брость (f.)
courageous сме́лый
course курс
courteous ве́жливый
courtesy ве́жливость (f.), любе́зность (f.)
cousin кузе́н (m.), кузи́на (f.), двою́родный брат, двою́родная сестра́
cover (to) накрыва́ть, покрыва́ть
covered кры́тый
covering покры́шка
cow коро́ва
coward трус
cozy ую́тный
crackle (to) треща́ть
cradle колыбе́ль
cranberry клю́ква

cranky капри́зный
  to be cranky капри́зничать
craving жа́жда, жела́ние
creak (to) скрипе́ть
cream крем, сли́вки
crease скла́дка
create (to) создава́ть
creative тво́рческий
creep (to) по́лзать
crime преступле́ние
criminal престу́пник
crisis кри́зис
critical крити́ческий
criticism кри́тика
crooked криво́й
cross (to) переходи́ть
  to cross out зачёркивать
cross крест
crossing перехо́д
crowd толпа́
crown коро́на, коро́нка (dental)
cruel жесто́кий
cruelty жесто́кость (f.)
crush (to) уничтожа́ть
crust кора́
cry (to) пла́кать
cry крик
cucumber огуре́ц
cultural интеллиге́нтный, культу́рный
culture культура́
cunning хи́трый
cup ча́шка
cupboard шкаф
cure (to) изле́чивать
cure излече́ние, сре́дство
curiosity любопы́тство
curious любозна́тельный, любопы́тный
curly кудря́вый
current тече́ние, ток
cursed прокля́тый
curtail (to) сокраща́ть
curtain за́навес
curved криво́й
cushion поду́шка
custom нра́вы, обы́чай
cut (to) нареза́ть, ре́зать, поре́зать
cutlet котле́та
cynic ци́ник
cynical цини́чный

D

daily ежедне́вно
dam плоти́на
damage поврежде́ние
damned прокля́тый
damp сыро́й
dampness сы́рость (f.)
dance (to) танцева́ть
dance бал, та́нец
danger опа́сность (f.)
dangerous опа́сный
dare (to) сметь
daring де́рзкий, сме́лый
dark тёмный
darken (to) темне́ть
darkness темнота́
darn (to) што́пать
data да́нные
data base ба́за да́нных
data crunching сжа́тие да́нных
date число́ (of time); фи́ник (fruit); свида́ние (engagement)
daughter дочь (f.)
dawn заря́, рассве́т
day день (m.), су́тки (24 hours)
  day after tomorrow послеза́втра
  day before yesterday позавчера́
daydream (to) фантази́ровать, мечта́ть
daydream мечта́
dazzle (to) ослепля́ть
dazzling ослепи́тельный
dead мёртвый
deaf глухо́й
dealer торго́вец
dear дорого́й, ми́лый
death смерть
debate диску́ссия, спор
debt долг
decay (to) по́ртиться
deceased (the) поко́йник
deceive (to) обма́нывать
December дека́брь (m.)
decency прили́чие
decent поря́дочный, прили́чный
deceptive обма́нчивый
decide (to) реша́ть
decision реше́ние
deck па́луба
declaration заявле́ние, деклара́ция

decline (to) отка́зываться
decline упа́док
decrease (to) уменьша́ть
decree ука́з, прика́з
deep глубо́кий
defect дефе́кт, недоста́ток, брак
defend (to) защища́ть
defenseless беззащи́тный
define (to) определя́ть
definite определённый
definition определе́ние
deft ло́вкий
defy (to) вызыва́ть
degree гра́дус, сте́пень (f.) (extent)
delay (to) заде́рживать, ме́длить
delay опозда́ние
delegate делега́т
deliberate наме́ренный, рассчи́танный
delicacy то́нкость (f.), чу́ткость (f.)
delicate то́нкий, чу́ткий
delicious вку́сный
delight восто́рг, отра́да, наслажде́ние
delightful восхити́тельный, преле́стный
delirium бред
demand (to) тре́бовать
demand спрос, тре́бование
denial отрица́ние
dense густо́й
dental зубно́й
deny (to) отрица́ть
depart (to) пойти́, пое́хать, уходи́ть, уезжа́ть
department отде́л, отделе́ние, факульте́т (of a university)
departure отхо́д, отье́зд
depend on (to) бази́ровать, зави́сеть (от)
dependable положи́тельный
dependence зави́симость (f.)
deposit (to) отлага́ть
deprivation лише́ние
deprive (to) лиша́ть
depth глубина́
descend (to) происходи́ть, спуска́ться
descent происхожде́ние
despise (to) презира́ть

description описа́ние
desert пусты́ня
deserted поки́нутый
deserve (to) заслу́живать
deserving досто́йный
desire жела́ние
desk пи́сьменный стол
despair отча́яние
desperately отча́янно
despise (to) презира́ть
dessert десе́рт, сла́дкое
destiny жре́бий, судьба́
destroy (to) разруша́ть,
    уничтожа́ть
destruction разруше́ние
detach (to) отделя́ть
detail дета́ль (f.), подро́бность
    (f.), мело́чь
detailed подро́бный
detain (to) заде́рживать
determination определе́ние
determine (to) определя́ть
detest (to) ненави́деть
develop (to) проявля́ть, развива́ть
development проявле́нис,
    разви́тие, рост
device прибо́р
devil бес, чёрт, дья́вол
devise (to) приду́мывать
devotion на́божность (f.),
    пре́данность (f.)
dew роса́
diagnosis диа́гноз
dial цифербла́т
dialect диале́кт
diameter диа́метр
diamond бриллиа́нт, алма́з
dictionary слова́рь
die (to) сконча́ться, умира́ть
diet (to) сади́ться на дие́ту
diet дие́та
differ (to) отлича́ться,
    различа́ть(ся)
difference ра́зница, разногла́сие
    (of opinion), ра́зность (f.)
different друго́й, разли́чный,
    ра́зный
difficult тру́дный
difficulty затрудне́ние
dig (to) копа́ть, рыть
digest (to) перева́ривать
digestion пищеваре́ние

dignity досто́инство
diligence усе́рдие
diligent приле́жный, усе́рдный
dim нея́сный, сму́тный
dimension разме́р
diminish (to) па́дать, убавля́ть,
    уменьша́ть
dimple я́мочка
dine (to) обе́дать
dining room столо́вая
dinner обе́д
diplomacy дипло́ма́тия
direct (to) направля́ть, обраща́ть,
    руководи́ть, управля́ть
direct (adj.) прямо́й
direction направле́ние
director дире́ктор, режиссёр
    (theater)
dirt грязь (f.)
dirty гря́зный, чума́зый
disadvantage невы́года
disagreeable неприя́тный,
    неуго́дный
disappear (to) исчеза́ть
disappoint (to) разочгарова́ть
  to be disappointed быть
    разочаро́ванным
disappointed разочаро́ванный
disappointment разочарова́ние
disapproving неодобри́тельный
disaster бе́дствие
disastrous поги́бельный
discipline дисципли́на
disclose (to) раскрыва́ть
discomfort неудо́бство
discontent недово́льство
discount ски́дка
discourage (to) обескура́живать,
    отбива́ть охо́ту
discourteous нелюбе́зный
discourtesy нелюбе́зность
discover (to) находи́ть, открыва́ть
discovery откры́тие
discretion осторо́жность,
    усмотре́ние
discuss (to) обсужда́ть,
    переговори́ть, разбира́ть
discussion диску́ссия, обсужде́ние
disdain презре́ние
disease боле́знь (f.)
disgrace позо́р
disgust отвраще́ние

dish блюдо, (course)
dishes посуда
dishonest нечестный
disk диск, круг
disorder беспорядок
display (to) показывать
displeasure неудовольствие
disposition нрав, склонность (f.),
  характер
dispute (to) спорить
disrespectfully неуважительно
dissatisfaction недовольство
dissatisfied недовольный
distance расстояние
distant далёкий
distinct отчётливый, ясный
distinction отличие, различие
distinguish (to) отличать,
  различать
distraction рассеянность
distribute (to) выдавать,
  раздавать
district район
distrust (to) не доверять
distrust недоверие
distrustful недоверчивый
disturb (to) беспокоить, мешать,
  нарушать, тревожить
divide (to) делить(ся),
  разделять(ся)
divine божественный
division деление, разделение
divorce развод
dizzy (to be) чувствовать
  головокружение
do (to) делать
doctor врач, доктор
doctrine учение, доктрина
document бумага, документ
documentary (film) документаль-
  ный фильм
dog пёс, собака
doll кукла
dollar доллар
domestic семейный (family),
  местный (local), домашний
  (animals)
door дверь
dose доза
double вдвое, двойной
doubt (to) сомневаться
doubt сомнение

dough тесто
doughnut пончик
down вниз
  to get down слезать, спускаться,
  сходить
downstairs вниз, внизу
doze (to) дремать
dozen дюжина
draft чертёж, план
drag (to) таскать, тянуть
drama драма
drastic радикальный
draw (to) рисовать (paint)
draw out (to) вынимать
drawer ящик
dread боязнь (f.), страшный
  (adj.)
dream (to) сниться
dream сон, сновидение
dress (to) одевать(ся)
dress платье
dressing-gown халат
dressmaker портниха
drink (to) пить
drink напиток
drive (to) гонять, кататься (for
  pleasure), править
driver шофёр
drop (to) ронять
drop капля
drown (to) тонуть, топить
  (something else), топиться
  (oneself)
drugstore аптека
drum барабан
drunk пьяный
drunkard пьяница
dry (to) сушить, утирать,
  сохнуть
dry сухой
duck утка
due (adj.) следуемый
duet дуэт
dull мутный, пасмурный, тупой
dumb глупый (stupid), немой
  deaf-mute глухонемой
during во время
dust пыль (f.)
duty обязанность (f.), повинность
  (f.)
dwelling жилище
dye краска

E

each ка́ждый
eagle орёл
ear у́хо
early ра́нний, ра́но (adv.)
earn (to) зараба́тывать
earnest серьёзный
earring серьга́
earth земля́
east восто́к
Easter Па́сха
eastern восто́чный
easy лёгкий
eat (to) есть, ку́шать
echo э́хо
economical экономи́ческий
economize (to) эконо́мить
economy расчётливость (f.)
edge край
edit (to) редакти́ровать
edition изда́ние
editor реда́ктор
editorial staff, office реда́кция
educate (to) воспи́тывать, дава́ть
 образова́ние
educated интеллиге́нтный,
 культу́рный, образо́ванный
education образова́ние
educational образова́тельный
 (pert. to education); уче́бный
 (providing instruction)
effect впечатле́ние, де́йствие
effective эффе́ктный
efficient де́йственный
effort уси́лие
egg яйцо́
egoist эгои́ст
eight во́семь
eighteen восемна́дцать
eighteenth восемна́дцатый
eighth восьмо́й
eightieth восьмидеся́тый
either та́кже, тот и́ли друго́й
 either . . . or . . . и́ли . . . и́ли . . .
elastic рези́на (f.)
elbow ло́коть (m.)
elder ста́рший
elderly пожило́й
election избра́ние, вы́боры
electric электри́ческий

electricity электри́чество
elegant изя́щный, элега́нтный
element элеме́нт
elementary нача́льный,
 элемента́рный
elephant слон
elevator лифт, элева́тор (grain)
eleven оди́ннадцать
eleventh оди́ннадцатый
eliminate (to) исключа́ть
else (adv.) ещё, кро́ме
 No one else has come. Ни́кто
 бо́льше не приходи́л.
elsewhere где́-нибудь в друго́м
 ме́сте
embarrassed сконфу́женный,
 смущённый
 to become embarrassed
 сконфу́зиться
embarrassment затрудне́ние,
 смуще́ние
embassy посо́льство
embrace (to) обнима́ть
embroidered расши́тый
emerge (to) появля́ться
emergency кра́йняя
 необходи́мость
emigrant эмигра́нт
eminent выдаю́щийся,
 знамени́тый
emotion волне́ние, эмо́ция
emphasize (to) подчёркивать,
 заостря́ть
emphatic эмфати́ческий
employ (to) дава́ть рабо́ту,
 нанима́ть
employee служащий
employment заня́тие, рабо́та,
 слу́жба
empty (to) вылива́ть
empty пусто́й
enamel эма́ль (f.)
enclose (to) окружа́ть,
 вкла́дывать
encore бис
encourage (to) ободря́ть,
 поощря́ть
encouragement ободре́ние
end (to) конча́ть(ся), ока́нчивать
end коне́ц, преде́л, оконча́ние
endeavor (to) пыта́ться, стара́ться
endeavor попы́тка

endurance вы́держка, терпе́ние
endure (to) выде́рживать, переноси́ть, терпе́ть
enemy враг
energy эне́ргия
engine маши́на, мото́р
engineer инжене́р, меха́ник
English англи́йский
enjoy (to) весели́ться (oneself), наслажда́ться
enjoyment наслажде́ние
enlarge (to) увели́чивать
enormous грома́дный, огро́мный
enough доста́точно, дово́льно
enter (to) входи́ть, вступа́ть (on foot), въезжа́ть (by vehicle)
entertain (to) развлека́ть, угоща́ть
entertainment развлече́ние
enthusiasm восто́рг, энтузиа́зм
entire це́лый, сплошно́й
entirely совсе́м
entrance вход, въезд
entrust (to) поверя́ть, доверя́ть
envelope конве́рт
envious зави́стливый
environment обстано́вка, окружа́ющая среда́
envy (to) зави́довать
envy за́висть (f.)
equal ра́вный
equality ра́венство
equalize (to) ура́внивать
equilibrium равнове́сие
era эпо́ха, э́ра
erase (to) стира́ть
eraser рези́нка
err (to) заблужда́ться, ошиба́ться
errand поруче́ние
error оши́бка
escalator эскала́тор
escape (to) избежа́ть, спасти́сь
escort (to) сопровожда́ть
especially осо́бенно, специа́льно
establish (to) устра́ивать
estate име́ние
esteem (to) уважа́ть
esteem уваже́ние
estimate (to) оце́нивать, составля́ть сме́ту
estimate оце́нка, сме́та
eternal ве́чный

eternity ве́чность (f.)
ether эфи́р
ethics э́тика
European европе́йский
evacuate (to) очища́ть, эвакуи́ровать
eve кану́н
even (adj.) гла́дкий, ро́вный
even (adv.) да́же, хоть
evening ве́чер
  in the evening ве́чером
event слу́чай (m.), собы́тие
ever всегда́
  forever навсегда́
  ever since с тех пор
  hardly ever почти́ никогда́
every вся́кий, ка́ждый, любо́й
everyone ка́ждый
everything всё
everywhere везде́, повсю́ду
evidence доказа́тельство, свиде́тельство
evident я́вный
evidently ви́дно
evil (n.) зло
evil (adj.) дурно́й, злой
exact то́чный, аккура́тный
exacting тре́бовательный
exactly и́менно, то́чно
exaggerate (to) преувели́чивать
exaggerated преувели́ченный
exaggeration преувеличе́ние
examination экза́мен
examine (to) осма́тривать, рассма́тривать, экзаменова́ть
example приме́р
  for example наприме́р
exceed (to) превыша́ть, переходи́ть грани́цы
excel (to) превосходи́ть
excellent отли́чный, прекра́сный
except (prep.) кро́ме (gen.)
exception исключе́ние
exceptionally нисключи́тельно
excess изли́шек
excessive чрезме́рный
exchange (to) обме́нивать
exchange обме́н
excite (to) возбужда́ть
excitement волне́ние
exclaim (to) а́хнуть, воскли́кнуть
exclude (to) исключа́ть

excursion экску́рсия
excuse (to) извиня́ть, проща́ть
  Excuse me. Извини́те. Прости́те.
excuse оправда́ние
execution исполне́ние (of an idea)
exercise (to) упражня́ть
exercise упражне́ние
exertion напряже́ние, уси́лие
exhaust (to) вытя́гивать, изнуря́ть
exhibition вы́ставка
exist (to) существова́ть
existence существова́ние
exit вы́ход
expand (to) расширя́ть(ся),
  увели́чивать(ся)
expansion разложе́ние, экспа́нсия,
  увеличе́ние
expect (to) ожида́ть
expectation ожида́ние, ча́яние
expel (to) исключа́ть
expense расхо́д
expensive дорого́й
experience (to) пережива́ть
experience о́пыт
experienced о́пытный
experiment о́пыт, экспериме́нт
experimental про́бный,
  эксперимента́льный
expert знато́к, специали́ст
explain (to) объясня́ть
explanation объясне́ние
explode (to) взрыва́ть
exploit (to) эксплуати́ровать
explore (to) иссле́довать
explosion взрыв
export э́кспорт
expose (to) разоблача́ть,
  раскрыва́ть
express oneself (to) выража́ть(ся)
expression выраже́ние
expressive экспресси́вный,
  вырази́тельный
exquisite преле́стный
extend (to) вытя́гивать, тяну́ться
extensive обши́рный,
  экстенси́вный
extent сте́пень (f.)
exterior вне́шний (adj.),
  нару́жность (noun, f.)
external вне́шний
extinguish (to) туши́ть
extra осо́бенно, сверх, э́кстра

extraordinary чрезвыча́йный
extravagant нерасчётливый,
  экстравага́нтный
extreme кра́йний, чрезвыча́йный
  (adj.), кра́йность (noun, f.)
extremely весьма́, кра́йне
eye глаз
eyebrow бровь (f.)
eyeglasses очки́ (pl.)
eyelid ве́ко
eyesight зре́ние

F

fabric материа́л, мате́рия
face лицо́
  face to face лицо́м к лицу́
facilitate (to) облегча́ть
facility лёгкость (f.)
fact факт
factory фа́брика
factual факти́ческий
faculty спосо́бность (f.),
  преподава́тельский соста́в
fade (to) вя́нуть, блёкнуть
fail (to) провали́ться (exam.),
  слабе́ть
failure неуда́ча
faint (to) упа́сть в о́бморок
faintheartedness малоду́шие
fair справедли́вый, че́стный
fairy фе́я
faith ве́ра, дове́рие
faithful ве́рный
fall (to) па́дать
  to let fall урони́ть
false фальши́вый
falsehood ложь (f.), непра́вда
fame изве́стность (f.), сла́ва
familiar знако́мый
  to become familiar with
  ознако́миться
family семе́йный (adj.), семья́
  (noun)
famous знамени́тый
fan вентиля́тор
fancy (noun) фанта́зия, вообра-
  же́ние
fantastic фантасти́ческий
far далёкий (adj.), далеко́ (adv)

from far away и́здали
not far недалеко́
fare (carfare) пла́та за прое́зд
farewell проща́ние (n.)
Farewell! Проща́й! до свида́ния!
farm фе́рма
farmer фе́рмер
farther да́льше
fascinating очарова́тельный,
    увлека́тельный
fashion фасо́н, мо́да
fashionable мо́дный
fast кре́пкий, ско́рый (of speed)
fasten (to) привя́зывать
    to fasten together скрепля́ть
fastidious разбо́рчивый
fat жир (n.), жи́рный, то́лстый
    (adj.)
fatal поги́бельный, фата́льный
fate жре́бий, судьба́
father оте́ц
fatherland оте́чество
faucet кран
fault вина́
favor ми́лость (f.), одолже́ние
favorite люби́мец (n.), люби́мый
    (adj.)
fax (noun) факс
fear (to) боя́ться
fear боя́знь (f.), страх
February февра́ль (m.)
federation федера́ция
fee вознагражде́ние, пла́та
feeble бесси́льный, сла́бый
feed (to) корми́ть, пита́ть
feel (to) ощуща́ть, чу́вствовать
feeling чу́вство
fellow па́рень (m.)
feminine же́нский
fencing фехтова́ние
fertility плодоро́дность (f.)
fervent пы́лкий, стра́стный
fetch (to) доста́ть, приноси́ть
fever жар
feverish лихора́дочный
few ма́ло, немно́го, не́сколько
    fewer ме́ньше
fiber фи́бра, волокно́
fiction беллетри́стика
fictitious фикти́вный, вообра-
    жа́емый
field по́ле

fifteen пятна́дцать
fifteenth пятна́дцатый
fifth пя́тый
fiftieth пятидеся́тый
fifty пятьдеся́т
fig инжи́р, фи́га
fight (to) боро́ться, дра́ться
fight борьба́, дра́ка
figure фигу́ра, ци́фра (number)
file (to) приня́ть к выполне́нию
    зака́з, регистри́ровать и храни́ть
file напи́льник, картоте́ка
fill (to) наполня́ть
    to fill in заполня́ть
fillet (meat) филе́
film фильм
filthy гря́зный
final оконча́тельный
finally наконе́ц
finances фина́нсы
financing финанси́рование
financial фина́нсовый
find (to) находи́ть
    to find out узнава́ть
fine (penalty) штраф
fine то́нкий
    fine fellow! молоде́ц!
    fine point то́нкость (f.)
finger па́лец
fingernail но́готь (m.)
finish (to) конча́ть(ся), ока́нчивать
finished ко́нчено, сде́лано
fire ого́нь (m.), пожа́р
fireplace ками́н
fireproof несгора́емый
firewood дрова́ (pl.)
fireworks фейерве́рк
firm фи́рма (company), кре́пкий,
    твёрдый (adj.)
first пе́рвый
    at first сперва́
    first-rate первокла́ссный
    for the first time впервы́е
fish ры́ба
fist кула́к
fit (to) сиде́ть, подходи́ть
fit припа́док (attack)
five пять
fix (to) исправля́ть, починя́ть
flag флаг
flame пла́мя
flap (to) маха́ть

flash (to) блесну́ть, мелька́ть, сверкну́ть
flashlight ручно́й электри́ческий фона́рь
flat пло́ский, ро́вный
flattering ле́стный
flattery лесть (f.)
flavor арома́т
fleet флот
flesh сыро́е мя́со
flexible ги́бкий
flight бе́гство, отступле́ние, полёт
flirt (to) флиртова́ть
float (to) пла́вать
flood пото́к, наводне́ние
floor пол, эта́ж (story)
flora фло́ра
flour мука́
flourishing здоро́вый, цвету́щий
flow (to) течь
flower цвето́к
fluently бе́гло, свобо́дно
fluid жи́дкость (noun, f.) жи́дкий (adj.)
fly (to) лета́ть
fly му́ха
flying лету́чий
focus (to) сосредото́чивать, фокуси́ровать(ся), наводи́ть на фо́кус
focus фо́кус
fog тума́н
flood (to) разлива́ться; затопля́ть
fold скла́дывать
fold скла́дка
folk (adj.) наро́дный
follow (to) следи́ть, сле́довать
following сле́дующий
fond не́жный, лю́бящий
font шрифт
food еда́, пи́ща
fool дура́к
foolish глу́пый
foolishness глу́пость (f.)
foot нога́, фут (of length)
  on foot пешко́м
football футбо́л
footstep шаг
for для (gen.), за (acc., inst.), на (extent of time)
  for the sake of ра́ди (gen.)
forbid (to) запреща́ть

force (to) заставля́ть, принужда́ть
force си́ла
forehead лоб
foreign иностра́нный
foreigner иностра́нец
foresight предви́дение
forest лес
forever наве́ки, навсегда́
forewarn (to) предупрежда́ть
forged фальсифици́рованный
forget (to) забыва́ть
forgetfulness забы́вчивость (f.)
forgive (to) извиня́ть, проща́ть
forgiveness проще́ние
fork ви́лка
form о́браз, фо́рма
formality форма́льность (f.)
formation строй
formed (to be) составля́ть(ся)
former бы́вший
formerly пре́жде, ра́ньше
formula фо́рмула
forsake (to) поки́нуть
fortieth сороково́й
fortunate счастли́вый, уда́чный
fortunately к сча́стью
fortune сча́стье, уда́ча, судьба́
fortune-teller гада́лка
forty со́рок
forward вперёд (adv.), передово́й (adj.)
found (to) создава́ть
foundation фунда́мент
founder основа́тель (m.)
fountain фонта́н
fountain pen авторучка
four четы́ре
fourteen четы́рнадцать
fourteenth четы́рнадцатый
fourth четвёртый
fowl дома́шняя пти́ца
foyer пере́дняя, фойе́ (noun not decl.)
fragment кусо́к, отры́вок
fragrance арома́т
fragrant арома́тный
frame ра́ма
frank и́скренний, открове́нный
frankness открове́нность (f.)
fraud обма́н
free беспла́тно (gratis), свобо́дный
freedom свобо́да, во́льность (f.)

freely свобо́дно
freeze (to) замерза́ть, мёрзнуть, замора́живать, ледени́ть
French францу́зский
frequently ча́сто
fresh све́жий
Friday пя́тница
fried жа́реный
friend друг (m.), подру́га (f.), прия́тель (m.) –ница (f.)
friendly дру́жеский, приве́тливый
friendship дру́жба
fright испу́г, страх
frighten (to) пуга́ть, напуга́ть
  to become frightened испуга́ться
frightening стра́шный
frog лягу́шка
from из (gen.), от (gen.), с (gen.)
  from behind из-за́
front фаса́д (n.), пере́дний (adj.)
frost моро́з
frown (to) хму́риться
frozen мёрзлый, заморо́женный
fruit фрукт
fry (to) жа́рить(ся)
frying pan сковорода́
fuel горю́чее, то́пливо
  fuel oil мазу́т
fugitive бе́глый
fulfill (to) выполня́ть, исполня́ть
fulfillment выполне́ние, исполне́ние
full по́лный
fully внолне́
fun весе́лье, шу́тка (joke)
  to have fun весели́ться
function (to) де́йствовать
function фу́нкция
fund запа́с, фонд
fundamental основно́й, фунда-мента́льный
funeral по́хороны
funny заба́вный, смешно́й
fur мех
  fur coat шу́ба
furnace го́рн, печь, то́пка
furnish (to) обставля́ть
furniture ме́бель (f.), обстано́вка
fury бе́шенство, я́рость (f.)
fuss хло́поты, суета́

futile тще́тный
future бу́дущий (adj.), бу́дущее (n.)

G

gain (to) вы́играть (win)
  to gain weight полне́ть
gain дохо́ды
gallant гала́нтный
gallery галере́я
gallon галло́н
gamble (to) игра́ть в аза́ртные и́гры
game игра́
garage гара́ж
garbage му́сор
garden сад
garlic чесно́к
garment предме́т оде́жды, пла́тье
gas газ
gasoline бензи́н, газоли́н
gate воро́та
gather (to) собира́ть(ся)
gauze газ, ма́рля
gay весёлый (merry)
gender род
general (adj.) о́бщий
  in general вообще́
generality неопределённость
generally обы́чно, вообще́, широко́
generation поколе́ние
generosity ще́дрость (f.)
generous ще́дрый
genius гениа́льный (adj.), ге́ний
gentle мя́гкий
gentleman джентльме́н
genuine настоя́щий
geography геогра́фия
geometry геоме́трия
germ микро́б
German неме́цкий (adj.)
gesture жест
get (to) достава́ть (fetch), получа́ть (receive)
  to get along пожива́ть
  to get even with распла́чиваться
  to get up встава́ть

ghost привиде́ние
gift дар (talent), пода́рок
gifted спосо́бный, тала́нтливый
gigantic гига́нтский
girl де́вочка (little girl), де́вушка (young girl, unmarried)
give (to) дава́ть
  to give a present дари́ть
  to give back возвраща́ть, отдава́ть
  to give out выдава́ть, раздава́ть
glad рад, ра́достный
gladly охо́тно
glance взгляд
glands же́лезы
glass стака́н (drinking), стекло́, стекля́нный (adj.)
glasses очки́
gleam (to) мелька́ть
glimpse мелыка́ние, мимолётное впечатле́ние
glitter (to) блесте́ть, сверка́ть
globe гло́бус, шар
gloom мрак
gloomy мра́чный, угрю́мый
glory сла́ва
glove перча́тка
glue (to) кле́ить
go (to) идти́, ходи́ть (on foot), е́хать, е́здить (by conveyance)
goal цель (f.)
God Бог
gold зо́лото
golden золото́й
good добро́ (noun), до́брый, хороший (adj.)
  good day до́брый день
  good evening до́брый ве́чер
  good morning до́брое у́тро
  good night споко́йной но́чи
good-bye до свида́ния
good-looking краси́вый
good-natured доброду́шный
goodness доброта́
gossip (to) спле́тничать
gossip спле́тник (m.), спле́тница (f.)
govern (to) пра́вить, управля́ть
government прави́тельство, управле́ние
grace ми́лость (f.)
graceful грацио́зный, изя́щный

gradually ма́ло-пома́лу, постепе́нно
graduate выпускни́к
graduating class вы́пуск
grammar грамма́тика
grand грандио́зный, великоле́пный
granddaughter вну́чка
grandfather де́душка
grandmother ба́бушка
grandson внук
grant (to) соглаша́ться, дава́ть субси́дию
grapes виногра́д
grasp (to) хвата́ть
grass трава́
grateful благода́рный
gratitude благода́рность (f.)
gratis беспла́тно, да́ром
grave моги́ла
gravely тяжело́
gravity тя́жесть (f.)
gravy подли́вка, со́ус
gray се́рый
  gray-haired седо́й
grease (to) ма́зать, сма́зывать
grease жир
greasy са́льный, жи́рный
great вели́кий
greatly о́чень си́льно
greedy жа́дный
green зелёный
greet (to) здоро́ваться, приве́тствовать
greeting приве́т, приве́тствие
grief го́ре, печа́ль (f.), скорбь (f.)
grieve (to) горева́ть
grind (to) растира́ть, тере́ть
groan (to) стона́ть
grocery story гастроно́м
ground земля́, фунда́мент
groundwork фунда́мент
group гру́ппа
grow (to) расти́, (become) станови́ться, де́латься
  to grow up выраста́ть
grown-up взро́слый
growth разви́тие, рост
grumble (to) ворча́ть жа́ловаться
guarantee (to) гаранти́ровать
guarantee гара́нтия, руча́тельство
guard (to) охраня́ть, стере́чь

guard сто́рож
guardian храни́тель
guess (to) дога́дываться,
  отга́дывать
guess дога́дка, предположе́ние
guest гость (m.)
guidance руково́дство
guide (to) руководи́ть
guidebook спра́вочник
guilt вина́
guilty винова́тый
guitar гита́ра
gulp (to) глота́ть
gulp глото́к
gum десна́, рези́на
gun ружьё
gust поры́в
gypsy цыга́нский (adj.)

H

habit привы́чка
habitual обы́чный
hair во́лосы
  to cut hair остри́чь во́лосы
haircut стри́жка
hairdo причёска
hairdresser парикма́хер
hairdryer фен
hairpin шпи́лька
half полови́на
  by halves попола́м
  half a year полго́да
  half-hour полчаса́
  halfway на полпути́, возмо́жный
  компроми́сс
hall зал
halt прива́л, стой (кома́нда)
ham ветчина́
hammer мо́лот
hand рука́, стре́лка (of a clock),
  ручно́й (adj.)
handbag су́мка
handicraft ремесло́, ручна́я ра-
  бо́та
handkerchief носово́й плато́к
handle ру́чка
handmade ручно́й рабо́ты
handshake рукопожа́тие
handsome краси́вый

handwriting по́черк
handy удо́бный, сподру́чный
hang (to) висе́ть
  to hang up ве́шать
hanger ве́шалка
haphazardly ко́е-как
happen (to) происходи́ть,
  случа́ться
happiness сча́стье
happy счастли́вый
harbor порт
hard твёрдый (firm), тру́дный
  (difficult)
harden (to) тверде́ть
hardly едва́, чуть
hardness твёрдость (f.)
harm (to) вреди́ть
harm зло, вред
harmful вре́дный
harmless безвре́дный
harmonious гармони́ческий
harmony гармо́ния
harsh ре́зкий, гру́бый
harvest урожа́й
haste торопли́вость (f.)
hasten (to) ускоря́ть
hastily поспе́шно, спе́шно
hasty поспе́шный
hat шля́па
hate (to) ненави́деть
hatred не́нависть (f.)
haughty высокоме́рный
haunt (to) пресле́довать
have (to) име́ть
  to have to до́лжен (а, о, ы),
  приходи́ться
hay се́но
hazy тума́нный
he он
head глава́ (chief), голова́
head (to) заве́довать, возгла-
  вля́ть
headache головна́я боль
headmost передово́й
heal (to) зажива́ть
health здоро́вье
healthful поле́зный
healthy здоро́вый
hear (to) слы́шать
hearing слух
heart се́рдце
  by heart наизу́сть

of the heart серде́чный
heartburn изжо́га
heartless безду́шный
heat греть, нагрева́ть
  heating system отопле́ние
heat жара́
heaven не́бо
heavenly небе́сный
heavy си́льный (strong), тяжёлый, то́лстый
  to grow heavy толсте́ть
heel каблу́к
height высота́, рост
heir насле́дник
hell ад
hello здра́вствуйте
help (to) помога́ть
help по́мощь (f.)
helpless беспо́мощный, бесси́льный
hem (to) подшива́ть
hem подо́л, подши́вка
hen ку́рица
her её, ей
herd ста́до
here здесь, сюда́, тут
  from here отсю́да
  here are (is) вот
hero геро́й
heroine герои́ня
herring селёдка
hers её
herself она́, сама́
hesitate (to) колеба́ться
hide (to) пря́тать(ся), скрыва́ть(ся), таи́ть(ся)
hideous ужа́сный
high высо́кий
  high-principled иде́йный
  highest вы́сший
  high school diploma аттеста́т зре́лости
highway шоссе́
hill холм
him его́, ему́
himself он сам
hinder (to) меша́ть
hint намёк
hint at (to) намека́ть
hip бедро́
hire (to) взять напрока́т, нанима́ть

for hire дава́ть напрока́т
his его́
historical истори́ческий
history исто́рия
hit (to) бить, ударя́ть
hoarse хри́плый
hold (to) держа́ть(ся)
  to hold in сдержа́ться
  to hold out выде́рживать
hole ды́рка
holiday пра́здник
hollow пусто́й
holy свято́й
home дом
  at home до́ма
  to go home идти́ домо́й
homemade самоде́льный, дома́шний
homosexual гомосексуали́ст (m.), гомосексуа́льный (adj.)
honest поря́дочный, че́стный
honesty че́стность (f.)
honey мёд
honeymoon медо́вый ме́сяц
honor (to) почита́ть
honor честь (f.)
hook крюк
hope (to) наде́яться
hope наде́жда, ча́яние
hopeful наде́ющийся
hopeless безнаде́жный
horizon горизо́нт
horizontal горизонта́льный
horn рог
horoscope гороско́п
horrible ужа́сный
horror у́жас
horse конь (m.), ло́шадь (f.)
  horseback верхо́м
hospitable гостеприи́мный
hospital больни́ца, го́спиталь (m.)
hospitality гостеприи́мство, хлеб-соль (bread and salt)
host хозя́ин
hostess хозя́йка
hot горя́чий, (objects, emotions) жа́ркий
hotel гости́ница
hour час
house дом
housemaid го́рничная
housewarming новосе́лье

how   как
  how much, many   скóлько
however   однáко
huge   огрóмный
hum (to)   напевáть
human   человéк (noun),
  человéческий (adj.)
humanitarian   гуманитáрный
humanity   человéчество
humble   скрóмный
humiliate (to)   унижáть
humility   смирéние
humor   ю́мор
humorous   юмористи́ческий
hundred   стó
hundredth   сóтый
hunger   гóлод
hungry   голóдный
hunter   охóтник
hunting   охóта
hurricane   урагáн
hurry (to)   спеши́ть,
  торопи́ться
hurt (to)   болéть, сдéлать бóльно
husband   муж
hush (to)   молчáть
hyphen   дефи́с, тирé
hypnosis   гипнóз
hypocrite   лицемéр
hypothesis   гипóтеза
hysterical   истери́ческий

I

I   я
ice   лёд
ice cream   морóженое
icon   икóна
icy   ледянóй
idea   идéя, мысль (f.), поня́тие
ideal   идеáльный
idealistic   идеалисти́ческий
identical   одинáковый
identity   ли́чность (f.)
idiot   идиóт
idle   лени́вый
idleness   лень (f.)
if   éсли
ignorance   невéдение, темнотá
ignorant   невéжественный

ignore (to)   игнори́ровать
ill   больнóй
  to fall ill   заболéть
illegal   незакóнный
illiteracy   безгрáмотность
illiterate   безгрáмотный
illness   болéзнь (f.)
illuminate (to)   освещáть
illumination   освещéние
illusion   иллю́зия
illustrate (to)   иллюстри́ровать,
  поясня́ть
illustration   пояснéние, рису́нок
image   и́мидж, óбраз
imaginary   воображáемый
imagination   воображéние,
  фантáзия
imagine (to)   воображáть
imbalance   дисбалáнс
imitate (to)   изображáть,
  подражáть
imitation   подражáние
immature   незрéлый
immediate   прямóй, спéшный
immediately   немéдленно, срáзу
immense   безмéрный, огрóмный
imminent   бли́зкий
immobility   неподви́жность (f.)
immodest   нескрóмный
immoral   безнрáвственный
immorality   безнрáвственность (f.)
immortal   бессмéртный
immortality   бессмéртие, вéчность
  (f.)
immovable   неподви́жный
imp   чертёнок
impartial   беспристрáстный
impatience   нетерпéние
impatient   нетерпели́вый
imperfect   дефéктный, непóлный,
  бракóванный
impersonal   безли́чный
impertinence   дéрзость (f.),
  нáглость (f.)
implore (to)   умоля́ть
imply (to)   намекáть
impolite   невéжливый
important   вáжный
impossible   невозмóжно, нельзя́
impostor   самозвáнец
impoverished   обеднéвший
impression   впечатлéние

imprison (to) заключа́ть в тюрьму́

improve (to) поправля́ть(ся), улучша́ть(ся)

improvement улучше́ние

improvise (to) импровизи́ровать

imprudent неблагоразу́мный

impudence де́рзость (f.), наха́льство

impudent де́рзкий

impulse и́мпульс

impure нечистый

in в (prep.), в, на (acc., prep.)

  in case на вся́кий слу́чай, в слу́чае

  in fact факти́чески

inaccurate неаккура́тный

inactivity безде́йствие

inadequate неудовлетвори́тельный, недоста́точный

inanimate неодушевлённый

inappropriate неподходя́щий

inaudible неслы́шный

incapable неспосо́бный

incentive побужде́ние

inch дю́йм

incident слу́чай

inclination наклоне́ние

include (to) включа́ть

income дохо́д

incomparable бесподо́бный, несравни́мый

incompatible несовмести́мый

incompetent неспосо́бный, некомпете́нтный

incomplete непо́лный, несоверше́нный

inconvenient неудо́бный

incorrect непра́вильный

incorruptible неподку́пный

increase (to) возраста́ть, прибавля́ть, увели́чивать

increase умноже́ние, увеличе́ние

incredible невероя́тный

incredibility невероя́тность (f.)

indecent неприли́чный

indecision нереши́тельность (f.)

indeed пои́стине

indefinite неопределённый

independence незави́симость

independent незави́симый, самостоя́тельный

index и́ндекс, оглавле́ние

index finger указа́тельный па́лец

indicate (to) ука́зывать

indication при́знак

indifference безразли́чие, равноду́шие

indifferent равноду́шный

indignant негоду́ющий

indignation негодова́ние

indirect непрямо́й, побо́чный

indiscreet неосторо́жный, нескро́мный

indispensable необходи́мый

individual индивидуа́льный, ли́чный

indoors в до́ме, внутри́

induce (to) убежда́ть

indulge (to) позволя́ть себе́ удово́льствие, злоупотребля́ть

indulgence терпи́мость (f.)

indulgent терпи́мый

industrial фабри́чный

industrious приле́жный

industry промы́шленность (f.)

inedible несъедо́бный

inefficient неспосо́бный

inequality нера́венство

inexpensive дешёвый

inexperienced нео́пытный

infancy ра́ннее де́тство, младе́нчество

infant ребёнок

infection зараже́нне

inferior ни́зший

inferiority неполноце́нность (f.)

infinite безграни́чный, бесконе́чный

infinitive неопределённое наклоне́ние, инфинити́в

infinity бесконе́чность

influence (to) влия́ть

influence вес, влия́ние

inform (to) сообща́ть

informally без церемо́ний

information изве́стие (news), све́дение

ingenious остроу́мный

ingratitude неблагода́рность (f.)

inhabit (to) жить

inhabitant жи́тель (m.)

inherit (to) насле́довать
inheritance насле́дство
inhuman бесчу́вственный, жесто́-
кий, бесчелове́чный
initial нача́льный
initiate (to) вводи́ть
initiative инициати́ва
injection уко́л
injurious вре́дно
injury поврежде́ние
injustice несправедли́вость (f.)
ink черни́ла
inn гости́ница
inner вну́тренний
innocence неви́нность (f.)
innocent безви́нный (guiltless),
неви́нный (harmless)
inquire (to) спра́шивать
inquiry вопро́с, спра́вка
inquisitive любозна́тельный
insane безу́мный, сумасше́дший
insanity безу́мие
inscription на́дпись
insect насеко́мое
insensible бесчу́вственный
inseparable неразлу́чный
insert (to) вкла́дывать
inside внутри́
inside out навы́ворот
insight интуи́ция, понима́ние
insignificant ничто́жный
insincere неи́скренний
insincerity неи́скренность (f.)
insist (to) наста́ивать
insistence насто́йчивость (f.)
inspect (to) рассма́тривать, про-
веря́ть
inspiration вдохнове́ние
install (to) помеща́ть, устана́-
вливать
instance приме́р, слу́чай
for instance наприме́р
instant мгнове́ние, миг, моме́нт
instantly момента́льно
instead of вме́сто (gen.)
instep подъём
instinct инсти́нкт
institute институ́т
instruct (to) учи́ть
instruction нака́з (order),
обуче́ние
instructor инстру́ктор

instrument инструме́нт, ору́дие
insufficient недоста́точный
insult (to) оскорбля́ть
insult оскорбле́ние
insulting оскорби́тельный
insurance страхо́вка
insure (to) страхова́ть(ся)
intact це́лый
intellect ум
intellectual интеллектуа́льный,
мы́слящий
intelligence ра́зум, ум
intelligent у́мный
intense си́льный
intensity интенси́вность (f.)
intention наме́рение
intentional наме́ренный
interest (to) интересова́ть
interest интере́с
interested (to become)
заинтересова́ться
interesting интере́сный
interfere (to) вме́шивать(ся)
interior вну́тренность (f.)
intermission переры́в
internal вну́тренний
international междунаро́дный
interpret (to) переводи́ть
interpretation перево́д, взгля́д
interpreter перево́дчик
interrupt (to) прерыва́ть
interval па́уза, переры́в
interview интервью́
intimacy инти́мность (f.)
intimate инти́мный
into в (асс.)
intolerable несно́сный, нестерпи́-
мый
intolerant нетерпи́мый
intoxicate (to) опьяня́ть, воз-
бужда́ть
intoxication опьяне́ние
intricate сло́жный
intrigue интри́га
introduce (to) вводи́ть, пред-
ставля́ть (a person)
introduction введе́ние,
представле́ние
intuition интуи́ция
invalid недействи́тельный (adj.),
больно́й, нетрудоспосо́бный
(adj. or noun)

invaluable бесце́нный
invent (to) выду́мывать, изобре-
та́ть, приду́мывать
invented вы́думанный
investigate (to) иссле́довать
investigation иссле́дование
invisible неви́димый
invitation приглаше́ние
invite (to) приглаша́ть
inviting привлека́тельный
involuntary нево́льно
iodine йод
Irish ирла́ндский
iron (to) гла́дить
iron желе́зо, утю́г (for ironing),
желе́зный (adj.)
irony иро́ния
irregular незакономе́рный,
непра́вильный
irresistible неотрази́мый
irresponsibility
безотве́тственность (f.)
irritate (to) раздража́ть
irritation раздраже́ние
island о́стров
isolate (to) изоли́ровать,
отделя́ть
isolated изоли́рованный
issue изда́ние
it оно́
Italian италья́нский
itch (to) чеса́ться
itinerary маршру́т
its его́
ivory слоно́вая кость
ivy плющ

J

jacket жаке́т
jail тюрьма́
jam варе́нье
January янва́рь (m.)
Japanese япо́нский
jar ба́нка
jaw че́люсть (f.)
jealous ревни́вый
to be jealous ревнова́ть
jealousy за́висть, ре́вность (f.)
jelly желе́

jewel драгоце́нность (f.)
Jewish евре́йский
job рабо́та
join (to) присоединя́ться, соеди-
ня́ться
joint суста́в, ме́сто соедине́ния,
совме́стный (adj.)
joke (to) шути́ть
joke анекдо́т, шу́тка
jokingly шутя́
journalist журнали́ст
journey пое́здка
joy отра́да, ра́дость (f.)
joyous ра́достный
judge (to) суди́ть
judge судья́
judgment суд (legal),
усмотре́ние
juice сок
juicy со́чный
July ию́ль (m.)
jumble ка́ша (fig.)
jump (to) пры́гать, скака́ть
to jump off соска́кивать
to jump out выска́кивать
jump прыжо́к
June ию́нь (m.)
junior мла́дший
just справедли́вый (adj.)
just (hardly) едва́, чуть
justice справедли́вость (f.) суд
justification оправда́ние
justify (to) опра́вдывать(ся)
juvenile малоле́тний

K

keen си́льный (strong), чу́ткий
keep (to) держа́ть, сохраня́ть,
храни́ть
kernel зерно́
kerosene кероси́н
key ключ
kick (to) ударя́ть ного́й,
брыка́ться (animal)
kidney по́чка
kill (to) убива́ть
killer уби́йца
kin род, родство́
kind сорт (m.), до́брый (adj.)

kindly до́брый, тёплый
kindness любе́зность (f.)
king коро́ль (m.)
kiss (to) целова́ть(ся)
kiss поцелу́й
kitchen ку́хня
knee кале́но
kneel (to) стоя́ть на коле́нях
knife нож
knight ры́царь
knit (to) вяза́ть
knock (to) стуча́ть
knock стук
knot (to) завя́зывать
knot у́зел
know (to) знать
  it is known изве́стно
  it is not known неизве́стно
  little known малоизве́стный
  to know how уме́ть
  well-known изве́стный
knowledge зна́ние
kopeck копе́йка
Kremlin Кремль

L

label ярлы́к
labor труд
laboratory лаборато́рия
laborer рабо́чий
lace шнуро́к
lack (to) недостава́ть
lack недоста́ток, отсу́тствие
ladder ле́стница
lady да́ма
lag (to) отстава́ть
lake о́зеро
lamb бара́нина
lame хромо́й
lamp ла́мпа, фона́рь (m.) (lantern)
lampshade абажу́р
land земля́
landlord хозя́ин
landscape пейза́ж
language язы́к
  common language о́бщий язы́к
lantern фона́рь (m.)
lard са́ло
large большо́й, кру́пный

last (to) продолжа́ться (continue),
  хвата́ть (last out)
last (adj.) после́дний, про́шлый
late по́здний
  to be late опа́здывать
lately за после́днее вре́мя
later по́зже
  two days later два дня спустя́
  laugh (to) смея́ться
  to burst out laughing засмея́ться
  to laugh boisterously хохота́ть
laughter смех
launder (to) стира́ть
lavatory убо́рная
lavish ще́дрый
law зако́н, пра́вило, пра́во
  law court суд
lawful зако́нный
lawless беззако́нный
lawn лужа́йка
lawyer адвока́т, юри́ст
lay (to) класть, положи́ть
layer слой
lazy лени́вый
  lazy person лентя́й (m.), -ка (f.)
lead (to) води́ть, руководи́ть
leader руководи́тель (m.)
leadership руково́дство
leaf лист
leak (to) течь
lean (to) наклоня́ться, опира́ться
  to lean over перегиба́ться
leap (to) пры́гать, скака́ть
leap прыжо́к, скачо́к
learn (to) учи́ть(ся), вы́учить(ся)
learned учёный
learning уче́ние
least наиме́ньший
  at least по кра́йней ме́ре
leather ко́жа
leave (to) оставля́ть, уезжа́ть,
  уходи́ть
  to leave out пропуска́ть
leave о́тпуск (vacation)
lecture докла́д, ле́кция
lecturer ле́ктор
left ле́вый
  to the left нале́во
leg нога́
legal зако́нный, юриди́ческий
  (profession)
legislation законода́тельство

legitimate зако́нный
leisure досу́г
lemon лимо́н
lend (to) одолжа́ть
length длина́
lengthen (to) удлиня́ть(ся)
less ме́ньше
lessen (to) убавля́ть, уменьша́ть
lesson уро́к
let (to) дава́ть, позволя́ть, пуска́ть
  let us дава́й, дава́йте (plus infinitive)
letter бу́ква (alphabet), письмо́ (correspondence)
lettuce сала́т
level у́ровень
liable отве́тственный
liar лгун
liberal либера́льный, ще́дрый (lavish)
liberate (to) освобожда́ть
liberty во́льность (f.), свобо́да
library библиоте́ка
license пра́во, разреше́ние
  driver's license води́тельские права́
lie (to) лгать (falsify), лежа́ть (rest)
  to lie down ложи́ться
lie ложь (f.)
life жизнь (f.)
lifeless безжи́зненый
lift (to) поднима́ть
light (to) зажига́ть
  to light up освеща́ть
light лёгкий (adj.), све́тлый (bright) (adj.), свет (noun)
lighten (to) светле́ть (make brighter), облегча́ть (in weight)
lighter зажига́лка
lighting освеще́ние
lightning мо́лния
likable симпати́чный
like (to) люби́ть, нра́виться
like как (as), подо́бный, похо́жий (similar)
likely возмо́жно, наве́рно
likeness схо́дство
likewise то́же
limb член, коне́чность
limit (to) ограни́чивать
limit грани́ца, ограниче́ние, преде́л

limp (to) хрома́ть
line ли́ния, ряд (row), строка́ (of a page)
linen бельё (household or underwear), полотно́
linger (to) ме́длить
lingerie да́мское бельё
linguistic языково́й
lining подкла́дка
link (to) свя́зывать, соединя́ть
link связь (f.), звено́
lion лев
lip губа́
lipstick губна́я пома́да
liquid жи́дкий (adj.), жи́дкость (noun, f.)
liquor спиртно́й напи́ток
list спи́сок
listen слу́шать
literacy гра́мотность (f.)
literally буква́льно
literary литерату́рный
literature литерату́ра
little ма́ленький
  a little ма́ло, немно́го
live (to) жить
live живо́й
lively живо́й
liver печёнка
living room гости́ная
load груз, тя́жесть
loaf (to) безде́льничать
loaf (of bread) буханка́, це́лый хлеб
loan заём
lobby прихо́жая, фойе́
lobster ома́р
local зде́шний, ме́стный
locality ме́сто
locate (to) находи́ть (find), посе-ля́ться
location помеще́ние
lock (to) запира́ть
  locked up взаперти́
lock замо́к
locomotive локомоти́в
logic ло́гика
logical логи́ческий, логи́чный
loneliness одино́чество
lonely одино́кий, уединённый
long (to) тоскова́ть

long дли́нный (distance), до́лго (time)
  long ago давно́, давны́м-давно́
  not long недо́лго
longing жела́ние
look (to) гляде́ть, смотре́ть
  Look! Посмотри́те!
  Look out! Осторо́жно!
  to look for иска́ть
  to look over просма́вривать
look взгля́д
loop пе́тля
loose свобо́дный
lose (to) теря́ть, проигра́ть (at playing)
  to lose one's self-possession теря́ться
loss поте́ря
lost затеря́нный, поте́рянный
  to get lost заблуди́ться
lot (a) мно́го
loud гро́мкий
love (to) люби́ть
  in love влюблённый
  to fall in love влюбля́ться
love любо́вь (f.)
loved люби́мы
lovely ми́лый
loving лю́бящий, не́жный
low ни́зкий (height), ти́хий (faint)
lower to спуска́ть
loyal ве́рный
loyalty ве́рность (f.), лоя́льность (f.)
luck сча́стье
lucky счастли́вый, уда́чный
luggage бага́ж
luminous све́тлый
lump глы́ба, кусо́к (small piece)
lunch за́втрак
lung лёгкое
luster блеск
luxurious роско́шный
luxury ро́скошь (f.)
lyrical лири́ческий

M

machine маши́на
mad сумасше́дший

madam госпожа́, мада́м
made сде́ланный
madman безу́мец
madness сумасше́дствие, безу́мие
magazine журна́л
magician маг
magistrate судья́
magnet магни́т
magnificent великоле́пный, превосхо́дный
magnifying увеличи́тельный
maid служа́нка
mail по́чта
main гла́вный
maintain (to) содержа́ть
maintenance содержа́ние (support), обслу́живание (service)
majority большинство́
make (to) де́лать
male (adj.) мужско́й
man мужчи́на (m.), челове́к (person)
manage (to) заве́довать, управля́ть
management администра́ция, управле́ние
manager дире́ктор, заве́дующий
mankind челове́чество
manner мане́ра, нра́в ы
manufacture (to) произво́дство
manuscript ру́копись (f.)
many мно́гие, мно́го
marble мра́мор
March март
margin по́ле
mark (to) отмеча́ть
  to mark off отчёркивать
mark пятно́ (spot), ме́тка
market база́р, ры́нок
marketing ма́ркетинг
marriage брак
marry (to) жени́тться (men), выходи́ть за́муж (women)
marvel (to) удивля́ться
marvel чу́до
marvelous чуде́сный
masculine мужско́й
mask (to) скрыва́ть
mask ма́ска
mass ма́сса
master (to) овладе́ть, вы́учить
master ма́стер, хозя́ин

masterpiece шеде́вр
match (to) подходи́ть
match спи́чка
matchless беспод́обный
material материа́л
maternal матери́нский
mathematician матема́тик
mathematics матема́тика
matter вещество́
  a matter of course я́сное де́ло
mattress матра́с
mature взро́слый, зре́лый
maximum ма́ксимум
May май (m.)
may мочь, мо́жно
mayonnaise майоне́з
me меня́ (acc.), мне (dat.)
meadow луг
mean (to) зна́чить
mean (adj.) злой, захуда́лый,
  неприя́тный, низкий
meaning значе́ние, смысл (sense)
meanness ме́лочность (f.), ни́зость
  (f.)
means сре́дства
  by means of посре́дством
meanwhile ме́жду тем
measure (to) ме́рить
measure ме́ра
meat мя́со
mechanic меха́ник
mechanical механи́ческий
mechanically машина́льно
mechanized механизи́рованный
medicine лека́рство, медици́на
  (the profession)
  medical treatment лече́ние
mediocre посре́дственный
mediocrity посре́дственность (f.)
meditate (to) размышля́ть
meditation размышле́ние
medium середи́на (noun), сре́дний
  (adj.)
meet (to) встреча́ть
  I'm very happy to meet you.
  Очень прия́тно с ва́ми познако́-
  миться.
  meeting встре́ча, свида́ние,
  собра́ние (gathering)
  melancholy меланхо́лия (noun),
  меланхоли́ческий (adj.)
  melodious мелоди́чный

melody мело́дия
melon ды́ня
melt (to) та́ять
member член
memorable па́мятный
memorize (to) запомина́ть
memory па́мять (f.)
mend (to) исправля́ть, чини́ть
mental у́мственный
mention (to) отмеча́ть,
  упомина́ть
menu меню́
merchandise това́ры
merchant купе́ц, торго́вец
merciful милосе́рдный
merciless немилосе́рдный
mercy милосе́рдие
merit (to) заслу́живать
merit заслу́га
merry весёлый
message сообще́ние
messenger курье́р, посы́льный
metal мета́лл
metallic металли́ческий
metallurgy металлу́ргия
method ме́тод, спо́соб
microphone микрофо́н
microscope микроско́п
midday по́лдень (m.)
middle середи́на (noun), сре́дний
  (adj.)
  in the middle of посреди́ (gen.)
midnight по́лночь (f.)
midway полпути́
might си́ла
mighty грома́дный (huge),
  си́льный (strong)
mild мя́гкий
mildness мя́гкость (f.)
mile ми́ля
milk молоко́
mill ме́льница, фа́брика
million миллио́н
mind (to) следи́ть, забо́титься
  I don't mind. Я ничего́ не име́ю
  про́тив.
mind ум
mineral ископа́емый, минера́л
minimum ми́нимум
minister мини́стр (state), свяще́н-
  ник (church)
mirror зе́ркало

minority меньшинство́
minute мину́та
  this very minute сию́ мину́ту
  Wait a minute. Подожди́те
  мину́ту.
miracle чу́до
miscellaneous разнообра́зный
mischief беда́, вред, ша́лость
mischievous зло́бный,
  шаловли́вый
miser скупо́й, бедня́га
miserable жа́лкий, несча́стный
miserliness ску́пость (f.)
miserly скупо́й
misfortune беда́, го́ре, несча́стье
miss (to) скуча́ть, пропуска́ть
  (leave out)
Miss, Mrs. госпожа́
mission поруче́ние, зада́ние,
  делега́ция
mist тума́н
mistake оши́бка
  to be mistaken заблужда́ться
  to make a mistake ошиба́ться
Mister, Mr. господи́н
mistrust (to) не доверя́ть
misty тума́нный
misunderstand (to) непра́вильно
  поня́ть
misunderstanding недоразуме́ние
mittens ва́режки
mix (to) сме́шивать
  to mix up (confuse) пу́тать
mixed сме́шанный
moan (to) стона́ть
mob толпа́
mobile передвижно́й
mobilize (to) мобилизова́ть
mock (to) насмеха́ться
mocking насме́шка
mode мо́да
model моде́ль, тип,
  показа́тельный (adj.),
  манеке́нщица (n.)
moderate уме́ренный
moderation уме́ренность (f.)
modern новомо́дный, но́вый,
  совреме́нный
modernism модерни́зм
modest скро́мный
modesty скро́мность (f.)
modification видоизмене́ние

modify (to) видоизменя́ть
moist сыро́й
moisten (to) увлажня́ть
moment мгнове́ние, миг, моме́нт
Monday понеде́льник
money де́ньги
monkey обезья́на
monotonous однозву́чный (tone),
  однообра́зный
monotony однообра́зие
monstrous чудо́вищный
month ме́сяц
monthly ежеме́сячный
monument па́мятник
mood настрое́ние
moody угрю́мый
moon луна́, ме́сяц
mop шва́бра
moral мора́ль (noun, f.),
  мора́льный, нра́вственный (adj.)
more бо́льше, ещё
moreover к тому́ же, кро́ме того́
morning у́тро (noun), у́тренний
  (adj.)
  in the morning у́тром
morose угрю́мый
morsel кусо́чек
mortal сме́ртный
mortality сме́ртность (f.)
mortgage закла́д, закладна́я
Moscow Москва́, моско́вский
  (adj.)
mosquito кома́р
most наибо́льший
mostly гла́вным о́бразом
moth моль (f.)
mother мать (f.)
motion движе́ние, ход
motionless неподви́жный
motivate (to) побужда́ть,
  мотиви́ровать
motive побужде́ние, моти́в
motor дви́гатель (m.), мото́р
mound холм
mount (to) влеза́ть, поднима́ться
mountain гора́
mourn (to) опла́кивать, се́товать
mournful печа́льный, ско́рбный
mourning тра́ур
mouse мышь (f.)
mouth рот
  mouthful глото́к

move (to) дви́гаться, переезжа́ть (a household)
  to move off удаля́ться
movement движе́ние
movies кино́
moving тро́гательный
much гора́здо, мно́го
  how much ско́лько
mud грязь
muddy гря́зный, му́тный
multiplication умноже́ние
multiply (to) увели́чивать, раз-множа́ться, умножа́ть (arith.)
mumble (to) бормота́ть
municipal городско́й
murder (to) убива́ть
murder уби́йство
murderer уби́йца
murmur (to) жужжа́ть, журча́ть
muscle му́скул
museum музе́й
mushrooms грибы́
music му́зыка
musical музыка́льный
  musical group анса́мбль
musician музыка́нт
must до́лжен (-а́, -о́, -ы́)
mustache усы́
mustard горчи́ца
mute немо́й
mutter (to) бормота́ть
mutton бара́нина
mutually взаи́мно, обою́дно
my мой, (моя́, моё, мои́)
myself я сам; себя́, меня́ самого́
mysterious неве́домый, таи́н-ственный
mystery та́йна; (film, book) дете́ктив
mysticism ми́стика

N

nail гвоздь (hardware), но́готь, ко́готь (m.)
naïve наи́вный
naked го́лый
name (to) называ́ть, дава́ть и́мя
name и́мя, назва́ние (inanimate things), фами́лия (surname)

What is your name? Как вас зову́т?
named (to be) называ́ть
namely и́менно, то есть (т. е.)
nap (to) поспа́ть
napkin салфе́тка
narrate (to) расска́зывать
narrow у́зкий
nasty проти́вный
nation на́ция
national наро́дный
nationalistic националисти́ческий
nationality наро́дность (f.), национа́льность (f.)
native родно́й, коренно́й жи́тель
  native country ро́дина
natural есте́ственный, натура́ль-ный
naturally есте́ственно, натура́льно, коне́чно (of course)
nature нату́ра, приро́да
naughty дурно́й, капри́зный
  to be naughty капри́зничать
navy флот
near о́коло, у (prep. with gen.), бли́зко (adv.), бли́зкий (adj.)
  near at hand побли́зости
  to draw near бли́зиться, при-ближа́ться
nearly почти́
nearsighted близору́кий
neat аккура́тный, чи́стый
necessary необходи́мый, ну́жный
  it is necessary на́до, необходи́мо, ну́жно
necessity на́добность (f.), необходи́мость (f.)
neck ше́я
necklace ожере́лье
necktie га́лстук
need (to) нужда́ться
  I need мне ну́жно
need нужда́
needle иго́лка
needless изли́шний, нену́жный
negation отрица́ние
negative отрица́тельный, негати́вный
neglect (to) пренебрега́ть
neglect небре́жность (f.)
negotiations перегово́ры

neighbor сосе́д, -ка (m., f.)
neighborhood окре́стность (f.)
neighboring сосе́дний
neither никако́й
  neither...nor ни...ни
nephew племя́нник
nerve нерв
nervous не́рвный
  to be nervous не́рвничать
nest гнездо́
neuter сре́дний (adj.), сре́днего ро́да
neutral нейтра́льный
never никогда́
  Never mind. Ничего́, нева́жно.
nevertheless всё-таки, несмотря́ на
new но́вый
news изве́стие, но́вость (f.)
newspaper газе́та
next сле́дующий
nice прия́тный, сла́вный
nickname кли́чка
niece племя́нница
night ночь
  at night но́чью
  Good night! Споко́йной но́чи.
nightmare кошма́р
nine де́вять
nineteen девятна́дцать
nineteenth девятна́дцатый
ninetieth девяно́стый
ninety девяно́сто
ninth девя́тый
nitrates (pl.) нитра́ты
no нет
nobody никто́, ничто́жество (derogatory)
noise шум
  to make noise шуме́ть
noisy шу́мный
nominate (to) назнача́ть, называ́ть
nomination назначе́ние
none никако́й, ни оди́н
nonsense вздор, ерунда́
  to talk nonsense говори́ть чепуху́
noon по́лдень (m.)
no one никто́
nor та́кже не
norm но́рма
normal норма́льный

north се́вер
northern се́верный
nose нос
not не, ни
  not at all ниско́лько
  there is not нет
note (to) отмеча́ть
note запи́ска, примеча́ние
notebook тетра́дь (f.)
nothing ничто́; ничего́
notice (to) замеча́ть
notice предупрежде́ние
noticeably заме́тно
notify (to) предупрежда́ть, сообща́ть
notion иде́я
noun и́мя существи́тельное
nourish (to) пита́ть
nourishment пита́ние
novel рома́н
novelty новизна́
November ноя́брь (m.)
now сейча́с, тепе́рь
nowadays тепе́рь
nowhere нигде́ (location), никуда́ (direction)
nuance отте́нок
nuclear я́дерный
nude наго́й, обнажённый
nuisance неудо́бство, неприя́тность
numb онеме́лый
number но́мер, число́
numerous многочи́сленный
nurse медсестра́ (medical), ня́ня (for children)
nursery де́тская, я́сли
nut оре́х, га́йка (hardware)

O

oak дуб
oar весло́
oath прися́га
oats овёс
obedience послуша́ние
obedient поко́рный, послу́шный
obey (to) повинова́ться
object (to) протестова́ть, быть про́тив

objection

objection возражéние
objective объектѝвный
obligation обязáтельство, повѝн-
ность (f.)
oblige (to) обя́зывать
obliging любéзный
obscure мрáчный, нея́сный,
неизвéстный (unknown)
obscurity мрак, тьма
observation замечáние (remark),
наблюдéние
observe (to) замечáть (notice),
наблюдáть
observer наблюдáтель (m.)
obsolete отжѝвший
obstacle препя́тствие
obstetrician акушéрка
obstinacy упря́мство
obstinate упря́мый
obtain (to) доставáть
obvious очевѝдный, я́сный
obviously очевѝдно
occasion слу́чай
occasional рéдкий, случáйный
occasionally ѝзредка, врéмя от
врéмени
occupation заня́тие
occupy (to) занимáть(ся)
occur (to) происходѝть, случáться
occurrence происшéствие, слу́чай
ocean океáн
October октя́брь (m.)
odd стрáнный
ode óда
odor зáпах
of из, от (gen.)
of course конéчно, разумéется
out of из-за
off с (gen.)
Off! Прочь!
to get off слезáть, сходѝть
offend (to) обижáть
offended обѝженный
offense оскорблéние, престу-
плéние (legal), насту-
плéние (military)
to take offense оскорбля́ться
offensive оскорбѝтельный
offer (to) предлагáть,
представля́ть
offer предложéние
office канцеля́рия, контóра

official официáльный (adj.),
чинóвник (noun)
often чáсто
oil мáсло, нефть
ointment мазь (f.)
old стáрый
old age стáрость (f.)
olden times старинá
old-fashioned старомóдный
old man старѝк
old woman стару́ха
olive маслѝна
omelet омлéт, яѝчница
on на (acc. and prep.)
once однáжды
at once сейчáс же
once in a while иногдá
once more ещё раз
one одѝн (однá, однó, однѝ)
one and a half полторá
oneself себя́
onion лук
only едѝнственный (adj.), тóлько
(adv.)
open (to) открывáть, раскрывáть
open откровéнный, откры́тый
open-hearted простоду́шный
opening отвéрстие (hole),
откры́тие (season)
opera óпера
operate (to) оперѝровать
operation операция
opinion мнéние
in my opinion по-мóему
opponent протѝвник
opportunely кстáти, своеврéменно
opportunity удóбный слу́чай,
возмóжность (f.)
oppose (to) сопротивля́ться
opposed to прóтив (gen.)
opposite прóтив (gen.)
opposition противополóжность
(f.), противорéчие
oppress (to) притесня́ть
oppression притеснéние
optician óптик
optimism оптимѝзм
optimist оптимѝст
optimistic оптимистѝческий
or а, ѝли, лѝбо
either ... or ѝли...ѝли, лѝбо...
лѝбо

oral у́стный
orange апельси́н (noun), ора́нжевый (color)
orator ора́тор
orchard фрукто́вый сад
orchestra орке́стр
ordeal тяжёлое испыта́ние
order (to) заказа́ть (commercial), приказа́ть (command)
order поря́док (neatness), зака́з (commercial order), прика́з (command), строй (system)
  out of order не рабо́тать
  to put in order приводи́ть в поря́док
ordinarily обыкнове́нно
ordinary обыкнове́нный
organ орга́н (musical), о́рган (anatomy)
organization организа́ция, устро́йство
organize (to) устра́ивать
organized организо́ванный
Orient восто́чные стра́ны, Восто́к
origin происхожде́ние
original оригина́льный, первонача́льный
originality оригина́льность (f.)
ornament украше́ние
orphan сирота́
other друго́й, ино́й
  on the other hand зато́, с друго́й стороны́
  otherwise ина́че
ounce у́нция
our наш (а, е, и)
ourselves (мы) са́ми
out из (gen.)
outburst взрыв
outcome результа́т
outing прогу́лка
outlast (to) пережива́ть
outlet выходно́е отве́рстие, электри́ческая розе́тка
outline (to) намеча́ть
outline очерта́ние, эски́з, ко́нтур
outlook вид, перспекти́ва
output проду́кция
outrage безобра́зие, оскорбле́ние
outside вне (prep. with gen.), посторо́нний (adj.)

outward вне́шний
oven духо́вка, печь (f.)
over над (inst.), сверх (gen.), че́рез (across) (асс.)
overcoat пальто́ (not declined), шине́ль (f.)
overcome (to) преодолева́ть
overcooked пережа́ренный, перева́ренный
overdue просро́ченный
overeat (to) перееда́ть
overestimate (to) переоце́нивать
overflow (to) перелива́ться
overlook (to) не замеча́ть, смотре́ть сквозь па́льцы
overpay (to) переплáчивать
overseas за мо́рем
overshoes гало́ши
overstep (to) переступа́ть
overstrain (to) переутомля́ть, перенапряга́ть
overstrain переутомле́ние
overtake (to) настига́ть
overthrow (to) опроки́дывать, сверга́ть
owe (to) быть до́лжным
own (to) владе́ть
own родно́й, со́бственный, свой (своя́, своё, свои́)
owner владе́лец, хозя́ин
oxygen кислоро́д
oyster у́стрица
ozone layer озоносфе́ра

P

pace темп
pacific ми́рный
pack (to) укла́дываться
package паке́т, па́чка
pact пакт
page страни́ца
pain боль (f.)
painful чувстви́тельный
painfully бо́льно
painless безболе́зненный
paint (to) кра́сить, рисова́ть (artistic)
paint кра́ска

painting жи́вопись (f.)
pair па́ра
pajamas пижа́ма
pale бле́дный
  to grow pale бледне́ть
pamphlet брошю́ра
pan кастрю́ля
pancakes бли́нчики, ола́дьи
pane око́нное стекло́, грань
panel пане́ль; то́нкая доска́ для
    жи́вописи; распредели́тельная
    доска́
panic па́ника
pants брю́ки, штаны́
paper бума́га
parade пара́д
paradise рай
paragraph абза́ц, пара́граф
parallel паралле́льный
paralysis парали́ч
parcel паке́т
pardon (to) извиня́ть, проща́ть,
    поми́ловать
pardon проще́ние
parenthesis ско́бки
parents роди́тели (pl.)
Parisian пари́жский
park парк
parrot попуга́й
part (to) проща́ться, расстава́ться,
    разделя́ть
part роль (f.) (acting), часть (f.)
  little part части́ца
partial части́чный, пристра́стный
    (favoring)
  partial to неравноду́шный
participate (to) уча́ствовать
participation уча́стие
particular тре́бовательный
particularly осо́бенно
partner партнёр
party ве́чер, вечери́нка (social),
    па́ртия
pass (to) проезжа́ть (by
    conveyance), проходи́ть (on
    foot), передава́ть (give),
    вы́держать (examination)
passage прое́зд, прохо́д
passenger пассажи́р, -ка
passion пыл, страсть (f.)
passionate горя́чий, пы́лкий,
    стра́стный
passionately стра́стно
passive пасси́вный
passport па́спорт
past про́шлое (n.), проше́дший
    про́шлый (adj.), ми́мо (prep. with
    gen.)
paste (to) кле́ить
paste па́ста
pastry пече́нье, пиро́жное
patch запла́та
path тропи́нка
pathetic патети́чный
patience терпе́ние
patient пацие́нт (n.).
    терпели́вый
patriot патрио́т
patriotism патриоти́зм
patron покрови́тель
patronage покрови́тельство
pattern (sewing) вы́кройка,
    шабло́н
pause па́уза
pavement тротуа́р
paw ла́па
pay (to) плати́ть
  to pay off распла́чиваться
payment упла́та
peace мир, тишина́ (quiet), поко́й
    (quiet)
peaceful ми́рный, споко́йный
peach пе́рсик
peak верши́на
peanut земляно́й оре́х
pear гру́ша
pearl же́мчуг
peas горо́шек
pebble га́лька
peculiar осо́бенный
peculiarity осо́бенность (f.)
peel (to) снима́ть кору́, снима́ть
    ко́жицу
peel ко́рка
pen ру́чка
  fountain pen авторучка
penalty штраф
pencil каранда́ш
penetrate (to) проника́ть вну́трь
peninsula полуо́стров
pension пе́нсия
pensive мечта́тельный
people наро́д, на́ция, лю́ди
pepper пе́рец

perceive (to)   замечáть, ощущáть
percent   на сóтню, %
percentage   процéнт
perfect   идеáльный, совершéнный
perfection   совершéнство
perfectly   вполнé, совершéнно
perform (to)   игрáть (on stage),
  исполнять
performance   игрá, спектáкль (m.)
performer   исполнитель
perfume   духи
perhaps   мóжет быть
peril   опáсность (f.)
period   период, тóчка
  (punctuation)
periodical   журнáл (magazine),
  периодический (adj.)
perish (to)   погибáть
perishable   скоропóртящийся
permanent   постоянный
permission   разрешéние,
  позволéние
permit (to)   позволять, пускáть,
  разрешáть
perpendicular   перпендикуляр
perpetual   вéчный, бесконéчный
persecute (to)   преслéдовать
persecution   преслéдование
perseverance   настóйчивость (f.)
persist (to)   настáивать
persistent   настóйчивый, упóрный
person   лицó, человéк
personal   личный, сóбственный
personality   личность (f.)
perspective   перспектива
perspiration   пот
perspire (to)   потéть
persuade (to)   убеждáть,
  уговáривать
pesticides   (pl.) пестициды
pet (to)   ласкáть
petroleum   нефть, петрóлеум,
  керосин
petticoat   нижняя юбка
petty   мéлкий
pharmacy   аптéка
phase   фáза
phenomenon   необыкновéнное
  явлéние
philanthropist   благотворитель
  (m.), филантрóп
philosopher   филóсоф

philosophically   филосóфски
philosophy   филосóфия
phone   телефóн
photograph (to)   снимáть,
  фотографировать
photograph   фотографическая
  кáрточка, снимок
photography   фотогрáфия
phrase   фрáза
physical   физический
physician   врач
physicist   физик
physics   физика
pianist   пианист, -ка (m., f.)
piano   рояль (m.), пианино
pick (to)   срывáть
  to pick out   выбирáть
  to pick up   поднимáть
picnic   пикник
picture   картина, рисунок
pie   пирóг
piece   кусóк, кусóчек, штука (n.),
  штучный (adj.)
piercing   пронзительный
pig   свинья
pigeon   гóлубь
pile   куча
pill   пилюля
pillow   подушка
pillowcase   нáволочка
pilot   авиáтор, лётчик
pin   булáвка
pinch (to)   ущипнуть
pineapple   ананáс
pine tree   соснá
pink   рóзовый
pious   нáбожный
pipe   трубá, трубка (for tobacco)
pistol   револьвéр, пистолéт
pitiful   жáлкий
pity   жáлость (f.), сожалéние
  It's a great pity.   Óчень жаль.
place (to)   помещáть
place   мéсто
plain   простóй
plan (to)   составлять план
plan   план
plane   рóвный
planet   планéта
plant (to)   сажáть
plant   завóд (factory), растéние
  (botany)

plaster штукату́рка
plastic пласти́ческий
plate таре́лка
plateau плато́, плоского́рье
platform платфо́рма
play (to) игра́ть
play спекта́кль (m.), пье́са
playground де́тский городо́к
plead (to) проси́ть, умоля́ть
pleasant прия́тный
please (to) нра́виться
please пожа́луйста
pleasure удово́льствие
pleat скла́дка
pledge обеща́ние
plentiful оби́льный
plenty оби́лие (noun), доста́точно
    (adv.)
plot за́говор (conspiracy), сюже́т,
    фа́була (of a story)
plug про́бка, заты́чка
plum сли́ва
plumber водопрово́дчик
plump пу́хленький
plus плюс
pneumonia воспале́ние лёгких
pocket карма́н
pocketbook су́мка
poem поэ́ма, стихотворе́ние
poet поэ́т
poetic поэти́ческий
poetry поэ́зия
point (to) пока́зывать, ука́зывать
point о́стрый коне́ц, пункт,
    то́чка
pointed остроконе́чный
pointer стре́лка
poison яд
poisonous ядови́тый
pole столб, шест, по́люс
police поли́ция
policeman полице́йский
policy поли́тика, страхово́й по́лис
    (insurance)
polish (to) наводи́ть гля́нец,
    полирова́ть
polish гля́нец
Polish по́льский
polite ве́жливый, любе́зный
politeness ве́жливость (f.)
political полити́ческий
politics поли́тика

pollution (environmental)
    загрязне́ние окружа́ющей
    среды́
pond пруд
pool лу́жа, прудо́к, бассе́йн
poor бе́дный
    to become poor бедне́ть
Pope ри́мский па́па
popular наро́дныи, популя́рный
popularity популя́рность
population населе́ние
porch крыльцо́
pork свини́на
port порт
portable перено́сный, складно́й
porter носи́льщик
portion по́рция
portrait портре́т
portray (to) изобража́ть,
    опи́сывать
pose по́за
position положе́ние
positive уве́ренный
possess (to) облада́ть, владе́ть
possibility возмо́жность (f.)
possible возмо́жно, мо́жно
post по́чта (mail)
postage stamp почто́вая ма́рка
postcard откры́тка
poster афи́ша
posterity пото́мство
post office по́чта
postpone (to) отложи́ть
pot кастрю́ля
potato карто́фель (m.)
pound фунт
pour (to) налива́ть (a liquid),
    насыпа́ть (dry products)
    to pour out вылива́ть, высыпа́ть
poverty бе́дность (f.)
powder (to) пу́дриться
powder пу́дра
power власть (f.)
powerful си́льный
practical практи́чный
practice (to) упражня́ться
practice пра́ктика
praise (to) хвали́ть
prank вы́ходка
pray (to) моли́ть
prayer моли́тва
precaution предосторо́жность (f.)

precede (to) предше́ствовать
precious драгоце́нный
precise то́чный
precisely то́чно
precision то́чность (f.)
predicament затрудни́тельное
   положе́ние
predict (to) предсказа́ть
preface предисло́вие
prefer (to) предпочита́ть
preference предпочте́ние
pregnant бере́менная
prejudice предрассу́док
preliminary предвари́тельный
premature преждевре́менный
premeditated преднаме́ренный
preparation приготовле́ние
prepare (to) приготовля́ть
prepared гото́вый
prepay (to) плати́ть вперёд
preposition предло́г
prescribe (to) предпи́сывать
prescription реце́пт
presence прису́тствие
present (to) представля́ть
present настоя́щее (noun), ны́не
   (adv.), настоя́щий (adj.)
  at present тепе́рь
preservation сохране́ние
preserve (to) сохраня́ть
preserves варе́нье
president председа́тель (m.),
   президе́нт
press (to) нажима́ть, гла́дить
   (clothes)
press печа́ть (f.) (journalism)
pressing спе́шный
pressure давле́ние, нажа́тие
prestige прести́ж
prestigious прести́жный
presume (to) предполага́ть
pretend (to) притворя́ться, де́лать
   вид
pretension прете́нзия
pretty хоро́шенький (adj.),
   дово́льно (adv.)
  to grow pretty хороше́ть
prevent (to) предупрежда́ть
prevention предупрежде́ние
previous предыду́щий
price цена́
pride самолю́бие

priest свяще́нник
primary перви́чный, основно́й
prime minister премье́р-мини́стр
principal гла́вный
principle при́нцип
print (to) печа́тать
prison тюрьма́
private ча́стный
privilege привиле́гия
prize (to) цени́ть
prize награ́да, приз
probably вероя́тно
problem зада́ча, пробле́ма
procedure процеду́ра
proceed (to) продолжа́ть
process проце́сс
proclamation воззва́ние,
   официа́льное объявле́ние
produce (to) выраба́тывать
producer производи́тель (one who
   produces), продю́сер (of a film)
  product проду́кт
production произведе́ние,
   произво́дство (manufacture)
profession профе́ссия, ремесло́
professor профе́ссор
profile про́филь
profit (to) приноси́ть по́льзу
  to profit by воспо́льзоваться
profit дохо́д, по́льза
profitable при́быльный
profound углублённый
program програ́мма
programming программи́рование
progress (to) продвига́ться,
   развива́ться
progress прогре́сс
progressive передово́й,
   прогресси́вный
prohibit (to) воспреща́ть(ся),
   запреща́ть
prohibition запреще́ние
project (to) броса́ть,
   проекти́ровать
project прое́кт
prolong (to) растя́гивать
prolonged продолжи́тельный
promise (to) обеща́ть
promise обеща́ние
prompt (to) подсказа́ть
prompt бы́стрый
pronoun местоиме́ние

pronounce (to) произноси́ть
pronunciation произноше́ние
proof доказа́тельство
proofreader корре́ктор
propaganda агита́ция,
  пропага́нда
proper прили́чный (decent)
property иму́щество,
  со́бственность (f.)
prophecy предсказа́ние
prophesy (to) проро́чить,
  предска́зывать
prophet проро́к
proportion пропо́рция
proposal предложе́ние
propose (to) предлага́ть
prose про́за
prospect вид, наде́жда
prosper (to) процвета́ть
prosperity процвета́ние
prosperous процвета́ющий,
  бога́тый
protect (to) защища́ть
protection защи́та
protector защи́тник
protest проте́ст
proud го́рдый
prove (to) дока́зывать
proverb посло́вица
provide (to) обеспе́чивать
province о́бласть (f.)
provisions проду́кты (pl.)
provoke (to) возбужда́ть,
  провоци́ровать
prudence благоразу́мие
prudent благоразу́мный
prune черносли́в
psychiatrist психиа́тр
psychologist психо́лог
psychology психоло́гия
public пу́блика (noun),
  обще́ственный (adj.)
publication изда́ние
publicity рекла́ма
publicize (to) реклами́ровать
publish (to) издава́ть (books),
  публикова́ть (to announce)
publishing house изда́тельство
publisher изда́тель (m.)
puddle лу́жа
puff out (to) надува́ть
pull (to) тяну́ть, таска́ть

pulse пульс
pump насо́с
punctual аккура́тный,
  пунктуа́льный
puncture проко́л
pungency острота́
pungent о́стрый, е́дкий
punk (fashion) панк
punish (to) нака́зывать
punishment наказа́ние
pupil учени́к, учени́ца (m., f.)
puppy щено́к
purchase (to) покупа́ть
purchase поку́пка
pure чи́стый
purity чистота́
purpose цель (f.), наме́рение
purposely наро́чно
purse кошелёк
pursue (to) пресле́довать
push (to) толка́ть
put (to) класть, положи́ть,
  (horizontally); ста́вить
  (vertically)
  to put away убира́ть
  to put down подавля́ть,
  запи́сывать
  to put forth проявля́ть, пуска́ть
  to put forward выдвига́ть,
  предлага́ть
  to put in вставля́ть, вкла́дывать,
  всо́вывать
  to put off откла́дывать
  to put on надева́ть, принима́ть
  вид
  to put out выгоня́ть, удаля́ть
  to put through выполня́ть
  to put up поднима́ть, стро́ить,
  воздвига́ть
pyramid пирами́да
puzzle зага́дка

Q

quaint необы́чный, стра́нный
qualification квалифика́ция
qualified квалифици́рованный
qualify (to) квалифици́ровать(ся)
quality ка́чество
quantity коли́чество

quarrel (to) ссо́риться
quarter че́тверть, четверта́к (25¢)
queer стра́нный
quench (to) туши́ть, утоля́ть (thirst)
question (to) спра́шивать
question вопро́с
questionable сомни́тельный, спо́рный
questionnaire анке́та
quick бы́стрый, ско́рый
quicken (to) ускоря́ть
quiet тишина́ (noun), споко́йный, ти́хий (adj.)
quietly споко́йно, ти́хо
quit (to) оставля́ть рабо́ту (a job), переста́ть (stop)
quite во́все, вполне́, совсе́м
quiver (to) дрожа́ть
quotation цита́та
quotation marks кавы́чки
quote (to) цити́ровать

R

rabbi равви́н
rabbit кро́лик
race ра́са (species), ска́чки, бега́ (horseraces), го́нка (auto)
radiator радиа́тор
radio ра́дио
rag тря́пка
rage бе́шенство, я́рость (f.)
ragged поно́шенный, рва́ный
railroad желе́зная доро́га
  railroad car ваго́н
  railroad station вокза́л
rain дождь
rainbow ра́дуга
raincoat плащ
rainy дождли́вый
raise (to) повыша́ть, поднима́ть (lift)
raisin изю́м
rank чин
rap (to) стуча́ть
rapid бы́стрый, ско́рый
rapidly бы́стро
rapture упое́ние, экста́з
rare ре́дкий

rarity ре́дкость (f.)
rash сыпь (noun, f.) (skin), стреми́тельный (adj.) (hasty)
raspberries мали́на
rate (to) оце́нивать, счита́ть
rate проце́нт (percent), темп (speed), ско́рость (f.) (speed)
rather дово́льно, скоре́е, слегка́
ratio пропо́рция
rational рассу́дочный
rationally рациона́льно
rave (to) бре́дить, восторга́ться
raw сыро́й
ray луч
razor бри́тва
reach (to) достава́ть, достига́ть, доезжа́ть
react (to) реаги́ровать
reaction реа́кция
read (to) чита́ть
readily охо́тно
reading чте́ние
ready гото́вый
  in readiness нагото́ве
  ready-made гото́вые изде́лия
real настоя́щий
realistic реалисти́ческий
realization осозна́ние, реализа́ция
realize (to) представля́ть себе́, понима́ть я́сно
really действи́тельно, неуже́ли, ра́зве
realm сфе́ра
rear (to) воспи́тывать (bring up)
rear за́дний
reason (to) рассужда́ть
reason причи́на (cause), ра́зум (intelligence)
reasonable разу́мный
reassure (to) успока́ивать
rebel (to) восстава́ть
rebel бунтовщи́к
rebellion восста́ние
recall (to) вспомина́ть
receipt распи́ска
receive (to) получа́ть, принима́ть
receiver получа́тель (m.), приёмник
recent неда́вний, но́вый
recently неда́вно
reception приём (n.), приёмный (adj.)

recess перерыв
recipe рецепт
reciprocal взаимный
recite (to) декламировать
recklessly азартно, сломя голову
recognition признание
recognize (to) признавать,
  узнавать
recollect (to) вспоминать
recollection воспоминание
recommend (to) рекомендовать
recommendation рекомендация
reconcile (to) примирять
reconciliation примирение
record (to) записывать
record запись, протокол
recover (to) поправляться
recovery излечение
rectangle прямоугольник
recycle (to) рецикулировать
red красный
Red Cross Красный Крест
red-haired рыжий
reduce (to) убавлять (weight),
  уменьшать
reduction снижение, скидка
  (price)
refer (to) ссылаться, упоминать
reference рекомендация
  in reference to относительно
  reference book справочник
refine (to) очищать,
  усовершенствовать
refined изящный
refinement изысканность (f.)
reflect (to) отражать, мыслить,
  размышлять
reflection отражение,
  размышление (thought)
reform (to) улучшать
reform реформа, улучшение
refrain (to) сдерживать,
  воздерживаться
refresh (to) освежать
refreshment оживление,
  освежающий напиток
refrigerator холодильник
refuge убежище
refugee эмигрант, беженец
refund (to) возвращать
refund возмещение, возврат
  (money)

refusal отказ
refuse (to) отказывать
regard уважение
regime режим
regiment полк
region район
register (to) регистрировать(ся)
regret (to) жалеть
regret сожаление
regular правильный, регулярный
regulate (to) регулировать
regulation правило
rehearsal репетиция
rehearse (to) репетировать
reign царить
reinforce (to) подкреплять
reject (to) отклонять, отказывать
rejoice (to) радоваться
relate (to) рассказывать
relation отношение, связь (f.)
relationship отношение
relative родственник
relaxation отдых, развлечение
release (to) освобождать
release освобождение
relent (to) смягчаться
reliable надёжный, солидный
reliability надёжность (f.)
relief облегчение
relieve (to) облегчать
religion религия
religious религиозный
reluctance неохота
reluctantly неохотно, нехотя
rely (to) полагаться
remain (to) оставаться
remainder остаток
remaining остальной
remark (to) замечать
remark замечание
remarkable замечательный
remedy средство от болезни,
  лекарство
remember (to) помнить,
  вспоминать
remembrance воспоминание
remind (to) напоминать
reminder напоминание
remodeling переделка, ремонт
remorse раскаяние
remote далёкий, удалённый
remove (to) снимать, убирать

rename (to) переименовáть
render (to) окáзывать
renew (to) обновлять
renewal возобновлéние
rent (to) нанимáть
rent арéндная плáта
repair (to) исправлять, поправлять, починить
repairs ремóнт
repay (to) заплатить, отплáчивать
repayment отплáта
repeat (to) повторять
repeatedly многокрáтно
repent (to) раскáиваться
repertoire репертуáр
repetition повторéние
replacement замéна (f.)
reply (to) отвечáть
reply отвéт
report (to) сообщáть
report доклáд, сообщéние
reporter корреспондéнт
represent (to) представлять
representation представительство
representative представитель (m.)
repress (to) подавлять
repression подавлéние
reprimand вы́говор
reproach (to) попрекáть, упрекáть
reproach упрёк
reproduction репродýкция
republic респýблика
reputation извéстность (f.), репутáция
request (to) просить
request прóсьба, трéбование
require (to) нуждáться
required потрéбный, обязáтельный
requirement трéбование
rescue (to) спасáть
research исслéдование
  research assistant наýчный сотрýдник
resemblance схóдство
resembling похóжий
resent (to) негодовáть
resentment негодовáние
reservation оговóрка; мéсто, закáзанное зарáнее
reserve фонд, запáс
reservoir хранилище, резервуáр

residence местожительство, проживáние
resident житель (m.)
resign (to) откáзываться, уходить в отстáвку
resignation откáз, отстáвка
resigned покóрный
resist (to) сопротивляться
resistance сопротивлéние
resolute решительный, твёрдый
resolution решительность (f.)
resolve (to) решáть (decide), разрешáть (a problem)
resort курóрт
resource срéдство
respect (to) уважáть
respect почтéние, уважéние
respected уважáемый
respectful почтительный
responsibility обязанность (f.), отвéтственность (f.)
responsible отвéтственный
rest (to) отдыхáть
rest óтдых, покóй
restaurant ресторáн
restless беспокóйный
restoration восстановлéние
restore (to) восстанáвливать
restrain (to) сдéрживать
restraint сдéржанность (f.)
  with restraint сдéржанно
restrict (to) ограничивать
restriction ограничéние
result (to) слéдовать
result результáт
resume (to) продолжáть
retain (to) сохранять, удéрживать
retaliate (to) отплáчивать
retaliation отплáта
retire (to) выходить в отстáвку
retired отставнóй
retreat (to) отступáть
return (to) возвращáть(ся)
return возвращéние
reveal (to) проявлять, раскрывáть
revelation откровéние
revenge (to) мстить
revenge ревáнш, месть
reverse (to) перевернýть
reverse обрáтный
review обзóр, рецéнзия (theater)
revise (to) проверять, изменять

revive (to) оживля́ть
revoke (to) отменя́ть
revolt (to) восстава́ть
revolt восста́ние
revolution револю́ция
revolutionary революцио́нный
revolve (to) враща́ться
reward (to) вознагражда́ть
reward награ́да
rhyme ри́фма
rhythm ритм
rib ребро́
ribbon ле́нта
rice рис
rich бога́тый
  to grow rich богате́ть
richness бога́тство
rid of (to get) избавля́ть(ся) от
riddle зага́дка
ride (to) е́здить, ката́ться (for
  pleasure)
ridicule (to) осме́ивать
ridiculous неле́пый, смешно́й
right ве́рный, пра́вильный (adj.)
  (correct), пра́вый (adj.),
  (position), пра́во (n.)
  all right хорошо́
  to the right напра́во
rigid неги́бкий, неподви́жный
ring (to) звони́ть
ring кольцо́
  wedding ring обруча́льное
  кольцо́
ring звоно́к (sound)
rinse (to) полоска́ть
ripe спе́лый
ripen (to) зреть
rise (to) поднима́ться (increase,
  mount), встава́ть (get up),
  восходи́ть (sun)
rise повыше́ние, подъём
risk (to) рискова́ть
risk риск
ritual ритуа́л
rival конкуре́нт, сопе́рник
rivalry сопе́рничество
river река́ (noun), речно́й (adj.)
road доро́га
roam (to) броди́ть (only on foot)
roar (to) реве́ть
roast (to) жа́рить
roast жа́реное

roast beef ро́стбиф
rob (to) гра́бить
robber разбо́йник
robbery ограбле́ние
robe хала́т
robot ро́бот
robust кре́пкий, здоро́вый
rock (to) кача́ть
rock ка́мень (m.)
rock musician ро́кер
rock star рок-звезда́
rocket раке́та
rocky камени́стый, скали́стый
rogue жу́лик
role роль (f.)
roll (to) кати́ться
roll бу́лка (bread), свя́зка,
  кату́шка
romance рома́н
romantic романти́ческий
roof кры́ша
room ко́мната
  no room (space) нет ме́ста
root ко́рень (m.)
rope верёвка
rose ро́за
rot (to) по́ртить(ся), гнить
rotten испо́рченный, гнило́й
rough гру́бый, неделика́тный
  (crude), неро́вный
round вокру́г (gen.), круго́м
  (adv.), кру́глый (adj.)
roundabout обхо́дный
rouse (to) буди́ть, возбужда́ть
  (anger)
route маршру́т
routine рути́на, поря́док (order)
row ряд
royalties (author's) а́вторские
rub (to) тере́ть
rubber рези́на
ruble ру́бль (m.)
rude неве́жливый
rug ковёр
ruin (to) разруша́ть
ruin ги́бель (f.)
rule (to) пра́вить, управля́ть
rule зако́н, пра́вило
ruler лине́йка
rumor слух
run (to) бе́гать, течь (water)
running бего́м

run down издёрганный
rupture разрыв
rural сельский
rush (to) торопиться
Russia Россия (f.)
Russian русский (noun and adj.)
  in Russian по-русски
rust (to) ржаветь
rusty заржавленный
rye рожь

S

sack мешок
sacred священный
sacrifice (to) жертвовать
sacrifice жертва
sad грустный, печальный
  to be sad грустить
safe невредимый; сейф (n.)
safety безопасность (f.)
sail (to) плавать
sail парус
sailing плавание
sailor матрос
sake (for the sake of) ради
salad салат
salad bowl салатник
salary жалование
sale распродажа
salesman продавец
saleswoman продавщица
salmon лососина
salt соль (f.)
salty солёный
salute (to) приветствовать
salvation спасение
same одинаковый (identical)
  all the same всё-таки
  it's all the same всё равно
sample образец
samovar самовар
sand песок
sandal сандалия
sandwich бутерброд
sandy песочный
sane нормальный
sanitary санитарный
sap сок
sarcasm сарказм

sarcastic саркастический
satellite спутник
satiate (to) насыщать
satin атлас
satisfaction удовлетворение
satisfactory удовлетворительный
satisfied довольный, сытый
satisfy (to) удовлетворять
saturate (to) насыщать
saturation насыщенность (f.)
Saturday суббота
sauce подливка, соус
saucepan кастрюля
sausage колбаса
savage дикий (adj.), дикарь
  (noun.)
save (to) спасать, избавлять
say (to) говорить, сказать
scale весы (weight), гамма
  (musical)
scalp скальп
scan (to) разглядывать
scandal скандал
  to talk scandal сплетничать
scanty скудный, ограниченный
scar шрам
scare испуг
scarce недостаточный, редкий
scarcely едва, только что
scare (to) пугать
scarf шарф
scarlet алый
scattered рассеянный
scene сцена
scented ароматный
schedule расписание
scheme схема, проект
scholar учёный
  scholarly research научное
  исследование
scholarship стипендия
school школа
schoolteacher преподаватель,
  -ница (m., f.)
science наука
scientific научный
scientist учёный
scissors ножницы
scold (to) ругать
scorch (to) обжигать
score счёт
scorn (to) презирать

scornful   презрительный
Scottish   шотландский
scoundrel   негодяй
scrape (to)   скрести
scratch (to)   царапать, чесаться (oneself)
scratch   царапина
scream (to)   кричать
scream   крик
screen   экран (movies), ширма
screw   винт
scribble (to)   писать небрежно
scrupulous   щепетильный
scrutinize (to)   рассматривать
sculptor   скульптор
sculpture   скульптура
sea   море
seagull   чайка
seal (to)   запечатывать, опечатывать
seal   печать (f.)
seam   шов
seamstress   швея
search (to)   искать, исследовать
search   поиски
seashore   морской берег
season   время года, сезон (events)
seasoning   приправа
seat (to)   сесть (oneself)
seat   место
second   второй (number), секунда (n.)
secondhand   подержанный
secret   секрет, тайна (n.)
  in secret   втайне (adv.)
secretary   секретарша
sect   секта
section   отдел, отделение
secure (to)   обеспечивать
secure   уверенный (in something), безопасный (not dangerous)
security   гарантия, безопасность
seduce (to)   соблазнять
see (to)   видеть
seed   зерно
seem (to)   казаться
segment   отрезок
seize (to)   хватать, захватывать
seldom   изредка, редко
select (to)   выбирать
selected   избранный
selection   ассортимент, выбор

self   сам (а, о, и), себя (reflex. pron.)
self-confidence   самоуверенность (f.)
self-control   выдержка
self-gonverment   самоуправление
selfish   эгоистический
selfishness   эгоизм
self-satisfied   самодовольный
sell (to)   продавать
semester   семестр
semicolon   точка с запятой
senate   сенат
senator   сенатор
send (to)   посылать, усылать (away)
senior   старший, выпускник
sensation   ощущение
sense (to)   ощущать, чувствовать
sense   чувство, смысл
senseless   бессмысленный
sensibility   здравомыслие
sensible   здравомыслящий
sensitive   чуткий, чувствительный
sensitivity   чуткость, чувствительность (f.)
sensual   сладострастный
sensuality   сладострастность (f.)
sentence   приговор (legal), фраза, предложение (grammar)
sentiment   чувство
sentimental   сентиментальный
separate (to)   отделять(ся), разделять(ся), расходиться
separate   отдельный
separation   отделение, разделение
September   сентябрь (m.)
serene   спокойный
series   серия
serious   серьёзный
seriously   всерьёз
servant   слуга, служанка (female)
serve (to)   подавать (meals), служить, обслуживать
service   обслуживание (maintenance), служба (work), услуга (good turn)
set (to)   ставить, класть, назначать, (determine) твердеть (harden), заходить (sun)
  to set aside   отложить
  to set free   пускать

set прибо́р
settle (to) ула́дить, реша́ть (decide), устра́ивать (in a new place)
settlement упла́та, расчёт, населе́ние (people)
seven семь
seventeen семна́дцать
seventeenth семна́дцатый
seventh седьмо́й
seventy се́мьдесят
seventieth семидеся́тый
several не́сколько
severe стро́гий, суро́вый, тяжёлый (heavy)
sew (to) шить,
  to sew on нашива́ть
sewing шитьё
  sewing machine швейная маши́на
sex пол, род
shabby поно́шенный
shade тень (f.), што́ра (window)
shadow тень (f.)
shake (to) дрожа́ть, трясти́сь
shaky ша́ткий
shallow ме́лкий
shame стыд, позо́р (disgrace)
shameful позо́рный
shameless бессты́дный
shape фо́рма
share (to) дели́ть(ся), разделя́ть
share до́ля, часть (f.), а́кция (stock)
shareholder акционе́р
sharp о́стрый, ре́зкий
sharpen (to) заостря́ть, точи́ть
sharpness острота́
shave (to) брить(ся)
shawl шаль (f.)
she она́
shed (to) роня́ть, теря́ть
sheep овца́
sheer прозра́чный, лёгкий
sheet простыня́ (bed), лист (paper)
shelf по́лка
shell скорлупа́
shelter (to) приюти́ть, прикрыва́ть
shelter прикры́тие
shepherd пасту́х
shield (to) защища́ть

shield щит
shift (to) передвига́ть
shine (to) блесте́ть, свети́ть(ся), чи́стить
ship (to) грузи́ть, отправля́ть
ship кора́бль (m.)
shipment погру́зка, перево́зка
shirt руба́шка
shiver (to) дрожа́ть, вздра́гивать
shiver дрожь (f.)
shock (to) потряса́ть, шоки́ровать (behavior)
shock уда́р
shoe башма́к, ту́фля
  running shoes кроссо́вки
shoot (to) стреля́ть
shop ла́вка, магази́н
shore бе́рег
short коро́ткий, ни́зкий
shortage недоста́ток
shorten (to) сокраща́ть
shorthand стеногра́фия
shot вы́стрел
shoulder плечо́
shout (to) крича́ть
shout крик
shove (to) су́нуть(ся), толка́ть
shovel лопа́та
show (to) пока́зывать, дока́зывать
show вы́ставка, представле́ние, шо́у
shower душ (bath)
shrill пронзи́тельный
shrimp креве́тка
shrink (to) сади́ться
shun (to) избега́ть
shut (to) закрыва́ть
shut закры́тый
shy засте́нчивый, ро́бкий
  to be shy стесня́ться
sick больно́й
sickness боле́знь (f.)
side бок (physical), сторона́
sidewalk тротуа́р
sideways на боку́
sieve си́то
sigh (to) вздыха́ть
sigh вздох
sight вид (view), зре́ние
sign (to) подписа́ться
sign знак
signal (to) сигнализи́ровать

signal   сигна́л
signature   по́дпись
significance   значе́ние
significant   многозначи́тельный
significantly   многозначи́тельно
signify (to)   зна́чить
silence   молча́ние, тишина́
silent   молчали́вый
  to be silent   молча́ть
  to become silent   замолча́ть
silk   шёлк
silken   шёлковый
silly   глу́пый
silver   серебро́ (n.)
similar   похо́жий, подо́бный
similarity   схо́дство
simple   просто́й, несло́жный
simplicity   простота́
simplification   упроще́ние
simply   про́сто
simulate (to)   симули́ровать
simultaneous   одновре́менный
sin (to)   греши́ть
sin   грех
since   с (prep., gen.), так как
sincere   и́скренний, нелицеме́рный
sincerity   и́скренность (f.)
sinful   гре́шный
sing (to)   петь
singer   певе́ц, певи́ца
singing   пе́ние
single   еди́нственный, оди́н
singular   еди́нственное число́
  (grammar), необыча́йный
  (unusual)
sinister   злове́щий
sink (to)   тону́ть, топи́ть
  (something else)
sink   ра́ковина
sinner   гре́шник
sip (to)   потя́гивать
sip   ма́ленький глото́к
sir   су́дарь, сэр
sister   сестра́
sit (to)   сиде́ть, сесть (down)
site   местоположе́ние
situated (to be)   находи́ться
situation   положе́ние, ситуа́ция
six   шесть
sixteen   шестна́дцать
sixteenth   шестна́дцатый
sixth   шесто́й

sixtieth   шестидеся́тый
sixty   шестьдеся́т
size   величина́, разме́р
skate (to)   ката́ться на конька́х
skates   коньки́
skeleton   скеле́т
skeptical   скепти́ческий
sketch (to)   рисова́ть эски́зы
sketch   эски́з, набро́сок
skill   иску́сство, мастерство́
skilled   квалифици́рованный
skillful   иску́сный, уме́лый
skillfully   мастерски́
skin   ко́жа
skip (to)   скака́ть, пропуска́ть
  (miss)
skirt   ю́бка
skis   лы́жи
skull   че́реп
sky   не́бо
skyscraper   небоскрёб
slander (to)   клевета́ть
slander   клевета́
slang   жарго́н
slanting   косо́й
slap   пощёчина
slaughter (to)   убива́ть
slave   раб
slavery   ра́бство
sleep (to)   спать
sleep   сон
sleepy   со́нный
sleeve   рука́в
sleigh   са́ни (only in pl.)
slender   то́нкий
slice (to)   ре́зать, нареза́ть
slice   ло́мтик
slide (to)   скользи́ть
slight   лёгкий
slightly   слегка́, чуть
slim   то́нкий, стро́йный
slip (to)   скользи́ть
slip   оши́бка (error), комбина́ция
  (underwear)
slippery   ско́льзкий
slope   накло́н
slow   ме́дленный
  to be slow   ме́длить, отстава́ть
  (clock)
slowly   ме́дленно, потихо́ньку
sly   хи́трый
small   ма́ленький, ме́лкий

small things, change ме́лочь
smart у́мный (clever), наря́дный (clothes)
smash (to) разбива́ть
smear (to) ма́зать
smell (to) ню́хать (sniff), па́хнуть (of)
smell за́пах
smile (to) улыба́ться
smile улы́бка
smoke (to) кури́ть
smoke дым
smoking куре́ние
smooth гла́дкий
smother (to) души́ть, туши́ть
smudgy чума́зый
snake змея́
snapshot сни́мок
snatch (to) хвата́ть
sneer (to) насме́шливо улыба́ться
sneeze (to) чиха́ть
snore (to) храпе́ть
snow снег
snowstorm мете́ль
so так
  and so on и так да́лее (и т. д.)
  just so и́менно так
  so much сто́лько
soak (to) мо́кнуть, впи́тывать (up)
soap мы́ло
sob (to) рыда́ть
sobbing рыда́ние
sober тре́звый
sociable компане́йский
social обще́ственный
socialism социали́зм
society о́бщество, свет
sock носо́к, носки́ (pl.)
sofa дива́н, софа́
soft мя́гкий
soften (to) смягча́ться
soil (to) па́чкать(ся)
soil по́чва, земля́
soild гря́зный
sold про́данный
soldier солда́т
sole подо́шва (of foot, shoe), еди́нственный (adj.) (only)
solemn торже́ственный
solemnity торжество́
solicit (to) проси́ть

solid соли́дный, твёрдый
solidity твёрдость (f.)
solitary уединённый, одино́кий (lonely)
solitude уедине́ние, одино́чество
solution реше́ние (answer), разреше́ние, раство́р (chemical)
solve (to) разреша́ть
somber мра́чный
some не́который
somebody кто́-то, кто́-нибудь
somehow ка́к-то, ка́к-нибудь
something что́-то, что́-нибудь
sometimes иногда́
somewhat слегка́
somewhere где́-то, куда́-то (direction)
son сын
song пе́сня
soon ско́ро
soot са́жа
soothe (to) успока́ивать, утеша́ть, облегча́ть (pain)
sore ра́на, я́зва (n.), чувстви́тельный, боле́зненный (adj.)
sorrow печа́ль (f.), скорбь (f.), го́ре
sorry (to feel) жале́ть
  I'm sorry. Мне жа́лко.
sort (to) разбира́ть
sort сорт, род
soul душа́
sound (to) звуча́ть
sound звук
soundless беззву́чный
soup суп
sour ки́слый
  sour cream смета́на
source исто́к, ключ
south юг
southern ю́жный
Soviet сове́тский
sow (to) се́ять
space простра́нство, расстоя́ние
space (adj.) косми́ческий
Spanish испа́нский
spare (to) щади́ть, бере́чь
spare запасно́й, ли́шний (extra)
spark и́скра
sparkle (to) блесте́ть, сверка́ть
sparrow воробе́й

speak (to) говори́ть
special специа́льный
specialist специали́ст
specialty специа́льность (f.)
species тип, разнови́дность
specific определённый, хара́ктерный
spectacle спекта́кль (m.), зре́лище
spectator зри́тель (m.)
speech речь (f.)
speed ско́рость, быстрота́ (f.)
speedy бы́стрый, ско́рый
spell (to) писа́ть, писа́ться (is spelled)
spell заклина́ние
spelling написа́ние
spend (to) тра́тить
to spend time проводи́ть вре́мя
sphere шар (ball), сфе́ра, о́бласть
sphinx сфинкс
spice (to) приправля́ть
spice пря́ность (f.)
spicy пря́ный
spider пау́к
spill (to) пролива́ть, просы́пать
spin (to) кружи́ться
spinach шпина́т
spine спинно́й хребе́т
spirit дух
spiritual духо́вный
spit (to) плева́ть
spite зло́ба
in spite of несмотря́ на то
splash (to) забры́згивать
splendid великоле́пный, роско́шный
splendor ро́скошь (f.), пы́шность (f.)
split (to) тре́скаться
split тре́щина
spoil (to) по́ртить(ся), балова́ть (a child)
spoiled испо́рченный, избало́ванный (child)
sponge гу́бка
spontaneous самопроизво́льный
spoon ло́жка
sport спорт
spot пятно́
spouse супру́г, -а (m., f.)
spread (to) распространя́ть(ся), разма́зывать (bread)

spring (to) пры́гать
spring весна́ (season), прыжо́к (jump), исто́чник (source)
spur шпо́ра
spurn (to) отверга́ть с презре́нием
square квадра́т, пло́щадь (f.)
squeak (to) скрипе́ть
squeeze (to) сжима́ть
squirrel бе́лка
stabilize (to) стабилизи́ровать
stable сто́йкий, усто́йчивый
stack (to) скла́дывать в стог, в ку́чу
stack стог, ку́ча
stadium стадио́н
staff штат слу́жащих, штаб, но́тные лине́йки (musical)
stage сце́на
stain (to) па́чкать(ся)
stain пятно́
stairs ле́стница
stammer (to) заика́ться
stamp ма́рка (postage), штамп
stand (to) стоя́ть
standard станда́рт, у́ровень (m.), но́рма (f.)
standard станда́ртный (adj.)
star звезда́
starch крахма́л
stare (to) смотре́ть при́стально
stare взляд
start (to) начина́ть
to start out (on a trip), отправля́ться
start нача́ло
starve (to) умира́ть от го́лода, голода́ть
state (to) заявля́ть
state штат, госуда́рство (government), состоя́ние (condition)
statement утвержде́ние, заявле́ние
station ста́нция
stationary неподви́жный
stationery официальный бланк, канцеля́рские принадле́жности
statistics стати́стика
statue ста́туя
staunch пре́данный
stay (to) остава́ться, пробы́ть
stay пребыва́ние

steady устóйчивый
steak бифштéкс
steal (to) красть
steam пар
steamship парохóд
steel сталь (f.)
steep крутóй
steer (to) управля́ть
stem ствол
stenographer стенографи́стка
step похóдка, шаг
stern стрóгий, сурóвый (adj.)
stew (to) туши́ть(ся), вари́ть(ся)
stew тушёное мя́со
stick to втыкáть, приклéивать
stick пáлка
sticky клéйкий
stiff тугóй, ги́бкий
stiffen (to) дéлать неги́бким, твердéть
still (to) успокáивать
still ти́хий, спокóйный (adj.), ещё (yet) (adv.)
stimulant возбуждáющее срéдство, сти́мул
stimulate (to) побуждáть
sting (to) кусáть, ужáлить, укуси́ть
sting укýс
stinginess скýпость (f.)
stingy скупóй
stipend стипéндия
stir (to) шевели́ть(ся), мешáть
stitch (to) шить
stitch стежóк
stock фонд, запáс
  stock market фóндовая би́ржа
stockholder акционéр
stocking чулóк
stomach желýдок
stone кáмень (m.)
stony кáменный
stool скамéечка, табурéтка
stoop (to) сгибáться
stop (to) останáвливать(ся), кончáть
stopper прóбка
store лáвка, магази́н
storm бýря
stormy бýрный
story расскáз, пóвесть, истóрия, этáж (floor)

stout пóлный
stove печь (f.)
straight прямóй
straighten (to) выпрямля́ть, приводи́ть в поря́док (straighten up)
straightforward прямодýшный
strain напряжéние
strange чужóй, стрáнный
stranger незнакóмец
strap ремéнь (m.)
stratosphere стратосфéра
straw солóма
strawberry клубни́ка
stream потóк, рекá (river)
street ýлица
streetcar трамвáй
strength си́ла
strengthen (to) укрепля́ть
strenuous си́льный, энерги́чный
stress давлéние, ударéние
stretch (to) тянýть(ся), растя́гивать
strict стрóгий
stride большóй шаг
strike (to) ударя́ть (hit), бастовáть
strike забастóвка (labor)
string верёвка, шпагáт
strip (to) сдирáть, раздéть(ся) (clothes)
stripe полосá
stroll (to) гуля́ть
stroll прогýлка
stroke удáр
strong си́льны, крéпкий
structure здáние, состáв, строéние, структýра
struggle борьбá
  struggle with (to) би́ться, борóться
stubborn упóрный, упря́мый
student студéнт,-ка; учени́к, учени́ца (m., f.)
studies учéние
studio стýдия
studious прилéжный
study (to) учи́ться, изучáть, занимáться
study кабинéт (room), эски́з, этю́д (sketch)
stuff (to) набивáть, заполня́ть
stuffing фарш
stuffy дýшный

stumble (to) спотыка́ться
stun (to) оглуша́ть
stunt по́двиг
stupendous изуми́тельный
stupid глу́пый, тупо́й
stupidity глу́пость (f.)
stupor оцепене́ние
sturdy си́льный, кре́пкий
stutter (to) заика́ться
style фасо́н, стиль (m.)
stylish мо́дный
subdue (to) подчиня́ть
subject те́ма, предме́т, сюже́т
(theme)
subjugate (to) покоря́ть
submission подчине́ние
submissive поко́рный
submit (to) подчиня́ться
subordination подчине́ние
subscribe (to) подпи́сывать(ся)
subscription подпи́ска
subsequently зате́м, впосле́дствии
subsidiary филиа́л
subsist (to) существова́ть
substance су́щность (f.), содер-
жа́ние
substantial реа́льный, значи́тель-
ный, фундамента́льный
substitute (to) замеща́ть (for)
substitute замести́тель (m.)
substitution заме́на
subtle то́нкий
subtract (to) вычита́ть
subtraction вычита́ние
suburb при́город
subway метро́, тонне́ль
succeed (to) насле́довать (to title
or office), уда́ться, достига́ть
це́ли
success уда́ча, успе́х
successful уда́чный, успе́шный
succession после́довательность
(f.)
in succession подря́д
successor насле́дник
such тако́й, э́такий
sudden внеза́пный, неожи́данный
suddenly вдруг
suddenness неожи́данность (f.)
suffer (to) страда́ть, терпе́ть
(endure)
suffering страда́нне

suffice (to) хвата́ть
sufficient доста́точно
sugar са́хар
sugar bowl са́харница
suggest (to) предлага́ть
suggestion предложе́ние
suicide самоуби́йство
suit костю́м
suitable подходя́щий
sulfur се́ра
sulk (to) ду́ться
sullen угрю́мый
sum су́мма
summary конспе́кт
summer ле́то, ле́тний (adj.)
summit верши́на
summon (to) вызыва́ть
sumptuous роско́шный, пы́шный
sum up (to) резюми́ровать
sun со́лнце (n.)
sunburn зага́р
Sunday воскресе́нье
sunny со́лнечный
sunrise восхо́д
sunset захо́д, зака́т
suntan зага́р
superb прекра́сный
superficial пове́рхностный
superfluous изли́шний, ли́шний
superior ве́рхний, лу́чший
superiority превосхо́дство,
пе́рвенство
superstition суеве́рие
supervise (to) наблюда́ть
supper у́жин
to eat supper у́жинать
supplement добавле́ние, приба́вка
supplementary дополни́тельный
supply (to) снабжа́ть
supply запа́с
support (to) подде́рживать, содер-
жа́ть
support подде́ржка
suppose (to) полага́ть, предпола-
га́ть
supposition предположе́ние
supreme верхо́вный, вы́сший
suppress (to) подавля́ть
sure ве́рный, уве́ренный
surely коне́чно, наве́рно
surface пове́рхность (f.)
surgeon хиру́рг

surgery хирурги́я
surmise (to) дога́дываться
surmount (to) преодолева́ть
surname фами́лия
surpass (to) превосходи́ть
surplus изли́шек
surprise (to) удивля́ть(ся) (be surprised)
surprise сюрпри́з
surprising удиви́тельный
surrender (to) сдава́ться
surround (to) окружа́ть
surroundings окре́стности
survey (to) осма́тривать
survey осмо́тр, обзо́р (review), опро́с
survive (to) пережи́ть
susceptibility впечатли́тельность (f.)
susceptible впечатли́тельный
suspect (to) подозрева́ть
suspense неизве́стность (f.)
suspicion подозре́ние
suspicious подозри́тельный
sustain (to) выде́рживать
swallow (to) глота́ть
swallow глото́к
swamp боло́то
swarthy сму́глый
swear (to) кля́сться, руга́ться
sweat (to) поте́ть
sweat пот
sweater сви́тер
Swedish шве́дский
sweep (to) подмета́ть
sweet сла́дкий
sweetness сла́дость (f.)
swell (to) пу́хнуть, опуха́ть
swift бы́стрый, ско́рый
swim (to) пла́вать
swimming пла́вание
swimming trunks (pl.) пла́вки
swindle (to) обма́нывать
swindler моше́нник, жу́лик
swing кача́ть
swinging кача́ние
Swiss швейца́рский
switch выключа́тель (m.)
sword меч
swordfish меч-ры́ба
syllable слог
symbol си́мвол

symbolic символи́ческий
symmetrical симметри́чный
sympathize (to) сочу́вствовать
sympathizer сочу́вствующий
sympathy сочу́вствие
symphony симфо́ния
symposium симпо́зиум
symptom симпто́м, при́знак
synagogue синаго́га (f.)
synthetic иску́сственный
syringe шприц
syrup сиро́п
system систе́ма, стро́й (order)
systematic методи́ческий, системати́ческий

T

table стол, табли́ца
  to set the table накры́ть стол
tablecloth ска́терть
tablespoon столо́вая ло́жка
taciturn молчали́вый
tact делика́тность (f.), такт
tactfully такти́чно
tactless беста́ктный
tail хвост
tailor портно́й
take (to) брать, принима́ть (medicine, advice)
  to take away убра́ть
  to take leave проща́ться
  to take off снима́ть
tale исто́рия, расска́з
talent тала́нт
talk (to) говори́ть (in general), разгова́ривать
to talk over переговори́ть
talk бесе́да, разгово́р
talkative разгово́рчивый
tall большо́й, высо́кий
tame (to) прируча́ть
tame ручно́й
tangle (to) запу́тывать
tank бак, танк (military)
tank top ма́йка
tap стук
tape тесьма́, ле́нта, плёнка
  tape recorder магнитофо́н
tar дёготь

tardy по́здний
target цель (f.)
tarnish (to) тускне́ть
task зада́ние
taste (to) про́бовать
taste вкус
tasteless безвку́сный
tasty вку́сный
tax нало́г
taxi такси́ (not declined)
tea чай (m.)
  teapot ча́йник
  teaspoon ча́йная ло́жка
teach (to) преподава́ть, учи́ть
teacher преподава́тель, -ница;
  учи́тель, -ница (m. f.)
team брига́да (work), кома́нда
  (sport)
tear (to) (cut) рвать, срыва́ть
tear слеза́ (teardrop)
tease (to) дразни́ть
technical техни́ческий
  technical school те́хникум
technician те́хник
technique те́хника
tedious ску́чный
teenager подро́сток
teeth зу́бы
telegram телегра́мма
telegraph (to) телеграфи́ровать
telephone (to) звони́ть по
  телефо́ну
telephone телефо́н
telescope телеско́п
television телеви́дение
  television series телесериа́л
  television set телеви́зор
  television show host веду́щий
  телепереда́чи
tell (to) расска́зывать
temper темпера́мент, нрав
  to lose one's temper вы́йти из
  себя́
temperate уме́ренный
temperature температу́ра
tempest бу́ря
temple висо́к (part of body), храм
temporary вре́менный
tempt (to) привлека́ть,
  соблазня́ть
temptation искуше́ние
ten де́сять

tenacious упо́рный, це́пкий
tenacity упо́рство во́ли, це́пкость
tendency тенде́нция
tender ла́сковый, не́жный,
  чувстви́тельный (feeling)
tennis те́ннис
  to play tennis игра́ть в те́ннис
tense напряжённый, вре́мя (n.)
  (grammar)
tension напряже́ние
tent пала́тка
tentative про́бный, усло́вный
tenth деся́тый
tepid теплова́тый
term срок, семе́стр (school)
terminal заключи́тельный,
  коне́чный, вокза́л (noun) (station)
terrible гро́зный, стра́шный,
  ужа́сный
terrify (to) ужаса́ть(ся)
territory террито́рия
terror у́жас
test о́пыт, про́ба
testify (to) свиде́тельство
testimony доказа́тельство
text текст
textbook уче́бник
than чем
thank (to) благодари́ть
  Thank you. Спаси́бо.
  Thanks a lot. Большо́е спаси́бо.
  thanks to благодаря́ тому́
thankful благода́рный
that (conj.) тот (та, то, те), что
  (conj.)
  in order that что́бы
  that is то́ есть (т. е.)
thaw (to) та́ять
the—no article in Russian
theater теа́тр
  theater notice реце́нзия
theatrical театра́льный
theft кра́жа
their, theirs их
them их, им
theme те́ма
themselves са́ми
then пото́м, тогда́, то
theory тео́рия
there там (location), туда́
  (direction)
  from there отту́да**

thereafter с э́того вре́мени
thereby посре́дством э́того
therefore поэ́тому, сле́довательно
thermometer термо́метр
these э́ти
thesis диссерта́ция, те́зис
they они́
thick густо́й (dense), то́лстый
thief вор
thigh бедро́
thimble напёрсток
thin худо́й
  to grow thin худе́ть
thing вещь (f.), шту́ка
think (to) ду́мать, мы́слить
  to think over обду́мывать,
    проду́мать
third тре́тий
thirst жа́жда
thirteen трина́дцать
thirteenth трина́дцатый
thirtieth тридца́тый
thirty три́дцать
this э́тот (э́та, э́то)
  this is э́то
thorn колю́чка, шип
thorough по́лный, соверше́нный
thoroughfare прое́зд
though хотя́
thought мысль (f.)
thoughtful внима́тельный,
  забо́тливый
thoughtless легкомы́сленный,
  необду́манный
thousand ты́сяча
thousandth ты́сячный
thrash (to) бить
thread ни́тка
threat угро́за
threaten (to) угрожа́ть
threatening гро́зный
three три
threshold поро́г
thrift бережли́вость (f.)
thrifty бережли́вый
thrill глубо́кое волне́ние, тре́пет
thrive (to) процвета́ть
thriving цвету́щий
throat го́рло
throb (to) си́льно би́ться
throne престо́л, трон
throng толпа́

through сквозь (acc.), че́рез (acc.)
throughout наскво́зь
throw (to) броса́ть(ся)
  to throw out выбра́сывать
thumb большо́й па́лец
thunder (to) греме́ть
thunder гром
thunderstorm гроза́
Thursday четве́рг
thus так, таки́м о́бразом
ticket биле́т
  ticket window ка́сса
tickle (to) щекота́ть
ticklish щекотли́вый (issue)
tide морско́й прили́в (incoming),
  отли́в (receding)
tidiness аккура́тность (f.)
tidy аккра́тный
tie (to) свя́зывать
tie связь (f.) (bond), га́лстук
  (necktie)
tiger тигр
tight те́сный, у́зкий
till до (gen.)
timber лесоматериа́л
time вре́мя, раз (occasion)
  It is time to go. Пора́ идти́.
  on time во́время
  to have time успе́ть
  What time is it? Кото́рый час?
timepiece часы́ (m., pl.)
timid ро́бкий
timidity ро́бость (f.)
tin о́лово, жестя́нка (can)
tiny о́чень ма́ленький
tip ко́нчик
  to give a tip дать на чай
tipsy пья́ный
tire (to) устава́ть, утомля́ть(ся)
tire ши́на
tired уста́лый
tireless неутоми́мый
tiresome надое́дливый, ску́чный
title загла́вие, назва́ние
to в (acc.), к (dat.), на (acc.)
toast тост
tobacco таба́к
today ны́не, сего́дня
toe па́лец
toenail но́готь (m.)
together вме́сте (adv.)
  to draw together сближа́ться

toil труди́ться

toilet туале́т, убо́рная

token знак

tolerable сно́сный

tolerance терпи́мость (f.)

tolerant терпи́мый

tolerate (to) выноси́ть, терпе́ть

tomato помидо́р

tomb моги́ла

tomorrow за́втра

ton то́нна

tone тон

tongue язы́к

tonight сего́дня ве́чером

too то́же (also), сли́шком, чересчу́р (much)

tool инструме́нт, ору́дие

tooth зуб

   toothbrush зубна́я щётка

   toothpaste зубна́я па́ста

top верши́на, верх

torch фа́кел

torment (to) му́чить

torment му́ка, муче́ние

torture (to) пыта́ть, му́чить

torture пы́тка, муче́ние

toss (to) кида́ть

total це́лое

totally соверше́нно

touch (to) тро́гать

touching тро́гательный

touchy оби́дчивый, чувстви́тельный

tough жёсткий

tour (to) путеше́ствовать

tour путеше́ствие, объе́зд

tourist тури́ст

tournament турни́р

toward к (dat.)

towel полоте́нце

tower ба́шня

town го́род

toy игру́шка

trace (to) черти́ть (draw), просле́живать

trace след

track след

tractor тра́ктор

trade торго́вля

tradition тради́ция

traditional традицио́нный

traffic движе́ние

tragedy траге́дия

tragic траги́ческий

train (to) воспи́тывать, трениро-ва́ть

train по́езд

training воспита́ние, трениро́вка

trait черта́

traitor изме́нник

trample (to) топта́ть

tranquil споко́йный

tranquillity споко́йствие

transaction сде́лка, де́ло

transfer (to) переноси́ть, переда-ва́ть

transform (to) преобража́ть

transformation преображе́ние

transgress (to) переступа́ть

transit прохо́д, прое́зд, перехо́д

transitional перехо́дный

translate (to) переводи́ть

translation перево́д

translator перево́дчик

transmission переда́ча

transmit (to) передава́ть

transparent прозра́чный

transport (to) перевози́ть

transportation перево́зка; пути́ сообще́ния

trap (to) лови́ть

trap лову́шка

trash отбро́сы, му́сор

  trash can ведро́ (с му́сором)

travel (to) путеше́ствовать

travel путеше́ствие

traveler путеше́ственник, пу́тник

tray подно́с

treacherous преда́тельский

treachery преда́тельство

treason изме́на

treasure драгоце́нность

treasurer казначе́й

treasury госуда́рственное казна-че́йство

treat обраща́ться, относи́ться

  to treat medically лечи́ть

treat наслажде́ние

treatment обраще́ние, обрабо́тка

treaty догово́р

tree де́рево

tremble (to) трепета́ть

trembling трепета́ние

tremendous грома́дный

trend направле́ние, тече́ние
(direction)
trial про́ба, суд
triangle треуго́льник
tribe пле́мя
tribute дань (f.)
trick фо́кус
trifle ме́лочь
a trifle немно́жко
trifling пустя́чный
trim (to) подстрига́ть (hair),
украша́ть (decorate)
trimming украше́ние
trip (to) споткну́ться
trip путь, экску́рсия
triple тройно́й
triumph (to) победи́ть (win),
торжествова́ть
triumph торжество́, триу́мф
trivial тривиа́льный
trolley bus тролле́йбус
tropical тропи́ческий
trot (to) е́хать ры́сью
trouble (to) беспоко́иться, хлопо-
та́ть
trouble беда́, забо́та, хло́поты
(fuss)
troubled беспоко́йный
trousers брю́ки
truck грузови́к
true ве́рный (faithful),
пра́вильный (correct)
truly пои́стине, то́чно
trunk чемода́н, сунду́к, бага́жник
(car)
trust (to) ве́рить, доверя́ть
trust ве́ра, дове́рие
trustworthy надёжный
truth и́стина, пра́вда
truthful правди́вый
try (to) про́бовать, пыта́ться,
стара́ться, суди́ть (in court)
to try on примеря́ть
T-shirt футбо́лка
Tuesday вто́рник
tumble (to) па́дать
tumult шум и кри́ки
tune мело́дия
tunnel тунне́ль
turban тюрба́н
turkey индю́к
turmoil сумато́ха

turn (to) повора́чивать(ся)
to turn around
перевора́чиваться
to turn out получа́тся
to turn pages перели́стывать
turn поворо́т (rotation), о́чередь
(chance)
twelfth двена́дцатый
twelve двена́дцать
twentieth двадца́тый
twenty два́дцать
twice два́жды, вдво́е
twilight полусве́т, су́мрак
twin двойно́й
twins близнецы́
twist (to) крути́ть
two два (m.), две (f.)
type (to) печа́тать
typewriter пи́шущая маши́нка
typical характе́рный
typist машини́стка
tyranny деспоти́зм
tyrant тира́н, де́спот

U

ugly безобра́зный
ultimate максима́льный
umbrella зо́нтик
umpire посре́дник, ре́фери,
арби́тр
unable неспосо́бный,
неуме́ющий
unaffected безыску́сственный
unanimous единогла́сный
unattainable недостижи́мый
unattractive некраси́вый
unaware неожи́данно
unbearable несно́сный, нестер-
пи́мый, невыноси́мый
unbelievable невероя́тный
unbreakable небью́щийся
unbutton (to) расстёгивать
uncertain неопределённый
(indefinite), неуве́ренный
(unsure)
uncle дя́дя
uncomfortable неудо́бный
uncommon ре́дкий
unconscious бессозна́тельный

unconsciousness беспа́мятство
uncover (to) раскрыва́ть
undecided нерешённый
undeniable несомне́нный
under под (inst.-location; acc.-direction)
underestimate (to) недооце́нивать
undergo (to) испы́тывать
underline (to) подчёркивать
underneath под (under)
understand (to) понима́ть
understandable поня́тный
understanding соглаше́ние, понима́ние
  to come to an understanding договори́ться
undertake (to) предпринима́ть
undertaker гробовщи́к
underwear ни́жнее бельё
undeserved незаслу́женный
undesirable нежела́тельный
undo (to) развя́зывать
undoubtedly безусло́вно
undress (to) раздева́ть(ся)
uneasiness трево́га
uneasy неспоко́йный
uneducated необразо́ванный
unemployed неза́нятый, безрабо́тный
unemployment безрабо́тица
unequal нера́вный
uneven неро́вный
unexpectedly неожи́данно
unfair несправедли́вый
unfaithful неве́рный
unfavorable отрица́тельный
unfeeling бесчу́вственный
unfinished недоко́нченный
unforeseen непредви́денный
unforgettable незабыва́емый
unfortunate несча́стный, неуда́чный
unfortunately к сожале́нию
unfriendly недружелю́бный
ungentlemanly непоря́дочный
ungraceful неграцио́зный
ungrateful неблагода́рный
unhappy несчастли́вый, несча́стный
unharmed невреди́мый
unhealthy боле́зненный

unheard of неслы́ханный
uniform фо́рма (n.), однообра́зный (adj.)
uniformity единообра́зие
unify (to) объединя́ть
unimportant нева́жный
unintentionally нево́льно
union сою́з, соедине́ние
unit едини́ца, едини́ца измере́ния
unite (to) соединя́ть
united соединённый
United States Соединённые Шта́ты
universal универса́льный
universe ко́смос
university университе́т
unjust несправедли́вый
unkind недо́брый
unknown неизве́стный
unlawful беззако́нный
unless е́сли . . . не
unlike неправдоподо́бный, непохо́жий
unlimited неограни́ченный
unlock (to) отпира́ть
unlocked о́тпертый
unluckily к сожале́нию
unmarried нежена́тый, холосто́й (of men), незаму́жняя (of women)
unmerciful немилосе́рдный
unnatural неесте́ственный
unnecessary нену́жный
unoccupied неза́нятый, свобо́дный
unpack (to) распако́вывать(ся)
unpleasant неприя́тный
unpleasantness неприя́тность (f.)
unprecedented небыва́лый
unprofitable недохо́дный
unprotected беззащи́тный
unpublished неи́зданный
unquestionably несомне́нно, бесспо́рно
unravel (to) распу́тывать
unreal ненастоя́щий
unreasonable неразу́мный
unreliable ненадёжный
unrestrained несде́ржанный
unripe незре́лый
unroll (to) развёртывать

V

unsafe опа́сный
unsatisfactory неудовлетвори́-
тельный
unsatisfied неудовлетворённый
unscrupulous бессо́вестный
unselfish бескоры́стный
unsociable нелюди́мый
unsophisticated простоду́шный
unsteady неусто́йчивый
unsuccessful неуда́чный
unsuitable неподходя́щий
untidy неаккура́тный
untie (to) развя́зывать
until до (gen.)
untrue ло́жный, непра́вильный,
неве́рный (faithless)
unusual необыкнове́нный
unwell нездоро́вый
unwilling нескло́нный
unwillingly неохо́тно, не́хотя
unwise неблагоразу́мный
unworthy недосто́йный
up, upward наве́рх, вверх
uphold (to) подде́рживать
upkeep содержа́ние
upper ве́рхний
upright прямо́й
uprising восста́ние
upset (to) опроки́дывать,
беспоко́ить
upside down вверх дном
upstairs наверху́
urge (to) наста́ивать на,
убежда́ть
urgency настоя́тельность (f.)
urgent насто́йчивый, спе́шный
us нас, нам
use (to) по́льзоваться,
употребля́ть
use по́льза, употребле́ние
used to (to become) привыка́ть
useful поле́зный
useless бесполе́зный
usual обыкнове́нный
usually обыкнове́нно, обы́чно
utility поле́зность (f.), вы́годность
(f.)
utilize (to) испо́льзовать
utmost са́мый отдалённый,
кра́йний
utter (to) произноси́ть
utterly чрезвыча́йно

vacant неза́нятый, свобо́дный
vacation о́тпуск, кани́кулы
(school)
vaccination приви́вка
vacuum (to) пылесо́сить
vacuum пустота́
vacuum cleaner пылесо́с
vaguely неотчётливо, сму́тно
vain тщесла́вный
in vain напра́сно, да́ром, тще́тно
valiant хра́брый
valid действи́тельный, име́ющий
си́лу
validity действи́тельность (f.)
valise чемода́н
valley доли́на
valuable це́нный
value (to) цени́ть
value це́нность (f.)
valve ве́нтиль, кла́пан
vanilla вани́ль
vanish (to) исчеза́ть
vanity суета́
vanquish (to) побежда́ть
vapor пар
variable изме́нчивый,
переме́нный
variation измене́ние, вариа́ция
varied разли́чный
variety разнообра́зие
various ра́зный, разнообра́зный
varnish (to) лакирова́ть
vary (to) меня́ть(ся)
vase ва́за
vast грома́дный
vault се́йф
VCR видеомагнитофо́н
veal теля́тина
vegetables зе́лень, о́вощи
vehicle пово́зка, маши́на
veil (to) закрыва́ть покрыва́лом,
скрыва́ть (hide)
veil покрыва́ло
vein ве́на
velvet ба́рхат
venerable почте́нный
venerate (to) благогове́ть пе́ред
кем-либо
veneration почита́ние

vengeance ме́сть (f.)
ventilation прове́тривание, вентиля́ция
ventilator вентиля́тор
venture (to) рискова́ть
verb глаго́л
verbal у́стный
verdict пригово́р, осужде́ние
verge край
verification подтвержде́ние
verify (to) проверя́ть
versatile многосторо́нний
verse стих
version перево́д (translation), ве́рсия
vertical вертика́льный
very о́чень
vest жиле́т
vexation доса́да
vibrate (to) вибри́ровать
vibration вибра́ция
vice поро́к
vice versa наоборо́т
vicinity бли́зость (f.), окре́стность (f.)
vicious злой
victim же́ртва
victorious победоно́сный
victory побе́да
video ви́део
view вид
viewpoint подхо́д, то́чка зре́ния
vigorous энерги́чный
vile по́длый
village село́, дере́вня
villain подле́ц
vinegar у́ксус
violate (to) преступа́ть
violation наруше́ние
violence наси́лие
violent бе́шеный
violet фиа́лка
violet фиоле́товый (color)
violin скри́пка
violinist скрипа́ч
virtue доброде́тель, ка́чество
virtuous доброде́тельный
visa ви́за
visible ви́димый
vision зре́ние
visit (to) посеща́ть
visit визи́т, посеще́ние

visitor гость, посети́тель (m.)
visual зри́тельный
vital жи́зненный, роково́й
vitality жи́зненность (f.)
vitamin витами́н
vivacious живо́й
vivid я́ркий
vocabulary слова́рь (m.), запа́с слов
vocal голосово́й
vocation призва́ние
vodka во́дка
vogue мо́да
voice го́лос
void пустота́ (n.), пусто́й, недействи́тельный (invalid)
volt вольт
volume том
voluntary доброво́льный
volunteer доброво́лец
vote (to) голосова́ть
vote го́лос
vow кля́тва
vowel гла́сный
voyage путеше́ствие
vulgar гру́бый, вульга́рный
vulnerable уязви́мый

W

wager (to) держа́ть пари́
wager пари́
wages зарпла́та
waist та́лия
wait (to) ждать
  to wait for (expect) ожида́ть
  waiting room приёмная
waiter официа́нт, -ка (m., f.)
wake up (to) просыпа́ться
walk (to) идти́, ходи́ть
walk прогу́лка
wall стена́
wallet бума́жник
waltz вальс
wander (to) броди́ть
want (to) хоте́ть
want недоста́ток (lack), нужда́ (need)
war война́
wardrobe шкаф, гардеро́б

wares товáры, продýкты
warm (to) греть, согревáть
warm тёплый
warmth теплотá
warn (to) предупреждáть
warning предупреждéние
wash (to) мыть(ся), умывáть(ся), стирáть (clothes)
waste (to) расточáть
waste products отхóды
wasteful нерасчётливый
watch (to) наблюдáть, сторожúть
watch часы́ (pl.)
watchful бдúтельный
watchman стóрож
water водá
waterfall водопáд
watercolor акварéль (f.)
watermelon арбýз
waterproof водонепроницáемый
wave (to) махáть
wave волнá
wax воск
way дорóга, путь (road), спóсоб (manner)
we мы
weak слáбый, бессúльный
weaken (to) слабéть, ослаблять
weakness слáбость (f.)
wealth богáтство
wealthy богáтый
weapon орýжие
wear (to) носúть
weariness устáлость (f.), утомлéние
wearing утомúтельный
weary устáлый, утомлённый
weary (to) уставáть
weather погóда
weave (to) ткать
web ткань, паутúна
wedding свáдьба
Wednesday средá
weed сóрная травá
week недéля
weekend конéц недéли
weekly еженедéльный
weep (to) плáкать
weigh (to) взвéшивать(ся)
weight вес
welcome (to) привéтствовать
  Welcome! Добрó пожáловать!

welcome привéтствие, рáдушный приём
welfare благосостоя́ние
well хорошó, благополýчно
well-read начúтанный
west зáпад
western зáпадный
westward на зáпад
wet мóкрый
what как, что
  what a, what kind of какóй
wheel колесó
when когдá
whenever когдá бы ни
where где, кудá
  where . . . from откýда
whereas так как
whether ли
  I don't know whether he is here.
  Я не знáю, здесь ли он.
which котóрый (ая, ое, ые)
whichever какóй угóдно, какóй бы ни
while покá
whim капрúз
whiskers усы́
whisper (to) шептáть
  in a whisper говорúть шёпотом
whistle (to) свистéть
whistle свист, (sound), свистóк (device to be blown)
white бéлый
who кто, котóрый (inter. pron.)
whole весь (вся, всё, все), цéлый
  as a whole в цéлом, цсликóм
wholesale óптом
wholesome здорóвый, полéзный
wholly вполнé
whom когó, комý, о ком
whose чей (чья, чьё, чьи)
why почемý, зачéм
wicked злой
wide ширóкий, нáстежь (adv.)
widen (to) расширя́ть
widow вдовá
widower вдовéц
width ширинá
wife женá
wild дúкий
wilderness пусты́ня, дúкое мéсто
will вóля, завещáние (legal)
willing готóвый

willingly охо́тно
win (to) вы́играть, побежда́ть (a victory)
wind (to) ви́ться
wind ве́тер
window окно́
wind-surfing виндсёрфинг
windy ве́треный
wine вино́
  wineglass рю́мка, бока́л
wing крыло́
wink (to) мига́ть
winter зима́
wipe (to) вытира́ть, уничтожа́ть (wipe out)
wire про́волока, про́вод
wisdom му́дрость (f.)
wise му́дрый
wish (to) жела́ть
wish жела́ние
wit ум, ра́зум
witch ве́дьма
with с (inst.)
wither (to) вя́нуть, со́хнуть
within внутри́ (adv. and prep., gen.)
without без (gen.), снару́жи (adv.), (outside)
  without fail непреме́нно, обяза́тельно
witness (to) быть свиде́телем
witness свиде́тель (m.)
witty остроу́мный
woe го́ре
wolf волк
woman же́нщина
wonder (to) жела́ть зна́ть, удивля́ться (be surprised)
wonder чу́до, удивле́ние (surprise)
wonderful изуми́тельный, чу́дный
wood де́рево
wooden деревя́нный
woods лес
wool шерсть
woolen шерстяно́й
word сло́во
work (to) рабо́тать
work труд, рабо́та, сочине́ние (composition)
worker рабо́чий
works (plant) заво́д

world мир, свет
  world outlook мировоззре́ние
worldly све́тский
worried озабо́ченный, издёрганный
worry (to) беспоко́ить(ся)
  Don't worry. Не беспоко́йтесь.
worry трево́га, забо́та
worse ху́же
worship (to) быва́ть в це́ркви, моли́ть(ся) (pray), обожа́ть (adore)
worst наиху́дший
worth цени́, досто́инство
worthless него́дный, недосто́йный
worthy досто́йный
wound (to) ра́нить
wound ра́на
wounded ра́неный
wrap (to) обёртывать, завёртывать
wrath гнев, я́рость
wreck (to) разруша́ть
wreck ава́рия, круше́ние
wrench (tool) га́ечный ключ
wretched жа́лкий, несча́стный
wring (to) выжима́ть, скру́чивать
wrinkle скла́дка, морщи́на (facial)
write (to) писа́ть
writer писа́тель (m.)
writing писа́ние (n.), пи́сьменный (adj.)
  in writing пи́сьменно
wrong непра́вильный

X

X-rays рентге́новские лучи́

Y

yacht я́хта
yard двор (courtyard)
yarn нить
yawn (to) зева́ть
yawn зево́та
year год

years лета́, го́ды
yearly ежего́дный
yearn (to) тоскова́ть
yearning тоска́, жела́ние
yeast дро́жжи
yell (to) крича́ть
yellow жёлтый
yes да
yesterday вчера́
yet ещё
yield (to) производи́ть, уступа́ть
(give way)
yield (harvest) урожа́й
you вы, ты (pl. and polite, sing.)
вас, тебя́ (acc. pl. and polite,
sing.), вам, тебе́ (dat. pl. and
polite, sing.)
young молодо́й
younger мла́дший

your, yours ваш (а, е, и) (pl. and
polite), твой (твоя́, твоё, твои́)
(sing.)
youth ю́ность (f.), молодёжь (f.,
coll.) (young people), ю́ность (f.)
(early years)

Z

zeal усе́рдие
zealous усе́рдный
zero нуль
zinc цинк
zipper застёжка-мо́лния
zone зо́на, по́яс
zoo зоопа́рк
zoology зооло́гия

GLOSSARY OF GEOGRAPHICAL NAMES

Adriatic Sea Адриати́ческое море
Africa А́фрика
Alaska Аля́ска
Albania Алба́ния
Algeria Алжи́р
Alps, The А́льпы
America Аме́рика
Arabia Ара́вия
Argentina Аргенти́на
Asia А́зия
Astrakhan А́страхань
Atlantic Ocean Атланти́ческий океа́н
Australia Австра́лия
Austria А́встрия
Azerbaijan Азербайджа́н
Baikal (Lake) Байка́л
Baku Баку́
Belgium Бе́льгия
Black Sea Чёрное мо́ре
Bonn Бонн
Boston Бо́стон
Brazil Брази́лия
Brussels Брюссе́ль
Bulgaria Болга́рия
Belarus Белору́ссия
Carpathian Mountains, The Карпа́тские го́ры
Caspian Sea Каспи́йское мо́ре
Caucasus (Mountains), The Кавка́з
Chicago Чика́го
Chile Чи́ли
China Кита́й
Commonwealth of Independent States Содру́жество Незави́симых Госуда́рств
Copenhagen Копенга́ген
Crimea Крым
Czech Republic Че́хия
Danube (River) Дуна́й
Denmark Да́ния
Detroit Детро́йт
Dnieper (River) Днепр
Don (River) Дон
Egypt Еги́пет
England А́нглия
English Channel Лама́нш

Europe Евро́па
Finland Финля́ндия
France Фра́нция
Geneva Жене́ва
Georgia Гру́зия
Germany Герма́ния
Great Britain Великобрита́ния
Hamburg Га́мбург
Helsinki Хе́льсинки
Hungary Ве́нгрия
India Индия
Iran Ира́н
Iraq Ира́к
Ireland Ирла́ндия
Israel Изра́иль
Italy Ита́лия
Japan Япо́ния
Jerusalem Иерусали́м
Jordan Иорда́ния
Kiev Ки́ев
Korea Коре́я
London Ло́ндон
Los Angeles Лос-А́нджелес
Madrid Мадри́д
Magnitogorsk Магнитого́рск
Mediterranean Sea Средизе́мное мо́ре
Mexico Ме́ксика
Moscow Москва́
Munich Мю́нхен
Netherlands, The Нидерла́нды
Neva (River) Нева́
New York Нью-Йо́рк
North America Се́верная Аме́рика
Norway Норве́гия
Odessa Оде́сса
Pacific Ocean Ти́хий океа́н
Panama Canal Пана́мский кана́л
Paris Пари́ж
Philadelphia Филаде́льфия
Poland По́льша
Portugal Португа́лия
Pyrenees (Mountains) Пирене́и
Rhine (River) Рейн
Rocky Mountains Скали́стые го́ры
Rome Рим
Russia Росси́я
Saint Petersburg Санкт-Петербу́рг

San Francisco Сан-Франци́ско
Scotland Шотла́ндия
Seine (River) Се́на
Siberia Сиби́рь
Slovak Republic Слова́кия
South America Ю́жная Аме́рика
Spain Испа́ния
Stockholm Стокго́льм
Sweden Шве́ция
Switzerland Швейца́рия
Syria Си́рия
Tajikistan Таджикиста́н
Tashkent Ташке́нт

Tbilisi Тбили́си
Thames (River) Те́мза
Tokyo То́кио
Turkey Ту́рция
Ukraine Украи́на
United States of America Соеди-
нённые Шта́ты Аме́рики
Urals (Mountains) Ура́л
Vladivostok Владивосто́к
Volga (River) Во́лга
Volgograd Волгогра́д
Washington Вашингто́н
Yugoslavia Югосла́вия

GLOSSARY OF
PROPER NAMES

Adelaide, Adelle Аделаи́да, Аде́ль
Agatha Ага́фья
Agnes Агне́са
Alexander Алекса́ндр
Alexandra Алекса́ндра
Alexei Алексе́й
Alfred Альфре́д
Alice Али́са
Amy Любо́вь
Anastasia Анастаси́я
Anatole Анато́лий
Andrew Андре́й
Anna Анна
Anthony Анто́н
Arthur Арту́р
Barbara Варва́ра
Boris Бори́с
Carl Карл
Catherine Екатери́на
Charlotte Шарло́тта
Claudia Кла́вдия
Constantine Константи́н
Daniel Дании́л
David Дави́д
Dimitry Дими́трий
Dorothy Дороте́я
Edward Эдуа́рд
Eleanore Элеоно́ра
Elias, Ilya Илья́
Elizabeth Елизаве́та
Eugene Евге́ний
Eva Е́ва
George Гео́ргий
Gregory Григо́рий
Helen Еле́на
Herman Ге́рман
Irene, Irina Ири́на
Jacob, Yakov Я́ков
John, Ivan Ива́н

Joseph Ио́сиф
Julia Ю́лия
Lawrence Лавре́нтий
Leo, Lou Лёв
Leonid Леони́д
Louise, Louisa Луи́за
Ludmilla Людми́ла
Luke, Luka Лука́
Macar, Mark Мака́р
Margaret Маргари́та
Marie, Mary Мари́я
Marina Мари́на
Martha Ма́рфа
Matthew Матве́й
Maxim Макси́м
Michael Михаи́л
Nadezhda Наде́жда
Natalia Ната́лья
Nicholas, Nikolai Никола́й
Nikita Ники́та
Oleg Оле́г
Olga Ольга
Paul, Pavel Па́вел
Peter Пётр
Philip Фили́пп
Samuel Самуи́л
Sergei Серге́й
Simon Семён
Sofia Со́фья
Susan, Suzanna Суса́нна
Sviatoslaff Святосла́в
Theodore, Fyodor Фёдор
Thomas Фома́
Timothy Тимофе́й
Valentina Валенти́на
Valentine Валенти́н
Vera Ве́ра
Victor Ви́ктор
Vladimir Влади́мир
Walter Ва́льтер
William Вильге́льм
Zachary Заха́р

In-Flight Russian

Wondering how to make use of all that spare time on the plane while you're flying to Moscow or St. Petersburg? Between your in-flight meal and in-flight movie, brush up on your Russian! This 60-minute program covers just enough Russian to get by in every travel situation.

CD Program
978-0-609-81077-4 • $13.95/$21.00 Can.

Ultimate Russian Beginner-Intermediate

Our most comprehensive program for serious language learners, business-people, and anyone planning to spend time abroad. This package includes a coursebook and eight 60-minute CDs.

CD Program
978-1-4000-2117-8 • $79.95/$110.00 Can.

Coursebook Only
978-1-4000-2116-1 • $18.00/$26.00 Can.